国家出版基金项目
NATIONAL PUBLICATION FOUNDATION

21世纪中国城市图书馆丛书

JINLING TUSHUGUAN

金陵图书馆

金陵图书馆 编著

天津大学出版社
TIANJIN UNIVERSITY PRESS

图书在版编目（CIP）数据

金陵图书馆／金陵图书馆编著．—天津：天津大学出版社，2017.11
（21世纪中国城市图书馆丛书）
ISBN 978-7-5618-5937-7

Ⅰ．①金…　Ⅱ．①金…　Ⅲ．①市级图书馆—介绍—南京　Ⅳ．①G259.252.2

中国版本图书馆CIP数据核字（2017）第273239号

出版发行　天津大学出版社
地　　址　天津市卫津路92号天津大学内（邮编：300072）
电　　话　发行部：022-27403647
网　　址　publish.tju.edu.cn
印　　刷　北京华联印刷有限公司
经　　销　全国各地新华书店
开　　本　202mm×265mm
印　　张　25.75
字　　数　499千
版　　次　2017年11月第1版
印　　次　2017年11月第1次
定　　价　180.00元

“21世纪中国城市图书馆丛书”编委会

《金陵图书馆》编委会

总 序

中华文化源远流长，历久弥新。中华优秀传统文化是我们最深厚的文化软实力，也是中国特色社会主义植根的文化沃土。要实现“两个一百年”的奋斗目标、实现中华民族伟大复兴的“中国梦”，就必须充分运用中华民族数千年来积累下的伟大智慧。图书馆作为文献机构，汇集了由中华文化五千年精华浓缩而成的一本本图书，具有极高的文化价值。自古代的藏书楼发展至今天的公共图书馆，图书馆的本体在不断生长和变化着，图书馆事业在党和政府的积极扶持下，蓬勃发展，呈现出一片欣欣向荣的景象。

与此同时，我国正在努力构建的公共文化服务体系，是中国特色社会主义事业总体布局的重要内容，是实现经济、政治、文化、社会协调发展战略布局的重大安排。公共文化服务体系的建设关系到最广大人民群众的利益，是促进社会和谐稳定、建构中华民族共有精神家园的重要保障。而公共图书馆服务体系作为其中的重要组成部分和支撑力量，在公共文化服务的标准化、均等化建设和公共文化网络的布局上有其天然优势，责无旁贷。现代图书馆虽然延续了传统图书馆的储存功能，但更加偏重于知识的传播。面向大众的公共图书馆以阅读为中心功能，跳出了传统的知识特权与垄断，实现了书籍和知识的社会化和民主化。在中国当今的图书馆事业中，最具活力的当推公共图书馆，而在公共图书馆之中，又以大中城市的图书馆最有特色。

城市图书馆总是与文化生活联系在一起。城市图书馆是隐藏在喧闹匆忙城市中安静隽永的一隅，巧妙融合传统文明与现代化都市时尚，镌刻属于一座城市的特有的文化印记。在这里，一缕书香、一次活动就将城市的文化生活唤醒了。市民们在图书馆中畅享活色生香的世俗生活与传统民族文化，感受着城市图书馆对于城市文化的保存与维护、传承与发扬。

城市图书馆及其体系是城市化进程中的重要一环。城市中由公共图书馆组成的公共图书馆服务体系和以公共图书馆等公共文化设施为重点构成的公共文化设施网络，是全面推进基本公共文化服务标准化与均等化的重要措施与手段。通过城市图书馆与公共图书馆服务体系建设推动现代公共文化服务体系的发展、提高公共文化服务效能，是当代中国图书馆的发展目标之所在。

城市图书馆是集中展示图书馆职业专业性的场所。图书馆职业从诞生至今一直与非专业化的职业刻板印象进行抗争，我国的图书馆员也在为职业形象的专业化不懈奋斗。好在这样的付出已经收获了回报，我国图书馆职业的专业性已经得到读者的广泛认同。这之间，城市图书馆与图书馆员功不可没。图书馆员将专业性融入图书馆的愿景、规划、改革举措、日常运行、读者活动之中，让市民体会着职业专业性为城市文化生活带来的亮色。

中国的城市图书馆是对外宣传的文化名片。提高国家文化软实力，是党和国家的一项重大战略任务。作为公共文化设施之一的城市图书馆，一直履行着夯实国家文化软实力根基的责任，使中华民族最基本的文化基因与当代文化相适应、与现代社会相协调。在本套丛书中，我们不难发现城市图书馆在此方面付出的努力，这也是我们想要通过本套丛书向外传达的信息。

“21 世纪中国城市图书馆丛书”第一批收录的 12 个图书馆是我国 21 世纪城市图书馆整体风貌的缩影，由南至北分布在近 10 个省，具有很强的代表性。这 12 个图书馆各具特色，在管理运营、文化活动、资源开发与服务等众多方面有许多创新之处被总结积累下来。值此“一带一路”倡议推广之际，双语版的形式能更好地将我国城市图书馆在 21 世纪的创新与特色与世界分享，将优秀文化传播出去，让更多的人了解中国的城市图书馆，进而了解中国。

吴慰慈

2017 年 9 月 20 日

General Preface

Chinese culture has a long and eternally renewed history. Excellent Chinese traditional culture is the most profound cultural soft power and the cultural fertile soil where the socialism with Chinese characteristics is rooted. In order to achieve "Two Centenary Goals" and realize the "Chinese Dream" of the great rejuvenation of the Chinese nation, we must make full use of the great wisdom that the Chinese nation has accumulated for thousands of years. The library, as the institution of literature, which has collected a large number of books involving the essence of Chinese culture with five thousand years, has high cultural value. The library has been evolving from the ancient library to the public library today. The librarianship, supported by the Communist Party of China (CPC) and Chinese government, shows a vigorous and flourishing trend.

At the same time, China is trying to construct a public cultural service system, which is an important part of the overall layout of the cause of socialism with Chinese characteristics and the important arrangement of the strategic layout to achieve the coordinated development of economy, politics, culture and society. The construction of the public cultural service system, closely related to the people's interests, is an important guarantee to promote social harmony and stability and build the common spiritual home of the Chinese nation. The public library service system, as an important part and supporting strength of the public cultural service system, has its own natural advantage and responsibility in the construction of standardization and equalization of public cultural services and the layout of the public cultural network. Although modern libraries retain the storage function of traditional libraries , they focus more on the spread of knowledge. With reading as the core function, public libraries are open to the public. They get rid of the traditional privilege and monopoly on knowledge and realize the socialization and democratization of books and knowledge. The most dynamic libraries in Chinese modern librarianship are public libraries , among which the ones in the large and medium-sized cities are the most distinctive.

City library is always associated with cultural life. As a quiet and meaningful place hidden in the noisy and busy city, city library offers a subtle blend of traditional civilization and modern urban fashion, engraved with the unique cultural mark belonging to a city. One book or one activity will wake up the cultural life of a city. Citizens in the library can enjoy the rich and colorful secular life and the traditional culture, and feel the efforts of the city library in preservation and maintenance, the inheritance and spread of urban culture.

City libraries and their system are an important part of the process of urbanization. The public library service system composed of public libraries in cities, and the public cultural facilities network focusing on the public cultural facilities such as public libraries, are the important measure and means to comprehensively promote the standardization and equalization of the basic public cultural services. To promote the modern public cultural service system and improve the efficiency of the public cultural services by constructing the service system of city library and public library is the goal of Chinese libraries.

City library is a place to intensively show the professionalism of the library profession. Since the birth of the library profession, it has been resisting against the non-professional stereotypes. Librarians also strive to establish a professional image. Fortunately, such efforts have been paid off. The library profession has been widely recognized by readers. City libraries and their librarians have made a great contribution to it. Librarians integrate the professionalism into the vision, planning, reform initiatives, daily operation and reader activities of their libraries, so that the public are able to enjoy the beauty of urban cultural life created by the professionalism.

City library in China is a cultural card for publicity. Improving the national cultural soft power is a major strategic task of the CPC and the nation. City library, as one of the public cultural facilities, has been performing the duty to consolidate the foundation of the national cultural soft power, and coordinate the most basic cultural genes of the Chinese nation with contemporary culture and modern society. It is not hard to find the great efforts of city libraries, which we want to spread through the series.

12 libraries of the first batch included in "Series of China's City Libraries in the 21st Century" are the epitome of the overall scene of China's city libraries in the 21st century. From the South to the North, they are distributed in nearly 10 provinces and have strong representativeness. These 12 libraries with their own characteristics have a lot of innovations in various aspects such as management and operation, cultural activities, resource development and service. On the occasion of promoting the Belt and Road Initiative, the bilingual version will be helpful in sharing the innovations and characteristics of China's city libraries in the 21st century with the world, and spreading the excellent culture, trying to enable more people to know China's city libraries and to know China well.

Wu Weici

Sept. 20, 2017

序

王 湛

城市图书馆是城市文明的重要标识，她记录着城市追寻现代文明的足迹。

南京钟山龙蟠，石城虎踞，历史悠久，人文荟萃。南京是我国著名的古都，也是近代以来最早追寻现代文明的城市之一。建设公共图书馆，南京是开风气之先的。1907 年，耗资 3 万两白银的“江南图书馆”在南京诞生，这是我国第一所公共图书馆。翰林院编修、版本目录学家、藏书家缪荃孙为江南图书馆总办（馆长）。俗称“八千卷楼”的珍贵图书入藏馆中，成为镇馆之宝。1927 年 4 月，国民政府在南京建都，江南图书馆更名为“中央大学图书馆”。不久，南京国民政府又筹建“中央图书馆”。南京特别市也于 1927 年创办“市立通俗图书馆”，后与“南京市民众科学馆”合并，改称“南京市立图书馆”，该馆就是今天“金陵图书馆”的前身。20 世纪 20 年代末到 30 年代中期的近 10 年间，南京市立图书馆和同城的几所藏书宏富的公共图书馆各有定位，互相配合，服务于当年南京的教育文化事业，在中国图书馆史上应是值得珍视的一页。

城市图书馆与国家、城市的命运相连，兴衰与共。1937 年日军大举入侵中国。战争让国家蒙难、人民蒙难、城市蒙难，城市图书馆也同样蒙难。1937 年 12 月 13 日，侵华日军践踏南京，进行惨绝人寰的大屠杀，我 30 万同胞惨遭屠戮，南京的图书馆也遭受大劫难。南京市立图书馆的馆舍被日军放火烧毁，图书资料或被掠夺或被焚毁，其中包括对于了解古代官制变迁、人物经历极具价值的自元代至晚清的《缙绅录》等珍贵书籍。一座经过多年建设初具规模的城市图书馆毁于一旦。1958 年，南京市筹划建设新的市立图书馆。20 世纪五六十年代，南京市立图书馆虽馆舍未定，仍然克服重重困难，送书下基层、到乡村；1980 年 10 月，位于长江路的馆舍建成；1984 年 10 月正式定名金陵图书馆；2005 年金陵图书馆新馆在南京河西新城区开工建设。历时 5 年，这座占地近 4 万平方米、建筑面积 25000 平方米，气势恢宏、造型独特、功能齐全、设施先进的大型现代化图书馆于 2010

年 10 月建成，正式对外开放。金陵图书馆以崭新姿态服务于阔步前进在现代化征程中的新南京，也迎来了自己蓬勃发展的新的春天。

城市图书馆不仅折射着城市的命运，也反映着城市的品格。

南京是一座在中国历史上多次引领风骚的城市，是一座高贵而富有英雄气概的城市。六朝时南京称“建康”，经济发达，文化繁盛，人口已达百万，与罗马并称“世界古典文明两大中心”。到明朝初年，历时 21 年修建的南京明城墙是世界上第一大城垣，南京再度成为中国政治经济中心。这座城市养育过王羲之、顾恺之、祖冲之、吴敬梓等文化泰斗，群星灿烂，光耀中华。北宋政治家王安石三次以宰相之尊担任江宁知府，在这里试验推行他的变法主张；南宋名将岳飞在南郊牛首山筑垒设伏，与金兀术鏖战，大败金兵。到近代，孙中山在南京就任临时大总统，宣告中华民国建立，指点江山，谋划建国方略，掀开中国历史崭新的一页。

南京是一座具有高贵品格的城市。她曾经蒙受过深重苦难，六次遭屠城，但始终不屈不挠，奋勇崛起；她历史悠久，积淀深厚；她崇文重教，屡创辉煌；她历经沧桑，却百折不挠；她开放包容，又勇于创新。南京这座城市的可贵品格不仅为金陵图书馆丰富的馆藏典籍所记载，也为金陵图书馆自身 90 年历史所证实。

多年来，和南京一样，饱经沧桑振兴崛起的金陵图书馆，既坚守建馆以来秉持的面向基层、面向大众、传承弘扬优秀传统文化、普及科学文化知识、服务人民、服务城市的宗旨，又不断创新服务载体和服务方式，提升办馆水平，增强社会效益。金陵图书馆精心打造的“金图讲坛”“经典诵读公益推广”“法律咨询广场”“全市四级通借通还一卡通服务”等项目，持之以恒，不断完善，已成为群众满意、业内外赞誉的特色服务品牌。金陵图书馆的坚守与创新，生动地反映出南京这座城市的高贵品格。

天津大学出版社精心策划、组织出版的“21 世纪中国城市图书馆丛书”，以图文并茂的形式，客观记录城市图书馆的历史与发展，介绍各馆馆藏资源，展示办馆特色，存史交流，促进繁荣，很有意义。金陵图书馆组织力量，钩沉旧史，广辑资料，共集图片 280 多张，文字约 10 万字，汇编成集。在这里我们不仅看到一座图书馆近一个世纪的不寻常的历史和崭新姿态，也可以看到一座城市追寻现代文明的不寻常的历程。

我在南京学习、工作、生活前后跨越 50 年。我是南京的市民，热爱这座伟大的城市。

我是一个教育文化工作者，对南京的图书馆怀有深情。我很高兴应邀为《金陵图书馆》作序。公共图书馆的功能，世人早有共识。1994 年联合国教科文组织通过的《公共图书馆宣言》指出：“公共图书馆是传播教育、文化和信息的一支有生力量，是促使人们寻找和平和精神幸福的基本资源。”对此，我想作一点儿延伸。我认为，公共图书馆还是人们通往历史和未来的桥梁。人类古往今来所有创造都直接或间接地留存在图书馆里，人们可以从这里重温历史。图书馆为人们提供了实现理想的阶梯，人们可以从这里走向未来。展读《金陵图书馆》，走进《金陵图书馆》，我们也可以由此回顾历史并沉思，由此向未来登攀并展望。

王湛，江苏省文联主席，原教育部副部长，原江苏省人民政府副省长。

Preface

By Wang Zhan

The city library is important to identify urban development and record the footprint of a city's modern civilization.

The city of Nanjing has a long history and is rich in culture. Nanjing is a famous ancient capital, and also one of China's cities that pursued modern civilization in early time. In terms of establishing public library, Nanjing led the trend. In 1907, Jiangnan Library, which cost 30, 000 taels of silver, was established in Nanjing. It was China's first public library. The National Academy editor, version bibliographer, and bibliophile Miao Quansun was the head of Jiangnan Library. Commonly known as "Baqianjuanlou", rare books were collected in the library and became its greatest treasure. In April 1927, the Nanjing National Government selected Nanjing as the capital of China, and Jiangnan Library was renamed the Central University Library. Soon, the Nanjing National Government started to build the Central Library. Nanjing also founded the City Popular Library in 1927, later the library merged with the Nanjing People's Science Museum, and was renamed Nanjing Municipal Library, which was the predecessor of today's Jinling Library. Between the late 1920s to mid-1930s, Nanjing Municipal Library and several city public libraries coordinated with each other and served the development of education and culture in Nanjing, which was a time worth cherishing in Chinese library history.

The fate of the city library is connected with the fate of the country and the city. In 1937, the Japanese army invaded China. The country and the people, as well as the city libraries suffered from the war. On December 13th, 1937, the Japanese invaders in Nanjing carried out brutal massacres, and 300, 000 compatriots died in the slaughter. Libraries in Nanjing also suffered from this catastrophe. The building of Nanjing Municipal Library was set on fire by the Japanese, and the books were burned, including a large number of valuable books such as *Gentry*. The city library that had taken years to construct was destroyed. In 1958, Nanjing government planned to build a new library. In the 1950s and 1960s, although the premises were undecided, Nanjing Municipal Library still overcame difficulties to send books to the countryside. In October 1980, the library building located on Changjiang Road was completed. In October 1984, it was formally named Jinling Libra-ry. In 2005, the new library in Nanjing Hexi New District was constructed. It took five years to build the new library. In October 2010, the large modern library was formally opened to the public, covering an floor area of nearly 40, 000 square meters, with the construction area of 25, 000 square meters. It is magnificent, unique, full-featured, and with advanced facilities. Jinling Library serves with a new attitude and also represents a step forward along the modernization journey of the new Nanjing, and also ushers its own prosperity.

The city library reflects not only the fate of the city, but also the character of the city.

Nanjing is a pioneering city in the history of China, and also a noble and heroic city. During the Six Dynasties, Nanjing was called Jiankang, and it had an advanced economic and cultural prosperity. At that time, its population had reached one million, and Nanjing and Rome were called the "two centers of world classical civilization". During the early Ming Dynasty, the Nanjing city wall, which had taken 21 years to build, was the largest wall in the world. Nanjing became China's political and economic center. Wang Xizhi, Gu Kaizhi, Zu Chongzhi, Wu Jingzi and other cultural figures were cultivated in this city. Wang Anshi, the politician of the Northern Song Dynasty, was appointed as the officer of Jiangning government 3 times, where he experimented with his reform ideas; Yue Fei, a famous general in the Southern Song Dynasty, defeated the Jin army here in Niushou Mountain. In modern times, Sun Yat-sen became the provisional president in Nanjing and declared the establishment of the Republic of China, opening a new chapter in Chinese history.

Nanjing is a city with a noble character. She has suffered from hardships, but after six massacres, she was still indomitable, and developed bravely; she has a long history with profound heritage; she focuses on education and creates brilliant achievements; she has gone through the vicissitudes, but persevered; she is open and inclusive, and also innovative. The valuable character of Nanjing was not only recorded by the rich collection of Jinling Library, but also recorded by the 90-year history of Jinling Library.

Like Nanjing, Jinling Library also went through many vicissitudes but still continued to develop. Since its establishment, Jinling Library has adhered to the goals of grassroot-oriented service, serving the public, carrying forward fine traditional cultural heritage, and popularizing scientific and cultural knowledge to serve the people and city. At the same time, it has innovated service carriers and service methods to enhance social benefits. Jinling Library has elaborately built projects such as "JinLing Library Platform", "Classic Reading Public Promotion", "Legal Consultation Square", etc. , which are constantly improving and have become featured service brands. So people are satisfied with the library. The persistence and innovation of Jinling Library vividly reflect the valuable character of Nanjing.

Tianjin University Press has elaborately planned and organized the publication of the "series of China's City Libraries in the 21st Century". In the form of illustrations, the series carry an objective record of the history and development of city Libraries, introducing library resources and showing features of city libraries in a meaningful way. Jinling Library organized the staff to widely search through history and data, collecting a total of more than 280 pictures, and approximately 100, 000 words, which were compiled into a book. Here we can not only see the unusual history of the library in nearly a century, but also see the unusual process of the city in pursuing modern civilization.

I have studied, worked, and lived in Nanjing for five decades. I am a citizen of Nanjing, and I love this great city. I am also an educator with deep love for the libraries of Nanjing. I am pleased to be invited to write the preface for *Jinling Library*. People has had a consensus of public library functions for a long time. In 1994 *Public Library Manifesto* approved by UNESCO stated that "Public libraries spread education, culture and information as an effective force, prompting people to find peace and spiritual welfare ." In this regard, I would like to make a little speech. I think public libraries are like the bridge for people from the history to the future. What people of different ages created directly or indirectly has retained in the library, so people can relive history here. The library has provided people with an ideal ladder, and people can move from here to the future. Reading *Jinling Library* and walking into *Jinling Library*, we can thus review the history and think it over, thus looking forward the future.

Wang Zhan, president of Jiangsu Literary Federation, former vice minister of the Ministry of Education, former deputy governor of Jiangsu Provincial Government.

金陵图书馆馆标

金陵圖書館

JINLING LIBRARY

金陵图书馆馆标由“金陵图书馆”的中文名称、英文名称和象形图形组成。馆名文字由著名书法家、中国书法家协会顾问、江苏省书法家协会主席尉天池书写，书风苍劲浑厚，潇洒豪放，秀逸清奇。象形图形整体外形是书的形状，点明了本标志的行业特征，采用香槟色，蕴含了贵气与内敛，同时将“金陵图书馆”英文名称的首字母 J 和 L 与汉字“王”和“金”巧妙结合，象征着金陵古城所特有的王气。馆标中名家书法、英文馆名与象形图形浑然天成，不可分割，形成和谐的视觉对比。

Logo of Jinling Library

The logo of Jinling Library is made up of the Chinese name, English name and representational graphic component of “Jinling Library”. The characters of Jinling Library were written by Wei Tianchi, the famous calligrapher, the consultant of China Calligraphers Association, the chairman of Jiangsu Province Calligraphers Association. The calligraphy style is vigorous and unrestrained. The overall shape of the graphic component is in the appearance of a book, showing the features of the logo. And the color of champagne implies nobleness and restraint, while the first letters of “Jinling Library” “JL” and the Chinese characters “王” and “金” are subtly combined, which is a symbol of the unique features of ancient Jinling city. The three parts of the logo form a harmonious visual comparison.

目 录

历史篇

发展篇

资源篇

CONTENTS

金陵圖書

历史篇

01

第一章

南京：承载历史沧桑的英雄城市

南京历史悠久，是首批国家历史文化名城之一和全国重点风景旅游城市，有着6000多年文明史、近2600年的建城史和近500年的建都史，是中国四大古都之一，有“六朝古都”“十朝都会”之称，是中华文明的重要发祥地。

花园城市南京

美善之地难觅之佳境

南京一带在100万年至120万年前就有古人类活动，35万年至60多万年前就有直立人在南京地域生活。汤山镇西的雷公山中，有一个总面积达数万平方米的巨大溶洞群，洞内出土了较为完整的古人类头骨化石。考古学家在此先后发现了十几种动物化石。据科学鉴定，汤山旧石器时代文化遗址出土的南京直立猿人化石，大约出现于60万年前，南京地区人类史也因此向前推进了20多万年，同时也证实了长江流域是中华民族的发祥地之一，这是截至2010年已发现的最早的南京的人类生活遗迹。

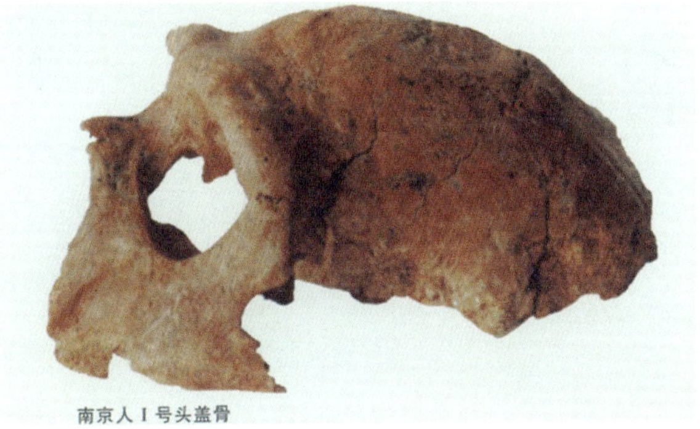

南京汤山直立猿人化石

南京汤山直立猿人化石出土地

7000至8000年前，南京出现了以北阴阳营文化为代表的新石器时代原始村落。在市中心的鼓楼岗北阴阳营、江宁区陶吴昝庙等地，发现200多处6000多年前新石器时代的遗址，出土了大量的陶器和石、骨制成的生活用具。3000年前，即中原的商周之际，秦淮河流域出现了密集的原始聚落，被称为“湖熟文化”。春秋战国时期，在这些聚落的基础上形成了南京地区最早的城邑。3100年前，南京是西周周章的封地。周灵王元年（公元前571年），楚国在今六合区已设有棠邑，置棠邑大夫，为南京有历史记载的最早的地方建置。春秋末年，吴王夫差在今朝天宫一带筑冶城，开办冶铸铜器的手工业作坊。周元王四年，越国灭吴后，范蠡在今中华门外的长干里筑越城，距今已有2400多年。

“石头城”是南京六朝时期的一处著名遗迹，南京的别称“石头城”就来自于此。据地质学研究，这里的岩层是距今1亿到7000万年前的晚白垩纪的浦口组地层，在清凉门到草场门的城墙下面，有一块凸出的椭圆形石壁，长约6米，宽约3米，因为长年风化，砾石剥落，坑坑洼洼，斑斑点点，中间还杂有紫黑相间的岩块，怪石嶙峋，远看隐约可见耳目口鼻，酷似一副狰狞的鬼脸，被称为“鬼脸城”。石头城全长约3000米，筑于楚威王七年（公元前333年）。东汉建安十七年（212年），吴国孙权在石头山金陵邑原址筑城，扼守长江险要，为兵家必争之地，有石城虎踞之称。

石头城遗址：鬼脸城

公元前333年，楚威王熊商于石头城筑金陵邑，金陵之名源于此。229年，吴大帝孙权在此建都，改秣陵为建业（后于282年改建邺）。吴都城以今太平路一带为中轴线，南拥秦淮，北倚后湖，周长20里19步（今8.5公里左右）。此后，东晋和南朝的宋、齐、梁、陈均相继在此建都，故南京有“六朝古都”之称，今南京图书馆保留有六朝时期的建康城遗址。六朝时期的建康城是当时世界上最大的城市，人口超百万，是世界上第一个人口超过百万的城市，其经济发达，文化繁盛，在江南保存了华夏文化之正朔。六朝时期的建康城和罗马城并称为“世界古典文明两大中心”，以建康为代表的南朝文化，在人类历史上产生了极其深远的影响。

三国的吴，东晋，南朝的宋、齐、梁、陈，都以建康为国都，历史上合称六朝。这六个朝代的统治区域都在我国的南方。据文献记载，南京六朝的宫城建设非常精美，隋灭陈后，宫城被毁，经过1500多年岁月的洗礼，六朝古都基本只存在于文学作品中。

2003年年初，南京图书馆新馆工地发现了六朝宫城“台城”的御道和城墙遗存历史遗迹，这是六朝皇宫的一部分。这300平方米“馆中藏遗”的六朝遗址展示区，以“湮没的皇宫”为主题，用玻璃地坪保护起六朝时期梁代建康城内皇城遗迹，免费向读者开放。

南京图书馆六朝遗址

六朝古都建康纸醉金迷，佛寺穷极宏丽。唐朝杜牧有“南朝四百八十寺，多少楼台烟雨中”的咏叹。南朝石刻，造型十分生动，气魄雄伟，形制硕大，雕琢精湛，是中国古代石刻艺术的珍品。辟邪是我国古代传说中的一种神兽，首似狮，身若虎，嘴大牙锐，下颌卷须，身生双翼，昂首怒目，长尾拖地，象征威严、正义，可以避凶。南朝辟邪石刻最为有名，南京的辟邪很多就是南朝的遗存，石辟邪被选为南京的形象。

以南京为首都的崇文的南朝，终究没有抵挡住尚武的北朝的铁蹄。581 年，杨坚废周建立隋朝。589 年 2 月，隋军攻入台城，从景阳楼下的井中活捉了陈后主和他的两个妃嫔。自此，如梦的六朝时代结束，南京亦结束了其作为都城长达 360 年的历史。长安成为隋朝的首都，而南京作为敌方故都则几乎被夷为平地。隋文帝下令将城邑和宫殿“荡平”改为耕地。

六朝石刻辟邪

隋唐两代，金陵处于建都于北方的朝廷的刻意压抑、贬低和经济、文化不断发展强大的矛盾之中。政区建制在唐代有130年降为润州属县，李白、刘禹锡、杜牧、李商隐等大诗人都在这里生活、游览过。李白《登金陵凤凰台》的不朽诗篇“凤凰台上凤凰游，凤去台空江自流。吴宫花草埋幽径，晋代衣冠成古丘。三山半落青天外，二水中分白鹭洲。总为浮云能蔽日，长安不见使人愁。”感怀的就是这一段历史，全篇充满了惋惜和忧郁的感情，就是当时真实情况的写照。

隋唐之后五代时期的中国，诸雄相争，战乱不断。而南唐建都金陵府，偏安江南，自杨吴始，70多年境内没有发生大的战争。秦淮河两岸集市兴隆，商贾云集。经济繁荣伴随着文化的发达，诗词、书画都开一代之风。

1277年，元世祖将南宋时的陪都建康府升格为建康路，1329年建康路被改为集庆路，领辖三县——上元、江宁、句容和两州——溧水、溧阳。

1356年（元至正十六年）3月，朱元璋大军攻克集庆路，改集庆路为应天府。从1366年起，开始了长达21年的浩大的建筑城墙的工程。这就是至今尚大部分留存的闻名世界的明南京都城。1367年（元至正二十七年）12月，朱元璋称帝，史称“明太祖”。1368年，改元洪武，定国号为明，并定都于此，改应天为南京，这是金陵称为“南京”的开始。

南京明城墙

1378 年，明太祖确定南京为“京师”，正式成为首都。明成祖朱棣夺取帝位后，1421 年（明永乐十九年）正式改北京为京师，南京为留都，府部犹存。

明朝建立后，南京第一次作为拥有全国版图的大一统封建帝国的都城。南京的城邑建设，至明初达到了鼎盛时期。今天南京城的基本格局，就是在明初奠定的。作为南方的经济文化中心，南京的经济、社会和人文不断发展繁荣，到明代中叶以后，已经成为我国资本主义萌芽的重要发祥地之一。

午门是明故宫宫城南面的正门，俗称“午朝门”。正对御道街，内有午门、东华门、西华门以及内外五龙桥等明故宫原有建筑，并陈列浮雕云龙鸟兽石壁和石狮、石缸、石鼓等精美的明代石刻艺术品，是南京胜迹之一。午门城台雄伟壮观，下宽上窄，古朴稳重，四周用红色大理石砌成须弥座，台基之上当年所雕的图案花纹，至今仍清晰如故。城台之上，当年曾有五座黄瓦金顶、重檐彤饰的五道彩楼，俗称“五凤楼”，楼与楼之间有阁道相连。正中为主体楼，两边为阙楼，另有钟楼、鼓楼各一。历 600 余年之后，其上部木结构已经不存，五凤楼早已随着后世不断的动荡而销沉了，午门主要部分劫后余生，只留下排列有序的巨大石础供后人作慨叹之观了。

明故宫午朝门遗址

1911 年 10 月辛亥革命爆发后，组建了中国历史上第一个共和制的国家政权——中华民国临时政府。1911 年 12 月 29 日，起义的 17 省派代表在南京选举孙中山为临时大总统，建立中华民国。1912 年元旦，孙中山宣誓就任中华民国临时大总统，中华民国临时政府在南京成立。1927 年，北伐军节节胜利，4 月 18 日在南京成立国民政府，定南京为首都。

临时大总统府

孙中山先生曾经这样评价过南京：南京为中国古都，在北京之前。其位置乃在一美善之地区。其地有高山，有深水，有平原。此三种天工钟毓一处，在世界之大都市诚难觅如此佳境也。

波澜壮阔历史显气节

六朝古都，十朝都会，南京作为历史文化名城和著名的兵城，留下众多的军事历史遗迹，写下了波澜壮阔的英雄史诗。南京的特殊地理位置，让这座城市享受无限荣光，也饱受万般罹难，六次屠城，六次崛起，奋勇抗争是南京人的品质，敢为人先是南京人的风范。

自范蠡筑城，孙权称霸江南和诸多将士写下三国逐鹿的英雄传奇，风风雨雨的南京，有辉煌也有劫难。著名的北宋政治家王安石（1021—1086）生在江西，却与金陵有着不解之缘。他在金陵度过青年时代后，又两度来此守孝，曾三次以宰相之位担任江宁知府，前后在这里生活了 20 年，并在这里定居终老，逝世后葬于钟山脚下。

王安石故居半山园

南宋名将岳飞在南郊的牛首山一带大败金兵。城南的将军山就是因民族英雄岳飞而得名的。作为南宋抗金的古战场，1130 年（南宋建炎四年）春，岳家军筑垒设伏，打败金兀术，一举收复建康城。将军山位于南京南郊，与牛首山、大石头相衔。这里曾是宋代牛首山大捷的古战场，800 多年前岳飞将军在这里筑壁垒，设伏兵，大败强敌金兀术。如今，横贯山脊、连绵数里的古垒工事，千变万化、神秘莫测的武穆兵阵，便是当年鏖战的见证。

将军山古垒工事

南京的铁心桥有着民族英雄杨邦乂的传说。1129 年，金兵入侵建康时，文官通判杨邦乂拼死抵抗被俘。金兵劝降时他誓死不降，传说金兀术遂命人持刀戳其胸取其心，却蹦出一颗“铁心”！杨邦乂壮烈殉国后，金兀术下令抬铁心周游兵营，让将士学此骨气。不巧途中铁心掉进了水沟，两士兵下水也没摸到。杨邦乂在金陵慷慨就义，后被追赠为朝奉大夫，谥忠襄。后人修桥纪念他，唤作“铁心桥”，并修坟刻“杨忠襄公剖心处”，碑旁为其誓言：宁作赵氏鬼，不为他邦臣。

抗金名将杨邦乂剖心处

“南京保卫战”是 1937 年 12 月中国军队在淞沪会战中失利后展开的保卫首都南京的作战。15 万中国军队与 20 万日本生力军抵抗作战。12 月 13 日，南京沦陷，5 万日军入城，由此开始了连续六个星期震惊世界的“南京大屠杀”。

“光华门”原名“正阳门”，是南京明代十三座内城城门之一，位于南京老城城墙东南，城门外在明代修筑有护城河，有正阳门桥（光华门桥）架设于护城河上。正阳门于 20 世纪 30 年代更名为“光华门”，并由单门洞改建为三门洞城门，可满足现代化交通的需要。

中国军队英勇抗击日本侵略军

1937 年 12 月 9 日拂晓，日军抢占光华门外的大校场和通光营房，随后连续数日，日军的飞机、野山炮和坦克不停地猛烈轰击光华门。城楼被炸飞，80 米段的城垛被炸平。10 日下午 5 时，百余日军从被击穿倒塌的城门沙袋掩体工事中冲入光华门。消息传回日本，日本举国若狂。担任光华门防务的中国守军，以大量集束手榴弹、机枪和步枪与日军展开激战，在短短数小时内整连整营编制的中国官兵大批伤亡，终于夺回城门，堵住城墙缺口。中国军人又将汽油桶抛下，纵火焚烧据守在城门洞里的日军。12 日，光华门再度被日军突破。

1958 年，光华门被拆除，如今只剩下城门遗址。2006 年 10 月，光华门民国砖筑堡垒遗迹在“月牙湖五期环境整治”施工中被发现。它是以明城墙为依托构筑的城防工事，东西相邻，均用明城砖砌筑。据记载，1937 年冬侵华日军进攻南京，光华门是中国守军抵御日寇最为顽强的战场之一，被发现的光华门民国砖筑堡垒遗迹是这段历史的重要见证，因而具有重要的历史价值。

中国守军英勇抵抗日本侵略军

虽然南京沦陷了，但中国守军的顽强抵抗，给了日本侵略者沉重的打击，为南京这座城市书写了可歌可泣的英雄史诗。

光华门遗址

从南京城出太平门，沿着紫金山脚下的公路北行 10 多分钟，就到了一座石牌坊前。这里就是“抗日航空烈士公墓”。航空烈士墓始建于 1932 年，曾经有着数以千计的抗日空战英雄长眠于此，这是中国唯一一座航空烈士公墓，也是唯一一座集合了美国、苏联、韩国等国的来华助战英雄的烈士墓。首批进入公墓的是在“一·二八淞沪抗战”中牺牲的中国飞行员。1937 年 8 月以后，又陆续有不少抗日英烈在此安息。公墓位于紫金山北坡王家湾披着绿装的山坡上，周围是苍松翠柏，北边是滚滚东去的长江，更显庄严秀美。

抗日航空烈士公墓

在抗战期间，中国空军共出动飞机 21597 架次，击落敌机 599 架，击伤敌机 110 架，炸毁敌机 627 架，炸伤 120 架，击沉击伤敌舰船 8013 艘，炸毁炸伤敌坦克、军车 8456 辆。苏联志愿航空队于 1937 年秋来华，仅据在 1938 年到 1940 年 5 月期间的统计，就击落敌机 81 架，炸毁敌机近百架，炸沉炸毁敌船 14 艘。从 1941 年 12 月到 1945 年 9 月，美国志愿航空队共击落和炸毁日机 2600 多架，炸沉炸毁敌舰船 44 艘，击毙日军 66700 多人。中美联合开辟的驼峰空运航线，在长达三年多的空运中，先后投入飞机 2000 架次，参战人数 84600 人，运送物资 73 万吨，运送人员 33477 人。当时的中国空军和援华的苏联、美国航空志愿队也为此做出了巨大的牺牲。仅刻在南京抗日航空烈士纪念碑英名碑上的中国航空烈士就有 880 名，苏联航空烈士 236 名，美国航空烈士 2186 名，韩国航空烈士 2 名。还有 570 多名中外航空烈士的名单待刻。抗日航空烈士陵园里多少优秀的中外飞行员血洒蓝天，捍卫中华，保卫和平。

英勇的中国空军战争誓言

航空烈士公墓在日军占领南京期间和“文革”中遭到了严重破坏。1985 年，国家拨款按原设计图纸对公墓进行了修复。2002 年成为江苏省文物保护单位。

中国空军勇士登机迎敌

中国的抗战，得到了世界各国广大人民与海外爱国华侨的同情和支持，得到了苏、英、法、捷、比、美等国物资上的援助。一些国家和组织还派出了军事、医疗等方面的志愿人员，直接参加了中国的抗战，他们中的一些人，为了中华民族的解放事业献出了宝贵的生命，中国人民将永远记住他们！

南京成为都市以来，有过侯景之乱、隋军耕垦、朱棣屠忠、《南京条约》签订、太平天国运动、侵华日军大屠杀等大规模灾难。但是这座城市不断“死而复生”，百折不挠，并能再创辉煌，再攀高峰。这是一种十分可贵的城市品性，是值得引以为豪的城市优良传统。可以说，南京是一座英雄的城市。

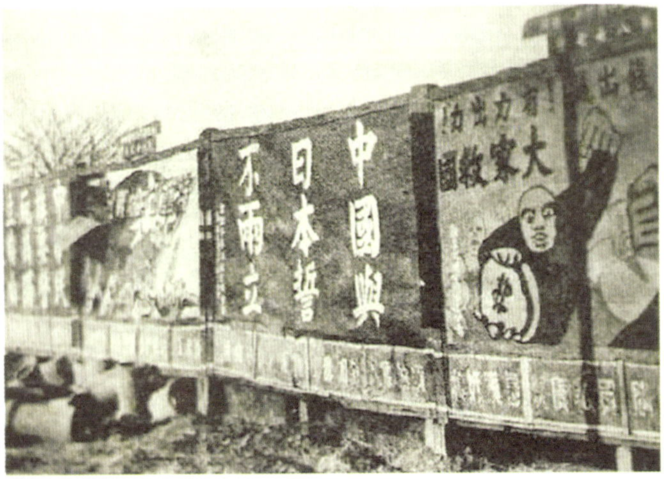

抗战爆发后，南京街头的抗日宣传广告画

文化盛极藏书承古今

从211年到589年，其间除去西晋时期的27年（280—307）外，南京一直都是中国半壁江山的中心城市，号称“六朝古都”，尤其是文献官藏盛极一时，江南私家藏书引领全国，其影响贯穿古今，远达整个中原和南方地区。

“东观”是中国东汉宫廷中贮藏档案、典籍和从事校书、著述的处所。222—280年（孙吴时期），孙权称帝，建都建业，亦仿汉制设“东观”，作为国家藏书之所。明孝陵前的孙陵岗，是三国时吴大帝孙权的葬地，亦是南京地区最早的六朝陵墓。孙权墓还葬有孙权的夫人步氏和后妻潘氏，宣明太子孙登也葬在孙陵附近。

孙权墓

317年（建武元年），晋元帝司马睿于建康称帝后，为兴学治国，诏令各地官民，征集图书。东晋国家藏书处为“秘阁”。因藏书量骤减，官府仅此一处庋藏典籍。此外，为积聚图籍，官府向私人藏书家借抄图书，充实秘阁所藏。张尚文、殷允、郗俭之、桓石秀等人的众多藏书均被借去誊抄，使秘阁藏书稍有增加。东晋大著作家李充整理官府藏书，编纂出东晋国家藏书目录《四部书目》，又称《晋元帝书目》。著录图书仅3014卷，然其确定五经为甲部，史记为乙部，诸子为丙部，诗赋为丁部，即经、史、子、集四部，后世以为永制。

502—557年（南朝梁王朝时期），梁王朝藏书处除“秘阁”之外，增设文德殿、华林园、东宫三地。梁王朝掌管典籍机构由秘书监改称“秘书省”，置监、丞各1人，秘书郎4人，掌国之典籍图书。另有著作郎1人，佐郎8人，掌国史，撰起居注。此时梁东宫藏书已达3万卷。502—519年（天监年间），梁武帝登基后，下诏向民间求书。“宜选陈农之才，采河间之阙。怀铅握素，汗简杀青，依秘阁旧录，速加缮写。”此外，武帝为保存典籍，防止书厄，决定增加官藏副本。天监初年，命张率等人主持抄写乙部典籍；其后，于503年（天监二年）抄甲部书籍；508年（天监七年），又抄丙、丁两部图书。秘书监任昉受命竭力搜集图籍。曾在文德殿内列藏群书，共23106卷，又将佛教典籍专藏于“华林园”。武帝应秘书丞王泰之请求，准其校定缮写官府藏书，进行典籍整理。503年，任昉任秘书监，主持官藏典籍整理。下令儒臣躬身部籍，广收异本，手自校雠。刘孝标、殷均、贺纵等人参与其事，典校用功，使秘阁藏书焕然一新。505年（天监四年），武帝诏置“集雅馆”，以招远学，开“士林馆”以延学士，并于二馆储部分藏书，供学士研读，派朱异、孔子祛、贺琛等学者赴馆讲学。武帝也曾亲临学馆讲经、听讲，大开建康学风，为一时佳话。

975年（开宝八年），宋太祖赵匡胤平南唐，得知南唐后主李煜宫中图书万卷，钟繇、王羲之墨迹尤多，遂令太子洗马吕龟祥至金陵接收南唐图书。次年春，收南唐图书2万余卷，悉送史馆收藏。宋元时期的金陵依然保持南唐的城市规模，作为东南地区的经济重镇而闻名。

1368年（洪武元年），徐达率兵攻入大都（今北京），收图籍、祭器、仪象、版籍等物，将所藏宋元雕版旧抄及元奎章阁、崇文阁等秘室图书尽数载运金陵，归入南监（南京国子学）。后南监据此类板片，修补印行，即后世所称“三朝本”，以“十七史”最为著名。1370年（洪武三年），太祖仿唐宋元旧制，设弘文馆、秘书监，专司收藏、校理典籍，教授生徒。宋亡后，两宋监本书版多移入西湖书院，相继修补出版。是年移送南京国子监，重新整补。1382年（洪武十五年），太祖诏南京国子学改为国子监，继续藏书、刻书，贮存书版、石刻。其中大量书版为宋元朝所遗，后又将杭州西湖书院南宋国子监刻版及元代刻版运至南京收存。1395年（洪武二十八年），太祖诏校正南京国子监经书刻版，印行颁藏于天下。鸡笼山麓的国子监学生多达近万人，还有日本、朝鲜等国的留学生在此学习。

1405年（永乐三年），南京文渊阁建成，成为中枢秘藏之所在，珍籍秘档、累朝御笔、《实录》《宝训》《玉牒》及重要书籍等，皆藏于此处。徐达从元大都取回的宋金元时期典籍，全国征集来的大量珍贵图书，均汇集藏于文渊阁。包括新编纂的《永乐大典》，同样贮藏于此。据邓之诚《骨董琐记全编》记述，郑和于永乐五年、八年、九年、十三年、十八年、二十二年，宣德四年及五年，“陆续成造大藏尊经，计十一藏”，分别奉旨颁施给南京灵谷禅寺、天界禅寺、静海禅寺、鸡鸣禅寺、牛首佛窟禅寺、镇江金山禅寺、福建南山三峰塔寺、北京皇后寺及云南五华寺等处流通供奉。郑和在《优婆塞戒经》卷七后面的题记中云：“累蒙圣恩，前往西洋等处公干，率领官军宝船，经由海洋，托赖佛天护持，往回有庆，经置无虞。常怀报答之心，于是施财，陆续印造《大藏》尊经，舍入名山，流通诵读。”他于永乐十八年五月亲自题写的《施印大藏经发愿文》中又说：“谨发诚心施财命功，印造《大藏》尊经一藏，计六百三十五函，喜舍于云南五华寺，永远长生供养。……凡奉命于四方，经涉海洋，常叨恩于三宝。”

1907 年（光绪三十三年），江苏巡抚端方筹设“江南图书馆”，举荐缪荃孙总理馆务。以收购丁氏八千卷楼藏书为主体，又陆续购进别家散出典籍，新印图书，并接收清廷拨发的《古今图书集成》等，使江南图书馆藏书日益丰富，成为当时之佳话。八千卷楼主人丁丙去世后，其子丁立中等后人因经商失败，亏空巨万，被要求出卖家产藏书以赔偿。时任两江总督的端方闻知八千卷楼藏书将要散出，担心藏书流落异国，于是奏明清政府，延请江苏藏书家缪荃孙到杭州与丁修甫（丁申之子、丁丙之侄）洽谈，最终以 75000 元的价格成交，收下了此批珍贵典籍。之后端方将八千卷楼藏书移入其创议建立的我国最早的公共图书馆江南图书馆庋藏。1910 年 10 月江南图书馆落成开放。

江南图书馆旧址

除了历代公藏图书，私家藏书也值得书写一笔。南京自古称“文物之邦”“图书之府”。私家藏书风气兴起于六朝时期。梁武帝时，“四境之内，家有文史”。京城中，沈约私人藏书达两万卷。同时的任昉、王僧儒私人藏书与之不相伯仲。五代南唐时，国家以“经籍开道，文武并驾”，家家户户，咸慕置书。私家藏书之风再兴。徐楷家藏书为京城之冠。明清时期，南京私家藏书达到极盛。明嘉靖年间，司马泰、罗泰、罗凤、胡汝嘉的私人藏书均号“充栋”。明万历年间，焦竑“藏书两楼，五楹俱满”，与中州西亭王孙、齐东李开先并称海内书林甲观。明清之交，藏书大家有黄居中（千顷堂）、周亮工（赖古堂）。清顺康年间，有黄虞稷（黄居中子，千顷堂）、周在浚（周亮工子，藏密庵）、丁雄飞（心太平庵）、邓旭（青藜阁）、熊赐履（下学堂）、曹寅（楝亭）、梅文鼎（绩学堂）。乾嘉年间，有袁枚（书仓）、陶湘（冰雪窝）、梅毂成（寄圃读书堂）、严长明（归求草堂）、甘福（津逮楼）、孙星衍（孙祠倚天阁）、张敦仁（与古楼）、唐仲冕（憩书楼）。道咸年间，有朱绪曾（开有益斋）、侯云松（环胜阁）、梅曾亮（柏枧山房）、温葆深（师经堂）、汪士铎（振庵）、孙文川（读雪斋）、张淳（柏木厅）。同光年间，有甘元焕（复庐）、缪荃孙（艺风堂）、张佩纶（涧于草堂）、陈作霖（冶麓山房）、蒯光典（金粟斋）、杨文垣（史纂阁）。清末民初，有王德楷（娱生轩）、刘世珩（聚学轩）、刘世瑗（天尺楼）。中华民国时期，有石凌汉（弢盦）、王瀣（冬饮庐）、仇埰（鞠谯斋）、朱希祖（郦亭）、陈匪石（旧时月色斋）、吴梅（奢摩他室）、黄侃（量守庐）、陈中凡（清晖山馆）、胡小石（愿夏庐）、汪辟疆（小奢摩馆）、卢前（饮虹簃）、杨家骆（仰风楼）等。

从明故宫午朝门上眺望御道街

南京因其特殊的历史、文化背景和政治地位，冠盖如云，人文荟萃。李白有诗云：“金陵昔时何壮哉，席卷英豪天下来。”藏书风气的长盛不衰，与此密不可分。南京私家藏书史所反映的不仅仅是一方的藏书历史，而是中国藏书的历史缩影。

胜利之城还光荣形象

南京有着悠久的历史，南京有很多文化资源，但很多博大精深的文化内核中最本质、最主要的精髓却被忽略了。如果从宏观角度去重读南京，把它放到国家和民族的历史长河里去，则它承载更多的是中华民族文明肇始、救亡图存、繁荣文化、走向复兴的责任和使命。同时，从更广阔的历史角度来看，可以说历代王朝在南京之时，多是文化百舸争流、群星闪耀之际。

联合国教科文组织世界遗产委员会第 27 届会议 2003 年 7 月 3 号决定，明孝陵入选世界文化遗产。从 1356 年起，朱元璋用 12 年时间，以应天府为中心，完成了灭元建明的历史任务，开创了一个新时代，他颁《立南北两京诏》，更名金陵、大梁为南京、北京。自此古金陵得称“南京”。明孝陵是明朝开国皇帝朱元璋和皇后马氏的合葬陵墓，因皇后谥“孝慈”，故名“孝陵”。明孝陵坐落在南京市紫金山南麓独龙阜玩珠峰下，东毗中山陵，南临梅花山，是南京最大的帝王陵墓，亦是中国古代最大的帝王陵寝。作为中国明陵之首的明孝陵壮观宏伟，代表了明初建筑和石刻艺术的最高成就，直接影响了明清两代 500 多年帝王陵寝的形制，在中国帝陵发展史上有着特殊的地位，故而有“明清皇家第一陵”的美誉。2003 年 7 月 3 日，联合国教科文组织世界遗产委员会第 27 届会议决定，明孝陵入选世界文化遗产。

明孝陵

郑和（1371—1433，回族，原名马和，小名三宝，又作三保）是发展航海科技的带头人和我国“海上丝绸之路”的开创者。他前后历 28 年，七涉西洋，打通并拓展了中国与东南亚、东非、中亚等地区的海上交通。1405 年 7 月 11 日（永乐三年六月十五）34 岁的郑和奉明成祖朱棣命，从南京龙江港起航，经太仓出海，率 27800 人第一次下西洋，1407 年 10 月 2 日（永乐五年九月初二）回国。从 1407 年到 1431 年，郑和共奉旨七次下西洋。郑和七下西洋是世界古代航海史上时间最早、人数最多、规模最大、技术最先进、活动范围最广的航海活动。

郑和墓

位于南京江宁区谷里乡周昉村的郑和墓，地处风景优美的佛教牛头宗发源地牛首山的南麓。郑和与南京有着千丝万缕的联系。作为郑和七下西洋的出发地，有关郑和的历史遗存在南京随处可见。

明代宝船厂位于现古船坞周边上堡、中堡、下堡一带，600 年前这一带江汉纵横、芦草连天，地势开阔，直通长江，后被选中辟建为宝船厂。当年宝船厂占地 1000 余亩，开作塘船坞七条，史载大型宝船“悉数建造于宝船厂”，是世界上规模最大的皇家造船厂。明清以来逐渐废弃，经过几个世纪的变迁，现仅存古船坞遗址三条，即第四、第五、第六三个作塘。

宝船厂遗址

当时的南京是全国的政治枢纽，明成祖朱棣就是在这里决定让郑和下西洋，开创了一番震惊世界之航海伟业。马府街是郑和故居所在地，其府邸后花园遗址为现在的郑和公园。附近的净觉寺，初建于 1388 年（洪武二十一年），1430 年（宣德五年）遭火灾被毁。当时，恰值郑和第七次下西洋前夕，宣宗皇帝特准郑和所请重建清真寺。

北行出挹江门，有天妃宫碑与静海寺。天妃宫位于南京城北，始建于 1407 年（明永乐五年），史称“龙江天妃宫”，是郑和第一次下西洋回国后，以海上平安为天妃神灵感应所致，奏请朝廷赐建的。郑和在之后的六次下西洋出航前和归航后，都专程前往龙江天妃宫祭祀妈祖。后来，每年妈祖诞辰之日（农历三月二十三日），民间赶庙会的习俗一直延续至今。静海寺系为嘉奖郑和功勋而建，寺内主要供奉郑和从海外带回来的珍宝。静海寺当年号称“金陵律寺之冠”，几经沧桑，现存的建筑物有主厅、主房、厢房和一个占地 600 多平方米的大院落。1416 年（永乐十四年），永乐皇帝以“御制”名义所立的天妃宫碑碑高 5.48 米、宽 1.72 米、厚 0.58 米，系国内遗存的有关郑和碑刻中最大的一座。

天妃宫碑

1910 年 6 月 5 日（清宣统二年四月二十八日），在南京开幕的南洋劝业会，规模盛大，轰动中外，影响深远，是中国近代史上第一次以官方名义主办的国际性大型博览会，历时半年，共有 30 多万人参观，吸引了美、英、日、德及东南亚诸国参加，展品号称百万件，时人称之为“我中国五千年未有之盛举”。南洋劝业会借鉴了美国圣路易斯万国博览会、比利时博览会、意大利米兰博览会的经验。除国内各省都设馆外，南洋群岛之泗水（今苏腊巴亚）、爪哇、巴达维亚（今雅加达）、新加坡等地区也都前来列馆参展。

南洋劝业会举办地

南洋劝业会主会场位于当时南京的丁家桥、三牌楼一带，南起丁家桥，北至三牌楼，东邻丰润门（今玄武门），西近将军庙，占地700亩。会场呈椭圆形，会场中心建有四方形多层塔楼一座，作为劝业会办公所在地和会议、接待中心。四周的十多座建筑为本地馆，外围散布省馆、专业馆数十座，多以省、地名命名，亦有以物产命名，共设34个展区。两江地区所开设的展馆有教育、工艺、农业、机械、通运、美术、卫生、武备等分馆。此外，华侨展品之暨南馆、外国展品之参考馆也列于其间。第一、第二、第三参考馆陈列的是欧美、日本各国送来的展品。南洋劝业会展品约计100万件，分农产品、工艺品、水产品、美术品、畜产品、教育品、医药品、机械产品等24部444类。其中，不仅有农、矿、水产、皮毛、草药、瓷器、漆器、银器、玉雕、刺绣等传统产品，更有纺织、皮箱、玻璃、水泥、碾米机、水泵、车床、钻床等工业革命后期的产品，为一时之新奇。在参会展品专案中评出一等奖66件，二等奖214件，三等奖426件，四等奖1218件，五等奖3345件，合计5269件。

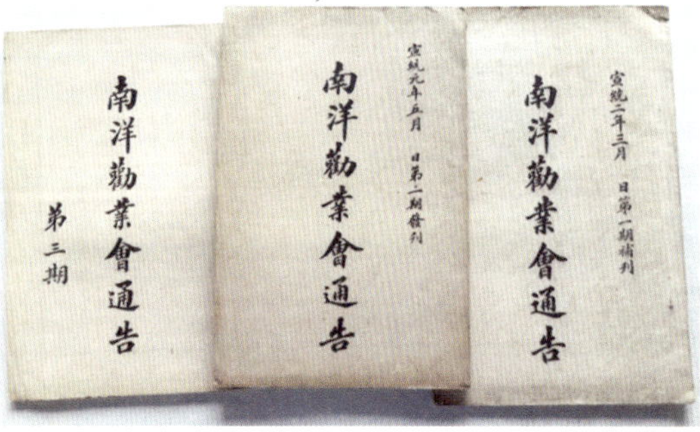

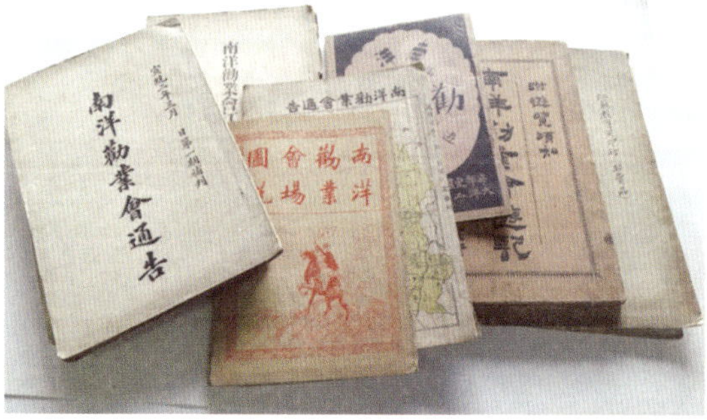

南洋劝业会相关资料

南洋劝业会会展正门在丁家桥，门首有“南洋劝业会”五个斗方大字，用彩灯缀成。进门有喷水池，珠帘高达丈余，至夜晚，彩灯辉映，蔚为壮观。大会场内，各展馆也各有特色，有的以园林取胜，有的以宫殿称雄，有的小巧玲珑，有的雄伟壮观。房舍式样，有中式也有西式，亭台楼阁，竞相媲美。会场内尚有马车、人力车等，可随时雇用漫游。会场外铺设轻轨小铁路，有每节车厢可容纳二三十人的小火车，每隔一小时发一班车，花 10 个铜板就可以体验在火车上参观劝业会的舒适感受。1949 年以后被拆除的相当于城市公交的南京城中小火车，其起源就是南洋劝业会时就启动的城市道路交通建设。

南洋劝业会相关资料

会场内除了各种展馆之外，尚有许多辅助建筑：会务机关有会议厅、事务所、发行所、审查室、警务所等，娱乐设施有牌楼、奏乐亭、纪念塔、喷水池等，贩卖设施有劝工场、会馆、商店等，交通设施有邮局、电话局、轻便铁路等。此外还专设临时医院。会场晚上也对游客开放，电灯第一次大规模在古老的南京城亮相，所有展馆门首及其檐边脊顶均装有电灯，马路两旁及展馆周围花丛树林中装饰五色彩灯，入夜之时，灯火辉煌，炫耀夺目，别有风采。

南洋劝业会筹办前后历时两年多，起到了“开一时之风气，策异日之富强”的作用，极大促进了南京社会、经济的全面发展，城市基本设施如道路、电灯、电话、旅馆、饭店、商场、铁路等一应俱全，城市面貌焕然一新。

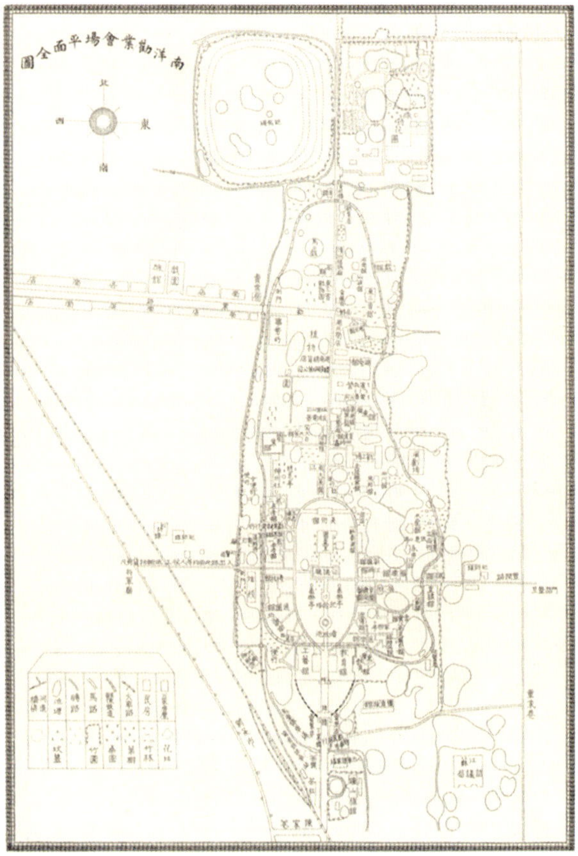

南洋劝业会会场平面图

中国近代史上的重要人物，如袁世凯、张謇、张伯苓、郑孝胥、虞洽卿、张元济、熊希龄、张静江等，他们的身影均曾出现在南洋劝业会筹备工作忙碌的人流当中。

无论当时的历史背景如何，作为南洋劝业会这项国际性展博盛事本身，是南京这座城市在中国近代史上不可磨灭的一页。

举凡在外族入侵的动荡关口，南京都见证了中华民族惊天地、泣鬼神的英勇抵抗和胜利反击。南京的确有过不少悲伤，但那是国家和民族的苦难，南京为国家和民族承担了伤痛，这只能引起人们对南京更多的赞叹和崇敬。其中，1945 年，艰苦持久的抗日战争取得胜利，国民政府重返南京，这一笔不能不重墨书写。

在全中国人民长期顽强抵抗下，在全世界反法西斯战线的支持下，在中国这个世界上第一个反法西斯战场上，全民族团结抗战，沉重打击了日本侵略者。1945 年 8 月 15 日中午，日本天皇向全国广播了接受《波茨坦公告》、发布无条件投降的诏书。至此，第二次世界大战以法西斯轴心国的失败和反法西斯同盟国的胜利而告终，中国人民取得了抗日战争的伟大胜利！

1945 年 9 月 9 日，在南京黄埔路中国陆军总部所在地，侵华日军总司令冈村宁次在投降书上签字。仪式结束后，何应钦发表讲话："敬告全国同胞及全世界人士，……中国战区日军投降签字已于本日上午 9 时在南京顺利完成，这是中国历史上最有意义的一个日子，这是八年抗战艰苦奋斗的结果。"

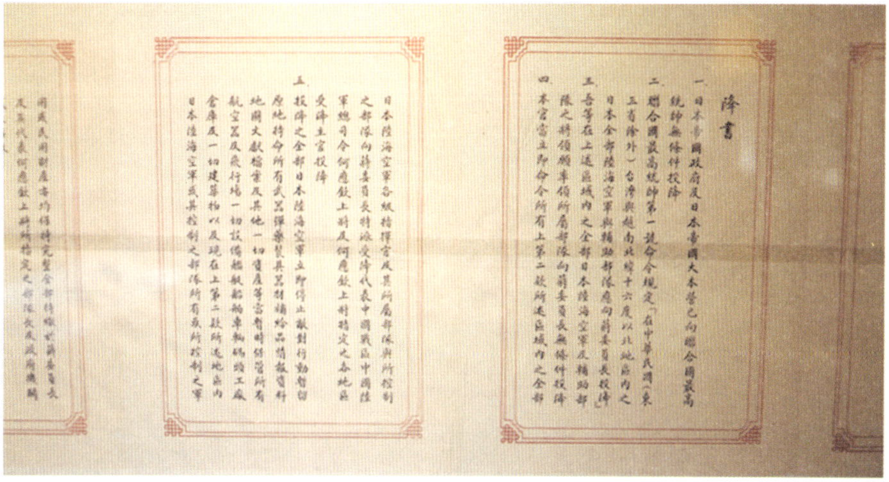

降書

一、日本帝國政府及日本帝國大本營已向聯合國最高統帥無條件投降

二、聯合國最高統帥第一號命令規定「在中華民國（東三省除外）台灣與越南北緯十六度以北地區內之日本全部陸海空軍與輔助部隊應向蔣委員長投降」

三、吾等在上述區域內之全部日本陸海空軍及輔助部隊之將領願率領所屬部隊向蔣委員長無條件投降

四、本官當立即命令所有上第二款所述區域內之全部日本陸海空軍各級指揮官及其所屬部隊與所控制之部隊向蔣委員長特派受降代表中國戰區中國陸軍總司令何應欽上將及何應欽上將指定之各地區受降主官投降

五、投降之全部日本陸海空軍立即停止敵對行動暫留原地待命所有武器彈藥裝具器材補給品情報資料地圖文獻檔案及其他一切資產等當暫時保管所有航空器及飛行場一切設備艦艇船舶車輛碼頭工廠倉庫及一切建築物以及現在上第二款所述地區內日本陸海空軍或其控制之部隊所有或所控制之軍

日本在中国战区受降仪式降书上签字

中国人民抗日战争的胜利，不仅捍卫了中华民族的尊严，而且对世界反法西斯战争的胜利，对人类的进步事业，做出了应有的贡献。中国坚持长期抗战，粉碎了日本的战略企图，打乱了日本发动战争的时间表。按照日本发动侵华战争初期的企图，要求速战速决，迅速灭亡中国，然后掠夺中国丰富的资源，以中国为“兵站基地”，“北进”侵略苏联，“南进”对英、美作战。但中国的持久抗战，使日本陆军主力陷于中国，为盟国赢得了宝贵的时间。同时，中国拖住了日本陆军主力，就使日本用于南洋作战的兵力大为减少，减轻了盟国在太平洋的压力。太平洋战争爆发后，日本处于两线作战的困境，因此，日本对苏作战的企图始终未敢付诸实施。中国的抗战是使苏联避免两线作战的重要因素之一。

1946 年 5 月 1 日，国民政府正式发布还都令，宣布 5 月 5 日“凯旋南京”。5 日，南京城里处处张灯结彩，旌旗招展，一派节日景象，在“首都各界庆祝国民政府还都大会”上，南京的各界同胞共同的感受是欣喜。

第二次世界大战中国战区受降仪式

中国人民在抗战中做出了巨大的民族牺牲，为战胜和消灭法西斯、维护世界和平与人类尊严做出了不可磨灭的历史贡献。中国的抗日战争在世界反法西斯战争中占有崇高的地位，发挥了伟大的作用。

历史上，南京多次发挥过至关重要的作用：保护了中华文化的“血脉”、为隋唐

盛世到来奠基、开启中国近代历史第一页、结束专制帝制、孙中山就任中华民国临时大总统、第二次世界大战中国战区受降仪式举行等。这座城市也养育过许多中国乃至世界一流的政治家、改革家、文学家、科学家、理论家、史学家、航海家、书画家、军事家等，如“书圣”王羲之、“画圣”顾恺之、“诗仙”李白、“词圣”李煜、数学家祖冲之、改革家王安石、民主革命先驱孙中山等。

抗战的胜利，让南京各界同胞欣喜

总统府遗址已有160多年的历史，从1840年鸦片战争至1949年的100多年里，作为中国近现代政治中心的南京，这里多次成为中国政治军事的中枢、重大事件的策源地。中国一系列重大事件或在这里发生，或与这里密切相关，一些重要人物都在此活动过。总统府目前是中国最大的近代史博物馆。1928年10月，国民政府实行五院制，辟国民政府东院（东花园）为行政院办公处，西院（西花园）为国民政府参谋本部和主计处。

通览整个中国文明历史过程，公元211年以后南京的崛起，应列为我国历史上的重大事件，即南京的崛起开辟了长江文化板块乃至中国发展的新时代。

南京的崛起在中国国土范围内塑造了又一个政治中心城市，使中国的政治中心城市走出黄河文化板块的一元格局（西安—洛阳东西横向轴线），开启了多元（南京—北京、东京—杭州南北纵向轴线）竞美的中国都城文明的新时代。

总统府遗址

作为“美善之地”的南京，具有雄视长江、领袖东南、近海控淮的地缘优势。历史证明，1368 年到 1949 年的 581 年时间里，南京与北京这两个古都互动，主导着整个中国的政治格局和民族命运，充分体现了南京城市的独特地位和非凡的区位优势，也是南京对中国历史所做的重大贡献。

回顾南京的历史，无法抹去那些关于辱国条约、关于屠城、关于沦陷的悲伤记忆，但历史也同样记住了恢复中华、肇始共和、浴血抵抗、凯旋还都的光荣，见证了中国从失败走向胜利、从封闭走向开放的历史转折。南京是中国历史文化名城，也是经历中华民族胜利之城。

当代南京全景照片

02

第二章

南京的图书馆事业受到的战争摧残

1937年8月，日军开始对上海、南京等60多个城市狂轰滥炸，且有意识地以大学等教育文化设施为破坏目标，几乎所有的文化机关和学校都遭日机袭击，其中遭全毁的设施占75%。藏书最高达46.8万册的上海东方图书馆，是近代中国最大的图书馆，也为当时闻名东亚的文化宝库，其馆藏书籍均为日军战火所毁。1937年12月13日，日本侵略者攻占南京，在震惊中外的南京大屠杀中，侵华日军不仅残暴地屠杀生灵，掠夺财物，还无视国际公法，极其疯狂与贪婪地策划实施了对南京极其丰富而珍贵的文物、学术标本、图书、典籍的劫掠，对南京的历史文化遗产与文化典籍实施了疯狂的摧残，被劫公私文物数量十分惊人，其准确数字无法统计。这场骇人听闻的文化浩劫被中外人士称为南京“文化大屠杀”。

从1937年8月15日起，日机开始空袭南京。图为日机轰炸南京城（选自［日］每日新闻社《一亿人的昭和史》）

国立美术陈列馆被炸的情景（选自江苏古籍出版社出版的《侵华日军南京大屠杀图集》）

全国经济委员会卫生实验处与卫生署合办的卫生人员训练所图书室被炸现场

珍贵文物和学术标本被劫掠

日军自踏上中国领土之日起，就轰炸中国文化机关，抢劫中国文物，直至日军战败投降，其以轰炸、焚烧、抢夺为主要手段的破坏中国文物的罪恶活动一刻也未停止过。战时中国公私文物损失十分惊人。

南京评事街被日机轰炸之惨状（选自1938年7月出版的《日寇暴行实录》）

日军侵占南京后，为支撑侵略战争的需要，日军大肆抢劫铜、铁等战略物资。他们甚至将南京“僧寺之大钟铁鼎”也运至日本。日本人对中国的字画古物、经像法器有着特别浓厚的兴趣，入侵中国后他们就疯狂地掠夺中国文物。普德寺的五百铁罗汉，

1937 年，日本国内刊物上炫耀所谓“战果”的照片（侵华日军正在大肆放火，掠夺摧残中国文化设施）

在日军侵华期间，有 3 尊被盗运往日本。1938 年 2 月，国际救济委员会委托金陵大学社会学系教授史迈士（S. C. Smythe）主持历时 3 个月的对南京灾情的调查，其结果表明，南京住户损失 52% 为纵火、33% 为日军抢劫所致，而市区损失 63% 由于抢劫，“值得注意的是，城内大部分房屋甚至在烧毁之前，已经被彻底地、有组织地搜掠了里面的财物，而实际幸存下来未毁的 11%，也毫无例外地闯进士兵，遭到同样的洗劫”。

日军在南京毁坏古建筑数百处，对南京紫金山天文台陈列的明清天文仪器大肆破坏，其中明制三件、清制二件。明制三件为浑仪、简仪和圭表，均系 1439 年（明正统四年）所造。浑仪是用来测量星体在天空中位置和运动规律的仪器；简仪则是浑仪的改进型，不仅操作简便，测量精度也更加准确；圭表乃圭与表的合称，用于测量日影长度的变化，确定一年四时八节的准确日期，从而制定出合乎天时并能指导农业生产的历法。明制浑仪、简仪和圭表至清时仍保存完好。1900 年八国联军入侵北京，德军抢走明制浑仪和四件清制天文仪器。第一次世界大战后，中国作为“战胜国”收回德军抢走的天文仪器。1931 年“九一八”事变后，日军不断进逼华北，为保证国家珍贵文物的安全，中央研究院奉命将北平古观象台明清天文仪器运抵南京，陈列于紫金山天文台。1937 年 12 月，日军占领南京后，上述天文仪器落入日军之手，仪器受损严重，零部件损失殆尽，浑仪、简仪的龙角和龙爪多处破损。

浑仪

1938 年 1 月 22 日，日军特务机关控制的“（华中）占领地区图书文献接受委员会”派遣人员赶到南京，成立了一个“学术资料接受委员会”，又称“标本整理部”，专门负责接受与整理被劫掠的文物古董与学术标本。

抗战爆发前，南京国民政府为筹建国家博物馆，将多年来从全国征集的各种珍贵文物陆续归藏于南京城东的中央博物院，日军仅在此就抢走了 1679 种文物。其中有从栖霞山齐塔内出土的南齐刻石佛 1 尊、山西赵城县佛寺壁画 4 块、乾隆五彩瓷笾豆等 8 件、同治五彩瓷盖碗 20 件及古墨砚、对联、字画、古代服饰衣物等珍贵文物。

1938 年日本“学术旅行队”在南京萧景神道碑前拓片

1938 年日本“学术旅行队”在日军保护下于杭州古荡盗掘

南京许多古建筑上的有价值的文物构件也被日军劫走。如朝天宫正殿屋脊两端安装的一对“吻鸱”，也称“鸱尾”，用以禁压火灾。这种起源于东晋时的神秘装饰物，曾被唐代高僧鉴真传至日本，在日本被视为国宝。日军侵入南京后，竟将朝天宫的“吻鸱”拆卸下来，送到日本。

南京沦陷前，北平故宫博物院被迫分5次将部分文物迁到南京，虽然国民政府抢运走16681箱，未及运出的还有2953箱，分别藏于故宫博物院南京分院（朝天宫）与国立美术馆中。日军入城后，即以重兵看管。然后将1503箱工艺美术品搬迁至标本整理部，另外1000箱搬迁至千田兵站内。这些故宫文物多是珍贵的国宝，其中有康熙、乾隆年间西洋各国进献的各种精美工艺品，有《大清实录》《玉牒》及清宫内务府档案等。日方劫走与损坏了其中的大部分。

曾被日伪劫走的故宫铜缸

南京地区各政府机关与科研文化单位收藏有极为丰富多样的学术标本，1938年2月至6月，日军将10余万件学术标本、1500余箱考古资料全部运至标本整理部进行整理，并将其中最有价值的运往日本。

珍贵图书、典籍被掠夺

1937年12月初，日军成立了“占领地区图书文献接受委员会”，专门负责劫掠南京等地的图书文献。南京是中国的文化重地，又是当时中国的首都，各类图书馆、博物馆、纪念馆众多，公、私藏图书和文物数量惊人，其中除部分在南京沦陷前仓促迁移外，大多数都落入了日军手中。图书馆中规模较大的有中央图书馆、国学图书馆、国立中央大学图书馆等，此外还有南京市立图书馆、国民政府及国民党中央各部会和机关的图书馆、各科研文化机构的图书馆等。南京沦陷时，这类图书馆均遭到日军的劫掠。

1938 年日本“学术旅行队”在日军保护下劫掠历史语言研究所的资料

中央图书馆于 1933 年筹建，抗战初期尚在筹备期间，至 1937 年已有藏书 15 万册，由于日军的侵略，本来选择的 263 箱重要图书只运出 130 箱。1938 年开始往西转移，途经汉口、长沙、岳阳到重庆，初在重庆设办事处；翌年 3 月又迁至江津白沙镇，西迁时仅带走图书 120 箱计 1 万多册，其中存放朝天宫库房的有 4 万册，战后封存时只剩 3 万册。存馆本部的也多为敌劫，损毁散失严重。中央图书馆存香港冯平山图书馆的善本典籍 35 万余册，日军占领香港后，为日本人竹藤峰治劫运至日本，分别藏于东京上野公园帝国图书馆及伊势原等处（1946 年追回）。该馆所有国学书局刻片、版片 150 余种共 7 万余件全部遗失。

1936 年开放的国立中央图书馆，地址在成贤街

国立中央图书馆成贤街的主阅览楼

国立中央图书馆颐和路北城阅览室

国学图书馆位于南京清凉山麓的虎踞路龙蟠里，最初为清道光两江总督陶澍的惜阴书院。“惜阴”二字，出自东晋陶侃“大禹圣人，犹惜寸阴，吾辈当惜分阴”。陶侃以此自勉，也以此励人。光绪年间，两江总督端方就在南京龙蟠里的“惜阴书院”旧址建造了前后两幢古式藏书楼，成为我国最早的公共图书馆。里面有钱塘丁氏的“八千卷楼”藏书以及其他许多的珍贵版本。辛亥革命后，改为“江南图书馆”，1937年已有藏书24万余册，日机轰炸时，仓促选宋元精刊及孤本等善本装110箱藏朝天宫故宫博物院分院地库。地库隐匿，日伪多次悬赏发掘，于1940年2月冲破地库，将该馆善本移至竺桥伪图书馆专门委员会开辟的专库贮藏。抗战胜利后，国民政府对敌伪资产进行封存接受，发现缺少善本184部1643册。该馆存清代江南各公署档案6484宗及尚未整理者60余大篓，装订成册的各种日报1894大册又19束，被日军作旧纸出售或焚毁。丛书及地方志，用船运至苏北兴化的罗汉寺及北门外观音阁，计3万余册。兴化藏书大部为日军焚毁、劫掠，小部散失。据战后调查，该馆损失图书167923册，被日军劫走中国古文献141种，其中元刊本30种。

位于汉中门龙蟠里的惜阴书院旧址

金陵大学图书馆，以藏地方志著名，中国古代农业与动植物书籍独有珍奇。其中有日本、朝鲜刊本，也有元明刊本、宋代殿本，这部分古籍被盗去不少。该馆战时共损失中文图书21353册，西文图书4373册，中西文杂志合订本73928册。

金陵女子文理学院图书馆，战前馆藏中西文图书 10 万余册，战时除带出数千册外，均为日伪所掠，战后收回 2 万多册。被抢的重要图书就有 1700 册，包括湖北官书局版之《十三经注疏》、毛边纸本王应麟《玉海》、古香斋本《史记》、汲古阁本《汉书》、竹简斋本《三国志》、扫叶山房本《资治通鉴正续编》、扫叶山房本子书 33 种，汉碑 30 种。

此外，科研文化单位的藏书损失也十分惊人：中央研究院社会科学研究所损失中文书籍 33319 册，西文书籍 7923 册；经济部中央地质调查所损失书籍 40571 册；中山文化教育馆（总理陵园内）损失中日文书籍 58735 册，西文书 2654 册。

国民政府文官处及各部会的图书损失惨重。1946 年 11 月 1 日国民政府考试院秘书处函件指出，“查本院图书馆抗战前收藏图书在 10 万册以上，二十六年政府西迁，因交通关系所有图书并未迁移，本年复原，曾由南京区清理文物委员会发回图书若干，但截至最近综合仍不及原数五分之一，即收回图书亦多残缺不完，损失之巨概可想见”。如此考试院一处就损失 8 万册以上图书。内政部图书馆也损失图书 92146 册。国立编译馆图书，“因前后二者相距之数目太远，原始清册或遭破坏，或遭销毁，已无从查考”。然抗战胜利后该馆回迁时，因“怡康轮”于长江中失事，所载运之精要图书 37 箱全遭损失。

1937 年 12 月 13 日，侵华日军攻占南京，南京的民房和商业区只剩下断垣残壁，城市一片死寂

位于夫子庙的南京市立图书馆毁于战火，损失无从计算。1937 年 12 月 13 日，日军占

领南京后，放火（一说遭炮火）将泮宫连同市立图书馆烧毁，当时南京市立图书馆的20万册图书大多焚毁殆尽，其中包括搜购齐全自元始至晚清革命的所有缙绅录，这类书对于考证历代官制的变迁、人物经历等很有参考价值。

1938年1月27日，日本东京出版的《朝日周刊》刊登了一张南京市立图书馆的照片。这是一张日军在占领南京后，为炫耀其所谓的“武功”而刊出的图片，时间是“昭和十三年1月27日”，也就是当时距离南京沦陷已经有1个多月了。照片中，夫子庙大成殿门前，空无一人，电线断垂，一片凋零，石牌坊的左边放置着一枚钢铁制大炸弹模型。图片说明显示，这幅图片的拍摄者是日军随军记者小岛，拍摄时间是1937年12月15日，即南京沦陷后的第三天。当时的大成殿里是南京市立图书馆，夫子庙更是南京的繁华地区，照片中这一个用护栏围着的炸弹模型，可能和新街口的炸弹模型一样，由国民政府防空委员会所立。根据史料记载，1937年12月，日军占领南京之前，新街口广场中央曾经放置过一个巨大的炸弹模型，这个模型是1935年国民政府军事委员会防空委员会成立后，为举办防空展览会而制作的，意在提醒人们战争已迫在眉睫，警惕日军空袭。亦有研究指出，夫子庙的这一个用护栏围着的炸弹模型，疑是沦陷以后被日军从新街口移到夫子庙并被涂改的。但是从若干照片比对中不难看出，新街口的炸弹模型和夫子庙的炸弹模型，式样和规格上是不一样的。夫子庙大成殿前的炸弹模型，已弹痕累累，满目创伤，它无声地记载着当时日本侵略者的残暴与疯狂。这张照片的珍贵之处，就在于它揭开了尘封已久的记忆。在随后的日子里，日军对南京市立图书馆馆藏图书大肆掠夺和摧残，整个图书馆毁于战火，荡然无存。

日本《朝日周刊》记者1937年12月15日拍摄的南京市立图书馆被毁，惨遭摧残的照片

据南京市档案馆档案记载，除了公有藏书遭到掠夺之外，南京还有大量的民间私人藏书惨遭日军劫掠。例如家住大石坝街50号的老中医石筱轩家，藏书丰富，闻名当代，仅珍贵的宋版医书就有十几部，早年孙传芳统治南京时，曾出价7万银元求购“石家藏书”，为石家所拒，而南京沦陷时却被日军劫去名贵书籍4大箱、字画古玩2000余种，

世代居住的三进宅院也被烧成废墟；国立编译馆大学图书编委会秘书卢冀野，原名卢前，家住中华门外，其住宅内所藏书籍不下数十万卷，多有旧籍。然而自其祖云谷太史所遗留者，为日军焚窃。

据 1986 年日本《赤旗报》载文《日本侵略军进行的南京文化大屠杀》中提到：“1938 年 3 月 6 日，日图书文献接受委员会的文化特务第二次来到南京，在当地驻防日军的协助下，从 3 月 14 日开始，用了近 1 个月时间，将南京各部门、单位的图书全部运至珠江路 942 号原地质调查所一座石砌的三层大楼中，堆成 200 余座像小山似的书堆。为此次书籍搬运，动用日军士兵 367 人、中国劳工 2830 多人、卡车 310 辆。”在这些被日方劫掠的数量巨大的图书典籍中，还有许多世所罕有、价值连城的善本秘籍，如宋版书 4000 余种、《清朝历代皇帝实录》写本 3000 多册、完整的《古今图书集成》10 套等。这些珍贵书籍直到战后都没有归还给中国。

南京市

名稱	立別	性質	地址	備考
江蘇省立國學圖書館	省立	專門	龍蟠里	
南京市立圖書館	市立	普通	復成倉	係籌備處前屬市政府總書[illegible]老
中央圖書館	國立	普通	成賢街	籌備中
居士林圖書館	私立	專門	石觀音後	
石城圖書館				
中央教育館圖書館	國立	專門	朝天宮	籌備期中通信處教育部社會司
南京市立民衆圖書館	市立	通俗	夫子廟	係前第一通俗圖書館改組
南京市立民衆科學館圖書部	市立	專門	奇望街	係前第一通俗教育館改組
南京市立歷史博物館圖書部	市立	通俗	復成橋第一公園	係前第二通俗教育館改組
江蘇省立南京民衆教育館圖書部	省立	通俗	大中橋	
江寧縣立民衆教育館圖書部	縣立	通俗	府西街	
中央研究院社會科學研究所圖書館	國立	專門	雞鳴寺下	（機關）
中央研究院氣象研究所圖書館	國立	專門	北極閣	（機關）
國立中央大學圖書館	國立	學校	四牌樓	
國立中央大學農學院圖書館	國立	學校	三牌樓	
中央軍官學校圖書館	公立	學校	炮標	
中央政治學校圖書館	公立	學校	紅紙廊	
遺族學校圖書館	公立	學校	中山陵園	
文化學院圖書館	私立	學校	漢西門	
金陵女子學院圖書館	私立	學校	東瓜市	
曉莊師範學校圖書館	私立	學校	神策門外	（停頓中）
安徽公學圖書館	私立	學校	中正街	
南京青年會學校圖書館	私立	學校	府東街	
中區實驗學校圖書館	市立	學校	府西街	
國立中央大學實驗學校圖書館	國立	學校	大石橋	
金陵大學圖書館	私立	學校	鼓樓	
江蘇省立南京中學圖書館	省立	學校	1.門簾橋 2.八府塘 3.棲霞山	
江蘇省立南京中學實驗小學校圖書館	省立	學校	1.門簾橋 2.八府塘 3.棲霞山	
江蘇省立南京女子中學圖書館	省立	學校	馬府街	
江蘇省立南京女子中學實驗小學校圖書館	省立	學校	中正街	

1930 年，民国政府对南京的图书馆进行统计，其中包括南京市立图书馆（筹）

综上所述，据统计，战前南京各公共图书馆藏书总量约为 142 万册。据日本专家松本冈研究统计，日军占领南京后，劫掠公共图书馆图书超过844000册，南京民间私家藏书超过53000册，合计劫掠公、私图书达89万多册，超过当时日本最大的东京帝国图书馆的85万册的藏书量。其实，上述统计是极不完全的，但即使是这样的不完全统计，数目已经惊人。南京的图书损失究竟有多少？这恐怕已成为历史之谜。

侵华日军对南京进行“文化大屠杀”，妄图抹杀中华民族的悠久历史与灿烂文明，打击中国人民的民族自豪感与民族自信心，从而在精神上摧残中国人民的民族意识。但事实证明，中华民族是摧不毁、打不垮的！

03

第三章

88 年历程的金陵图书馆

抗战前夫子庙大成殿改设成南京市立图书馆，每天对公众开放，图为市立图书馆的门景一瞥（图片由吴德广提供）

距今已有88年历史的金陵图书馆，是一座多经磨难建起的文化教育场馆，它历经了日本侵华战争、抗战胜利后的重建、国共内战、不断的政治运动、面临困难时期和“文革”干扰的年代，其图书馆事业的发展并不顺利，馆名几经更改，饱受创伤。正是在这88年中，凭借每一代图书馆人无私奉献、坚忍不拔、顽强拼搏的精神，在服务上不断创出佳绩，才每每历经沧桑，死而复生，再创辉煌。如今，金陵图书馆已成为市民获取公益性文献信息资源服务、进行健康休闲阅读、开展知识探秘研究和接受终生教育的文化绿洲和大众课堂。

金陵图书馆原位于长江路262号的馆舍（1980—2009年）

现位于乐山路 158 号的金陵图书馆

1927—1937 年南京市立图书馆

南京市立图书馆，即今金陵图书馆的前身，最初名为“南京特别市市立（第一）通俗图书馆”，成立于 1927 年（民国 16 年）6 月 9 日，借原平江府布道所为馆址，1928 年 7 月改称为“南京市立第一图书馆”，1930 年 4 月易名为“南京特别市市立民众图书馆”，馆址迁入泮宫。

南京市立民众图书馆馆员工作时之摄影

南京特别市市立图书馆馆员合影

1932 年 6 月，南京特别市市立民众图书馆与市立图书馆筹备处和民众科学馆合并。1933 年（民国 22 年）9 月，全馆藏书分类整理结束，奉命改称“南京市立图书馆”，隶属市政府社会局。1935 年（民国 24 年）藏书约 10 万册，以社会科学和语文两类书为主，历代缙绅录较多，西文书较少，不足 500 册。

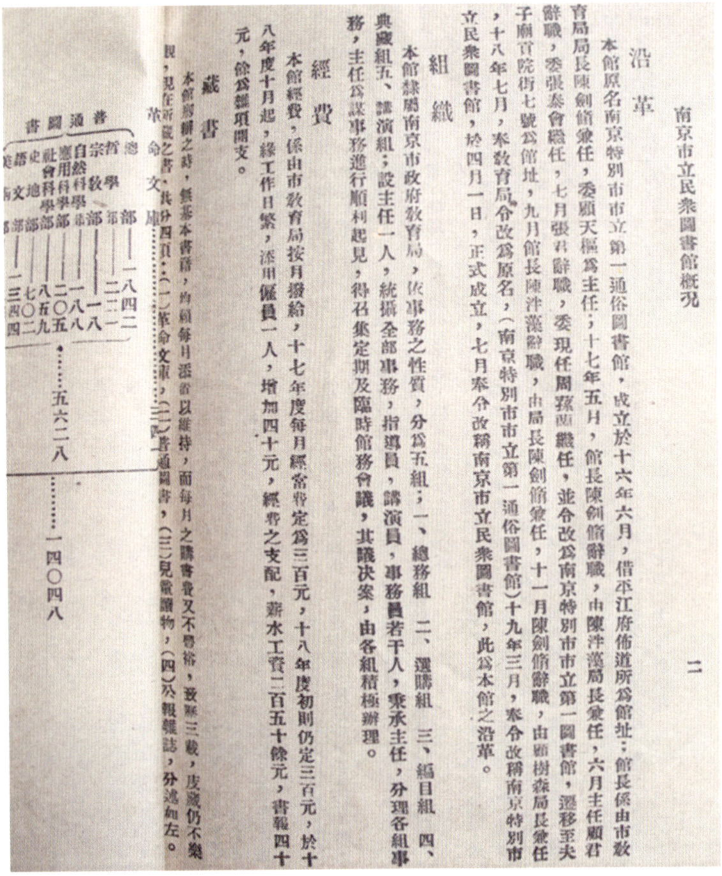

南京市立民衆圖書館概況　二

沿革

本館原名南京特別市市立第一通俗圖書館，成立於十六年六月，借平江府佈道所爲館址；館長係由市教育局局長陳劍脩兼任，委顧天樞爲主任；十七年五月，館長陳劍脩辭職，由陳泮藻局長兼任，六月主任顧君辭職，委張秦會繼任，七月張君辭職，委現任周孫蘭繼任，並令改爲南京特別市市立第一圖書館，遷移至夫子廟貢院街七號爲館址，九月館長陳泮藻辭職，由局長陳劍脩兼任，十一月陳劍脩辭職，由顧樹森局長兼任，十八年七月，奉教育局令改爲原名，（南京特別市市立第一通俗圖書館）十九年三月，奉令改稱南京特別市市立民衆圖書館，於四月一日，正式成立，七月奉令改稱南京市立民衆圖書館，此爲本館之沿革。

組織

本館隸屬南京市政府教育局，依事務之性質，分爲五組；一、總務組　二、選購組　三、編目組　四、典藏組五、講演組；設主任一人，統攝全部事務，指導員，講演員，事務員若干人，秉承主任，分理各組事務，主任爲謀事務進行順利起見，得召集定期及臨時館務會議，其議決案，由各組積極辦理。

經費

本館經費，係由市教育局按月撥給，十七年度每月經常費定爲三百元，十八年度初則仍定三百元，於十八年度十月起，緣工作日繁，添用僱員一人，增加四十元，經費之支配，薪水工資二百五十餘元，書報四十元，餘爲雜項開支。

藏書

本館創辦之時，無基本書籍，均賴每月添置以維持，而每月之購書費又不豐裕，致歷三載，庋藏仍不樂觀，現在所藏之書，共分四類：（一）革命文庫，（二）普通圖書，（三）兒童讀物，（四）公報雜誌，分述如左。

革命文庫……三四[illegible]

普通圖書		
總部	一八四二	
哲學部	二二一	
宗教部	一一八	
自然科學部	一八八	
應用科學部	二〇五	
社會科學部	八五九	
史地部	七〇二	
語文部	一三四四	
		……五六二八
		……一四〇四八

1930 年 2 月编印的《南京市立民众图书馆概况》中关于南京市立民众图书馆沿革的页面

据 1934 年 2 月出版的《全国文化机关一览》介绍，“1927 年 6 月 9 日，南京特别市教育局创办市立（第一）通俗图书馆，借原平江府布道所为馆址。1928 年 7 月改称为南京市立第一图书馆，周兰荪女士为主任。1929 年 8 月又改为原名。1930 年 4 月易名为南京特别市市立民众图书馆，7 月又改称南京市立民众图书馆，馆址迁入泮宫。1932 年 6 月，南京市立图书馆筹备处与民众科学馆合并为一，委任欧阳瑞骅为主任。7 月 1 日，南京市图书馆正式成立。1933 年 9 月，改称南京市立图书馆”。

民众阅览图书时之摄影

民众阅览公报杂志报章时之摄影

儿童阅览图书时之摄影

据 1936 年的《南京市立图书馆》记载，藏书计有 2 万余种（预约及未登记者在内）20 万册，并在全市设立民众阅报牌 40 多处，规划建立巡回书库及分馆。

直到 1937 年（民国 26 年）12 月 13 日，日军占领南京，市立图书馆的 20 余万册的馆藏，连同夫子庙泮宫被毁。建设十年并初具规模的南京市立图书馆荡然无存。

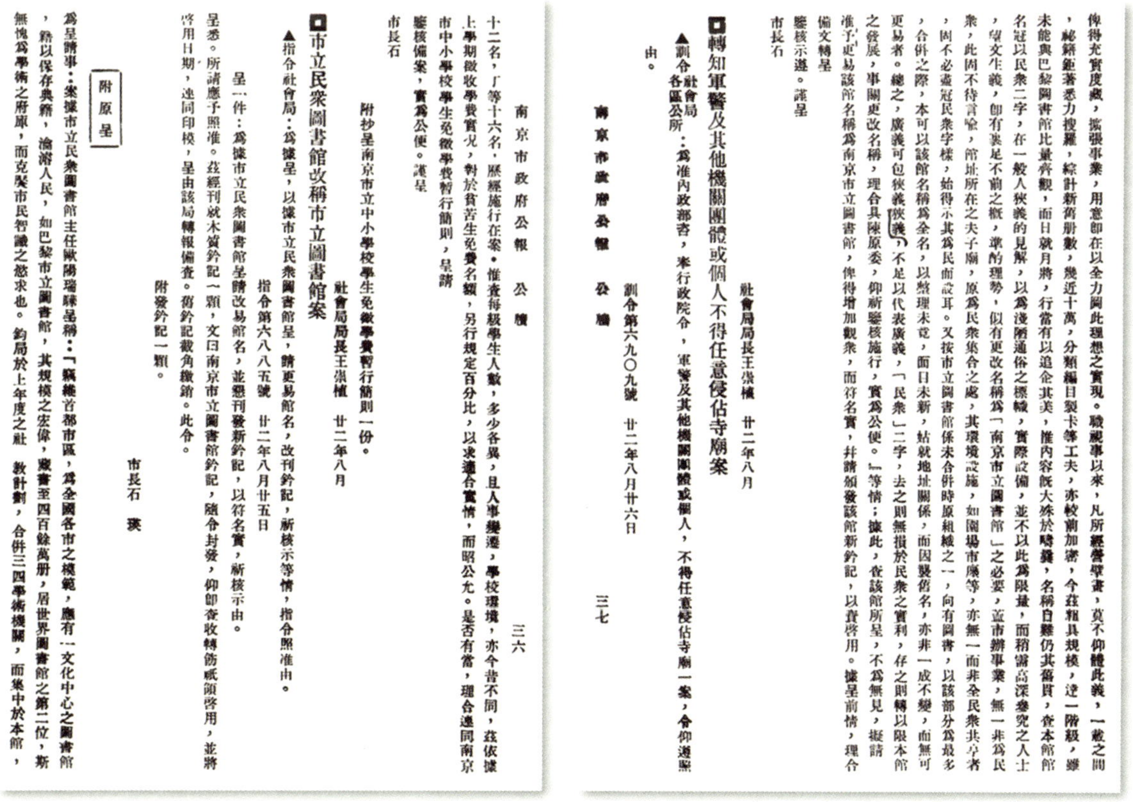

南京市政府公報　公牘　三六

十二名，丁等十六名，歷經施行在案。惟查每級學生人數，多少各異，且人事變遷，學校環境，亦今昔不同，茲依據上學期徵收學費實況，對於貧苦生免費名額，另行規定百分比，以求適合實情，而昭公允。是否有當，理合連同南京市中小學校學生免徵學費暫行簡則，呈請

鑒核備案，實爲公便。謹呈

市長石

附抄呈南京市立中小學校學生免徵學費暫行簡則一份。

社會局局長王崇植　廿二年八月

□市立民衆圖書館改稱市立圖書館案

▲指令社會局：爲據呈，以據市立民衆圖書館呈，請更易館名，改刊鈐記，祈核示等情，指令照准由。

指令第六八八五號　廿二年八月廿五日

呈一件：爲據市立民衆圖書館呈請改易館名，並懇刊發新鈐記，以符名實，祈核示由。

呈悉。所請應予照准。茲經刊就木質鈐記一顆，文曰南京市立圖書館鈐記，隨令封發，仰即查收轉飭祇領啓用，並將啓用日期，連同印模，呈由該局轉報備查。舊鈐記截角繳銷。此令。

附發鈐記一顆。

市長石瑛

附原呈

爲呈請事：案據市立民衆圖書館主任歐陽瑞驊呈稱：「竊維首都市區，爲全國各市之模範，應有一文化中心之圖書館，藉以保存典籍，淪濬人民，如巴黎市立圖書館，其規模之宏偉，藏書至四百餘萬冊，居世界圖書館之第二位，斯無愧爲學術之府庫，而克饜市民智識之慾求也。鈞局於上年度之社教計劃，合併三四學術機關，而集中於本館，俾得充實度處，擴張事業，用意即在以全力圖此理想之實現。職視事以來，凡所經營擘畫，莫不仰體此義，一歲之間，祕籍鉅著悉力搜羅，綜計新舊冊數，幾近十萬，分類編目製卡等工夫，亦較前加密，今茲粗具規模，達一階級，雖未能與巴黎圖書館比量齊觀，而日就月將，行當有以追企其美，惟內容既大殊於疇曩，名稱自難仍其舊貫，查本館館名冠以民衆二字，在一般人狹義的見解，以爲淺陋通俗之標幟，實際設備，並不以此爲限量，而稍窺高深參究之人士，望文生義，即有裹足不前之概，準酌理勢，似有更改名稱爲「南京市立圖書館」之必要，蓋市辦事業，無一非爲民衆，此固不待言喻，館址所在之夫子廟，原爲民衆集合之處，其環境設施，如園場市廛等，亦無一而非全民衆共享者，固不必盡冠民衆字樣，始得示其爲民而設耳。又按市立圖書館係未合併時原組織之一，向有圖書，以該部分爲最多，合併之際，本可以該館名稱爲全名，以整理未竟，而日未新，姑就地址關係，而因襲舊名，亦非一成不變，而無可更易者。總之，廣義可包狹義，狹義不足以代表廣義，「民衆」二字，去之則無損於民衆之實利，存之則轉以限本館之發展，事關更改名稱，理合具陳原委，仰祈鑒核施行，實爲公便。」等情；據此，查該館所呈，不爲無見，擬請准予更易該館名稱爲南京市立圖書館，俾得增加觀衆，而符名實，并請頒發該館新鈐記，以資啓用。據呈前情，理合備文轉呈

鑒核示遵。謹呈

市長石

社會局局長王崇植　廿二年八月

□轉知軍警及其他機關團體或個人不得任意侵佔寺廟案

▲訓令社會局、各區公所：爲准內政部咨，奉行政院令，軍警及其他機關團體或個人，不得任意侵佔寺廟一案，令仰遵照由。

訓令第六九〇九號　廿二年八月廿六日

南京市政府公報　公牘　三七

1933 年 9 月，《南京市政府公报》刊登的“南京市立图书馆改称案”

欧阳瑞骅（1879—1944），湖北沔阳（今仙桃市）人。1932年6月，首都南京特别市政府委任欧阳瑞骅为主任。欧阳瑞骅是著名民国时期的爱国进步文人，参与清末反清团体“科学补习所”的组建，后为反清组织“日知会”成员，与宋教仁、刘静庵、张难先、董必武等革命志士一起积极从事反封建斗争，后追随孙中山先生投身辛亥革命。他长于著述，著有《蒙古史》《易林楹帖》及革命烈士小传多种。日知会旧址碑文系其撰写。

欧阳瑞骅所参与创建的“科学补习所”为清末革命团体，1904年7月3日成立于武昌。先在武昌多宝寺街，后迁至魏家巷1号（即欧阳瑞骅的住处）。吕大森为所长，胡瑛为总干事，曹亚伯任宣传，时功璧任财政，宋教仁任文书，还有刘静庵、张难先等成员。该团体以补习文化、研究科学为名义，实行光复汉族、“革命排满”的宗旨。成员主要是青年学生和新军士兵，着重在新军士兵和低级军官中进行革命宣传和发动工作。同年10月，湘鄂两省策定于清西太后60生辰（11月28日）之际，由黄克强在湘率先起义，不料事泄，湖南巡抚陆元鼎在长沙搜捕革命党人，并电告鄂督张之洞。张难先闻讯立即奔告各同志，销毁本所文献，并及时安排欧阳瑞骅、宋教仁、胡瑛等人亡命日本。夜半，军警围查补习所时，已空无一人，一无所得。据欧阳瑞骅《武昌科学补习所革命运动始末记》中所言，科学补习所建立的原因之一，就是为了实行黄兴的革命计划。

之后，光绪三十二年正月（1906年3月），欧阳瑞骅与殷子恒、张难先、刘静庵等前“科学补习所”骨干成员成立“日知会”。日知会系基督教美国圣公会在武昌附设的公益性阅览室，陈列革命书刊，每星期日开演讲会，传播革命思想，联络反清革命志士，是清末反清革命团体。是年冬，刘静庵等9人先后被捕入狱，日知会遂遭清吏破坏。

1938年7月，已经随国民政府迁至武汉的欧阳瑞骅，约梁钟汉、殷子恒、张难先等当年的日知会骨干会员，针对发案当时的种种社会误解，力陈日知会及其成员对革命的贡献，力辩对刘静庵的诬陷不实之辞，立“武昌日知会纪念碑”于日知会原址，同时还配套建有碑亭与石牌坊，以纪日知会事迹。今该碑亭与石牌坊已毁，仅余基座，“武昌日知会纪念碑”原物现入藏湖北省博物馆。

碑文由欧阳瑞骅撰写，张难先手书。兹录全文如下。

武昌日知会纪念碑（沔阳欧阳瑞骅 撰文；沔阳张难先 书丹）辛亥武昌义旗一举而天下景从，请社以屋，此诚当日忧时志杰揭橥革命、呼号奔走之效也。抑知植其基者，实为日知会。晚清之际，朝政败坏，外侮纷垂。甲午战后，继以庚子之乱。国人因受大惩创，犹旁皇不知所以救济之策。圣公会会长黄吉亭先生虞之，由上海返汉，与中美同道筹商，就武昌府街圣公会设一阅书报处，购各种新闻杂志及新书，任人入览，以口进知识，额曰："日知会"。时光绪辛丑年也。先是孙总理鼓吹革命，其说由海外达于内地。武昌军人学生起而承其流。初组织科学补习所于多宝寺街，为革命运动。寻大吏侦知，被解散。俱怅怅若无所依，思再相结合。适补习所同志刘静庵先生佐圣公会胡兰亭、刘藩侯两会长处理日知会事。静庵性沉毅纯洁，负责任，对阅书报者，各乘间灌输革命大旨。凡《猛回头》《警世钟》诸书，均于兹布出。不久，会址迁高家巷。圣公会又商办东游预备科及江汉公学，广事号召。至是，昔之补习所所员多麇集于此，其他来者亦众。综计着籍者万人，如曹亚伯、余剑侪、季雨霖、梁瀛洲、朱松坪、冯特民、李亚东、吴贡三、李长龄、成邦杰、何季达、徐竹坪、梁钟汉、殷子恒、张难先等，其最著也。丙午夏，东京同盟会会员吴昆，偕法国民党欧几罗氏至会讲演，当道震恐，派人侦缉。迄秋，萍醴事起，孙总理令朱松坪、胡瑛、梁钟汉等回国襄助。在鄂事泄，捕松坪、胡瑛、钟汉及刘静庵、张难先、李亚东、季雨霖、吴贡三、殷子恒九人下狱。圣公会主教吴德施，会长孟良佐、黄吉亭营救甚力。顾吾党不以此稍挫其志，立会集社，赓续不绝；浸淫漫衍，推而弥广，其蒂愈固；逮辛亥八月，乃蒇全功。故日知会者，武昌革命之源泉也。盖日知会为圣公会创立，圣公会奉行基督教，其教义以博爱救世为旨，构一天国，勉人之向善，意量骸遍宇宙。罔有封畛，犯难前进，糜顶不辞。耶稣生时，方丁犹太民族衰弱，罗马摧残暴恣，爰倡导革命，求复平等自由。故传教虽久远，而革命性仍保持未失。吾党愤清廷之淫虐，汉族呻吟其下，日濒于危亡，期为一旅之剪除，与耶稣革命之志相符。圣公会即本教旨，缵基督之绪，设日知会，进而为吾党援。此足征基督教之伟大，主持圣公会者之贤明，勇于赴义也。今回溯往事，逾三十年。曩之聚居一室，被诚沥鬲，商讨大计者，皆如浮云四散，或则墓木已朽。其幸存者亦多零落尘莽，憔悴自首。社会人士于日知会几不能举其名，若询以过去之历史与吾党之关系，益茫然无以应。此时不有记载，则将来更湮没无闻矣，岂不剧可慨哉！用特铨次其迹，勒诸贞石，以昭日知会风谊之美，而兼志吾党之不忘，永资观感焉。

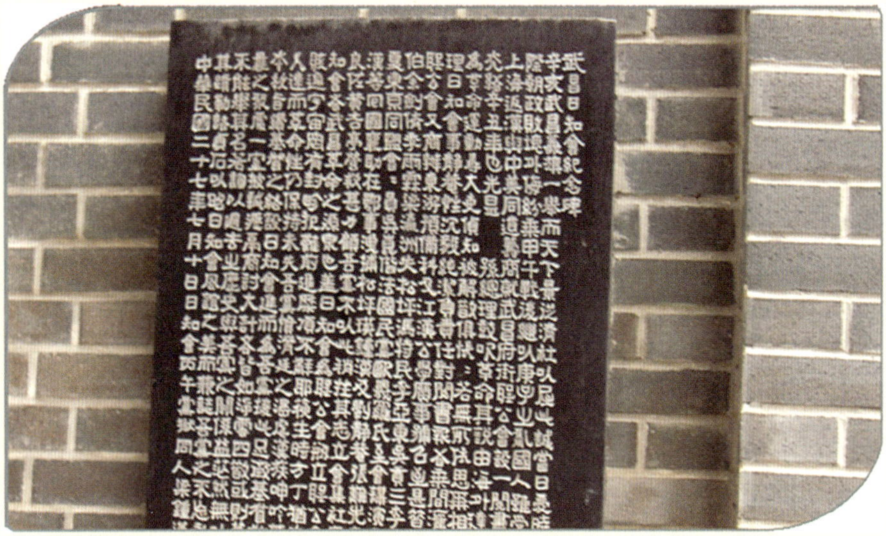

欧阳瑞骅撰文的“武昌日知会纪念碑”，记载了日知会所进行的反清活动，此碑立于1938年，原件被湖北省博物馆收藏

据1923年任私立琼海中学校董，曾任南京市立图书馆主任，留法硕士，原海南大学教授符孔遴（生卒年月无从考据）1936年所撰写的《南京市立图书馆》记载：

“南京市立图书馆，成立于民国十六年六月。原名南京特别市第一通俗图书馆，馆址在平江府布道所。十七年七月，改称南京市立第一图书馆，迁夫子庙贡院街。十八年八月，复原名，十九年四月，改称南京特别市立民众图书馆。七月又改称南京市立民众图书馆，乃迁今址。二十一年六月，市府将市立图书馆筹备处及民众科学馆并入改称今名。

组织：主任一人，下分总务，编藏，阅览三部。总务，管理关于文牍，会计，庶务，交际及其他不属于各部事宜。编藏部，管理关于图书之选购，介绍，编目，保管及借阅事宜。阅览部，管理关于图书，杂志，仪器，标本，模型及统计图表之搜集展览事宜。另有图书购置审查委员会，审查拟购之书目，委员由市府社会局聘任之。

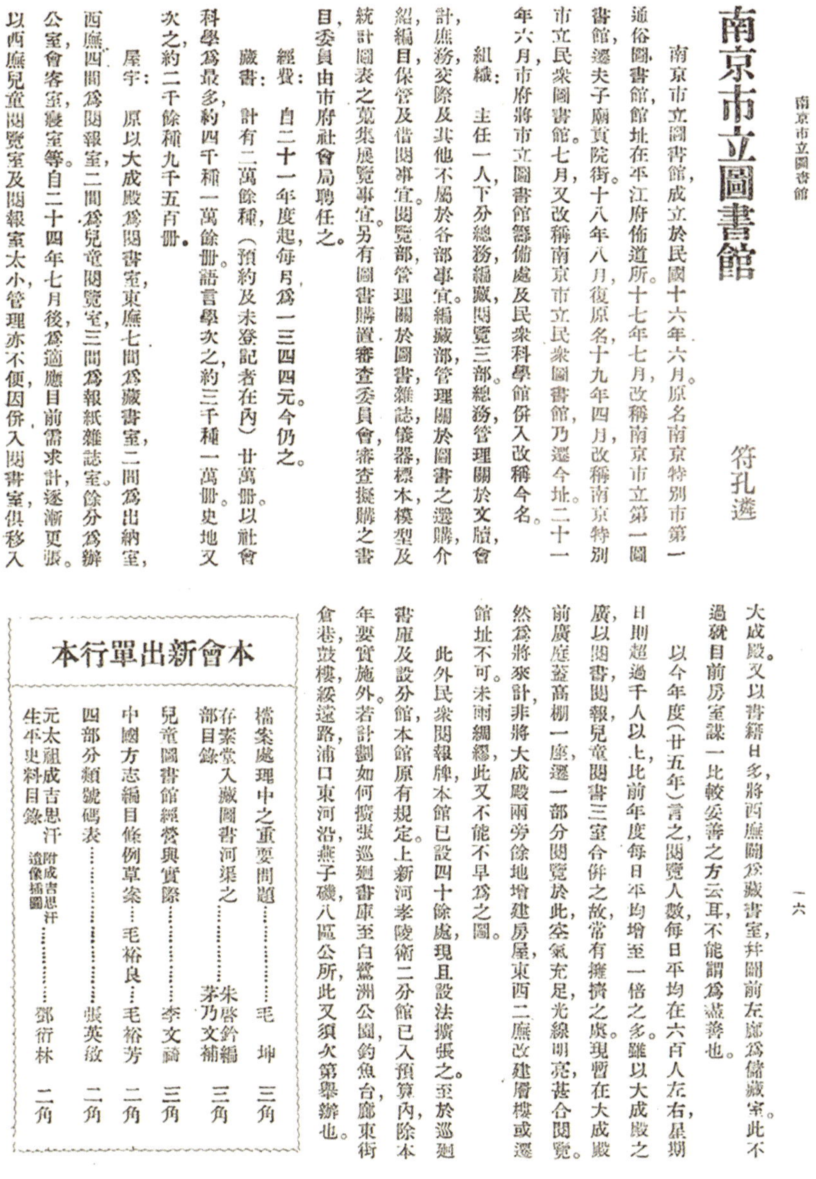

南京市立圖書館

南京市立圖書館

符孔遴

南京市立圖書館，成立於民國十六年六月。原名南京特別市第一通俗圖書館，館址在平江府佈道所。十七年七月，改稱南京市立第一圖書館，遷夫子廟貢院街。十八年八月，復原名，十九年四月，改稱南京特別市立民衆圖書館。七月，又改稱南京市立民衆圖書館，乃還今址。二十一年六月，市府將市立圖書館籌備處及民衆科學館併入改稱今名。

組織：主任一人，下分總務，編藏，閱覽三部。總務，管理關於文牘，會計，庶務，交際及其他不屬於各部事宜。編藏部，管理關於圖書之選購，介紹，編目，保管及借閱事宜。閱覽部，管理關於圖書，雜誌，儀器，標本，模型及統計圖表之蒐集展覽事宜。另有圖書購置審查委員會，審查擬購之書目，委員由市府社會局聘任之。

經費：自二十一年度起，每月爲一三四四元。今仍之。

藏書：計有二萬餘種，（預約及未登記者在內）廿萬冊。以社會科學爲最多，約四千種一萬餘冊。語言學次之，約三千種一萬冊。史地又次之，約二千餘種九千五百冊。

屋宇：原以大成殿爲閱書室，東廡七間爲藏書室，二間爲出納室，西廡四間爲閱報室，二間爲兒童閱覽室，三間爲報紙雜誌室。餘分爲辦公室，會客室，寢室等。自二十四年七月後，爲適應目前需求計，逐漸更張。以西廡兒童閱覽室及閱報室太小，管理亦不便，因併入閱書室，俱移入大成殿。又以書籍日多，將西廡闢爲藏書室，並闢前左廊爲儲藏室。此不過就目前房室謀一比較妥善之方云耳，不能謂爲盡善也。

以今年度（廿五年）言之，閱覽人數，每日平均在六百人左右，星期日則超過千人以上，比前年度每日平均增至一倍之多。雖以大成殿之廣，以閱書，閱報，兒童閱書三室合併之故，常有擁擠之虞。現暫在大成殿前廣庭蓋篙棚一座，遷一部分閱覽於此，空氣充足，光線明亮，甚合閱覽。然爲將來計，非將大成殿兩旁餘地增建房屋，東西二廡改建層樓或遷館址不可。未雨綢繆，此又不能不早爲之圖。

此外民衆閱報牌，本館已設四十餘處，現且設法擴張之。至於巡迴書庫及設分館，本館原有規定。上新河孝陵衛二分館已入預算內，除本年要實施外。若計劃如何擴張巡迴書庫至白鷺洲公園，釣魚台，廊東街倉巷，鼓樓，綏遠路，浦口東河沿，燕子磯，八區公所，此又須次第舉辦也。

一六

本會新出單行本

檔案處理中之重要問題…………毛　坤		三角
存素堂入藏圖書河渠之部目錄…………朱啓鈐編 茅乃文補		三角
兒童圖書館經營與實際…………李文裿		三角
中國方志編目條例草案…毛裕良…毛裕芳		二角
四部分類號碼表…………張英敍		二角
元太祖成吉思汗生平史料目錄（附成吉思汗遺像插圖）…………鄧衍林		二角

1936 年时任南京市立图书馆主任的符孔遴所撰写的《南京市立图书馆》

经费：自二十一年度起，每月为一三四四元。今仍之。

藏书：计有二万余种（预约及未登记者在内）廿万册。以社会科学为最多，约四千种一万余册。语言学次之，约三千种一万册。史地又次之，约二千余种九千五百册。

屋宇：原以大成殿为阅书室，东庑七间为藏书室，二间为出纳室，西庑四间为阅报室。二间为儿童阅览室，三间为报纸杂志室。余分为办公室，会客室，寝室等。自二十四年七月后，为适应目前需求计，逐渐更张。以西庑儿童阅览室及阅报室太小，管理亦不便，因并入阅书室，俱移入大成殿。又以书籍日多，将西庑关为藏书室，并关前左廊为储藏室。此不过就目前房室谋一比较妥善之方云耳，不能谓为尽善也。

以今年度（廿五年）言之，阅览人数，每日平均在六百人左右，星期日则超过千人以上，比前年度每日平均增至一倍之多。虽以大成殿之广，以阅书，阅报，儿童阅书三室合并之故，常有拥挤之虞。现暂在大成殿前广庭盖高棚一座，迁一部分阅览于此，空气充足，光线明亮，甚合阅览。然为将来计，非将大成殿两旁余地增建房室，东西二庑改建层楼或迁馆址不可。未雨绸缪，此又不能不早为之图。

此外民众阅报牌，本馆已设四十余处，现且设法扩张之。至于巡回书库及设分馆，本馆原有规定。上新河孝陵卫二分馆已入预算内，除本年要实施外。若计划如何扩张巡回书库至白鹭洲公园，钓鱼台，廊东街仓巷，鼓楼，绥远路，浦口东河沿，燕子矶，八区公所，此又须次第举办也。”

在1937年南京市政府秘书处印行的《十年来之南京》一书中，南京市市长马超俊于1937年2月所作《南京市政府二十四年四月至二十五年十二月工作概况——对五届三中全会报告》之“教育”部分中，对南京市立图书馆的分馆和阅览分所建设，提出了设想，其中写道：

“增设民众教育馆及图书馆阅览处。查本市民众教育馆原有八卦洲农民教育馆，及鼓楼民众教育馆两处，二十五年四月复增设燕子矶农民教育馆。又以市立图书馆偏设南城，特令该馆筹设各区阅览分所，计成立者，已有第一区阅览分所，其余正在积极筹办中。”

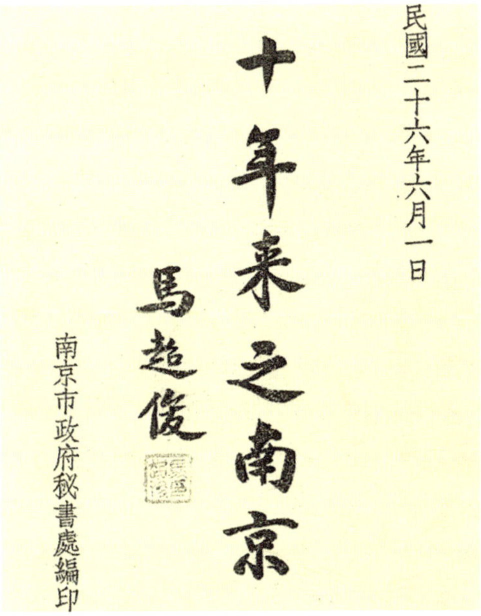

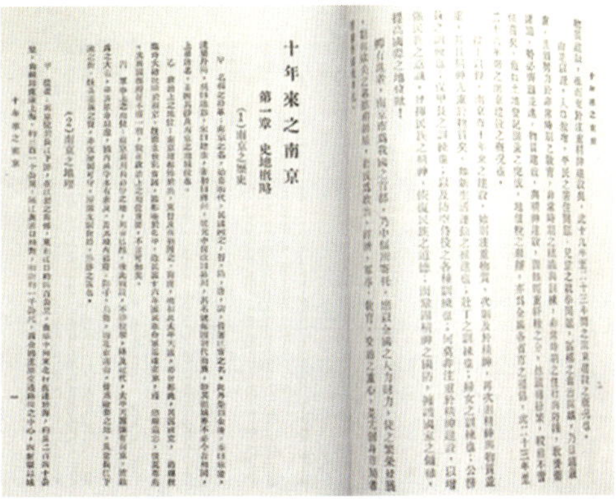

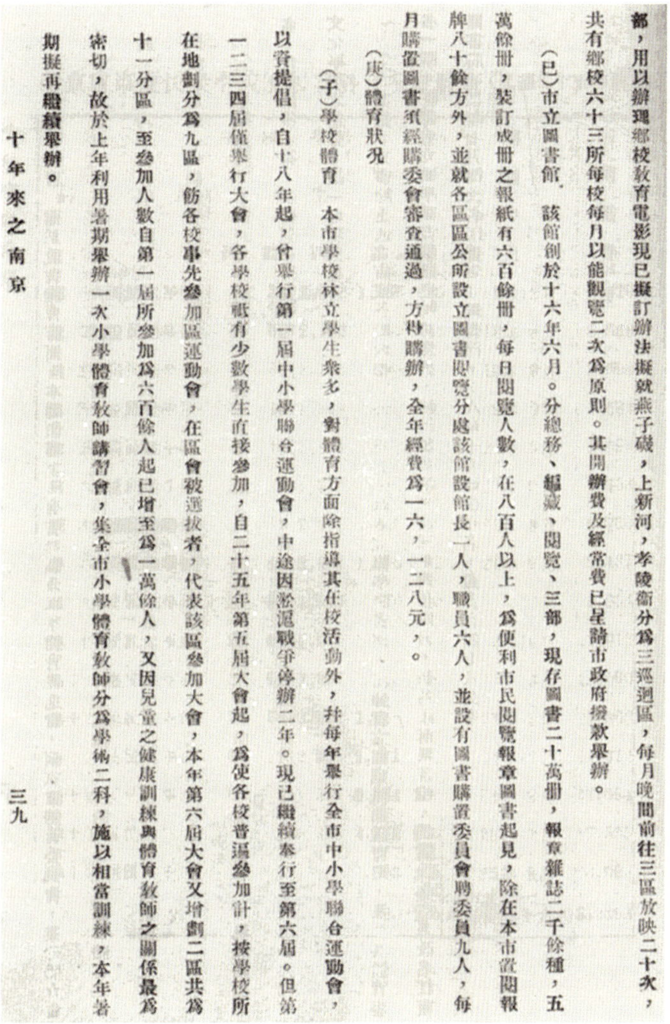
部，用以辦理鄉校教育電影現已擬訂辦法擬就燕子磯，上新河，孝陵衛分爲三巡迴區，每月晚間前往三區放映二十次，共有鄉校六十三所每校每月以能觀覽二次爲原則。其開辦費及經常費已呈請市政府撥款舉辦。

(巳)市立圖書館　該館創於十六年六月。分總務、編藏、閱覽、三部，現存圖書二十萬册，報章雜誌二千餘種，五萬餘册，裝訂成册之報紙有六百餘册，每日閱覽人數，在八百人以上，爲便利市民閱覽報章圖書起見，除在本市置閱報牌八十餘方外，並就各區區公所設立圖書閱覽分處該館設館長一人，職員六人，並設有圖書購置委員會聘委員九人，每月購徵圖書須經購委會審查通過，方得購辦，全年經費爲一六，一二八元。

(庚)體育狀況

(子)學校體育　本市學校林立學生衆多，對體育方面除指導其在校活動外，并每年舉行全市中小學聯合運動會，以資提倡，自十八年起，曾舉行第一屆中小學聯合運動會，中途因淞滬戰爭停辦二年。現已繼續奉行至第六屆。但第一二三四屆僅舉行大會，各學校祇有少數學生直接參加，自二十五年第五屆大會起，爲使各校普遍參加計，按學校所在地劃分爲九區，飭各校事先參加區運動會，在區會被選拔者，代表該區參加大會，本年第六屆大會又增劃二區共爲十一分區，至參加人數自第一屆所參加爲六百餘人起已增至爲一萬餘人，又因兒童之健康訓練與體育教師之關係最爲密切，故於上年利用暑期舉辦一次小學體育教師講習會，集全市小學體育教師分爲學術二科，施以相當訓練，本年暑期擬再繼續舉辦。

十年來之南京　三九

在《十年来之南京》一书中，南京市市长马超俊 1937 年 2 月所作《南京市政府二十四年四月至二十五年十二月工作概况报告》的页面，其中包括对市立图书馆事业的设想

作为对民国时期图书馆学研究和图书馆事业发展进行充分报道和揭示的《中华图书馆学会会报》，自 1925 年至 1948 年，共出版 21 卷 102 期。该刊内容包括图书馆学人撰写的论文随笔、各种图书馆法令、国内外图书馆界的消息等，既有国立图书馆等大馆的报道，也有小学图书馆、乡村图书馆的报道；既有美、英等大国的图书馆事业，也包括太平洋一个小岛上开展的飞机流动图书馆；“新书介绍”栏目对当时国内外最新出版的图书和期刊进行了简要的介绍和评点，“会员消息”则提供了会员新近的工作和生活信息，还有各种启示、广告、照片等，可以说包罗万象，是了解当时图书馆界的百科全书。

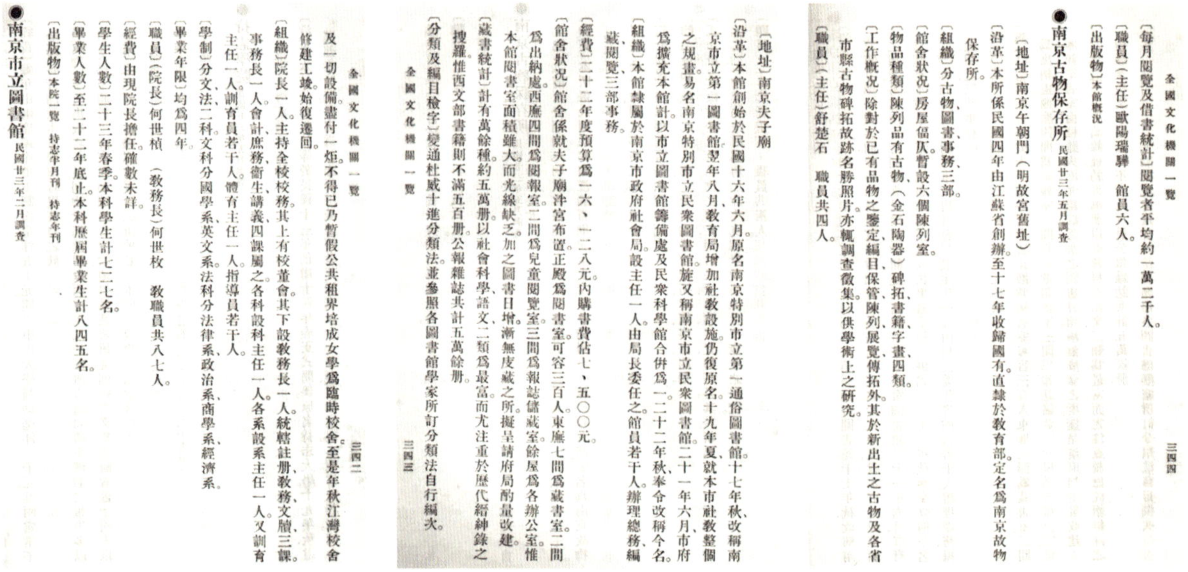

全國文化機關一覽

三四二

及一切設備盡付一炬。不得已乃暫假公共租界培成女學爲臨時校舍。至是年秋江灣校舍
修建工竣。始復遷回。
(組織)院長一人。主持全校校務。其上有校董會。其下設教務長一人。統轄註冊、教務、文牘、三課。
事務長一人。會計、庶務、衛生、講義四課屬之。各科設科主任一人。各系設系主任一人。又訓育
主任一人。訓育員若干人。體育主任一人。指導員若干人。
(學制)分文、法二科。文科分國學系、英文系。法科分法律系、政治系、商學系、經濟系。
(畢業年限)均爲四年。
(職員)(院長)何世楨 (教務長)何世枚 教職員共八七人。
(經費)由現院長擔任。確數未詳。
(學生人數)二十三年春季。本科學生計七二七名。
(畢業人數)至二十二年底止。本科歷屆畢業生計八四五名。
(出版物)本院一覽 持志半月刊 持志年刊

●南京市立圖書館 民國廿三年二月調查

(地址)南京夫子廟
(沿革)本館創始於民國十六年六月。原名南京特別市立第一通俗圖書館。十七年秋、改稱南京市立第一圖書館。翌年八月、教育局增加社教設施。仍復原名。十九年夏、就本市社教整個之規畫。易名南京特別市立民衆圖書館。旋又稱南京市立民衆圖書館。二十一年六月、市府爲擴充本館計。以市立圖書館籌備處及民衆科學館合併爲一。二十二年秋、奉令改稱今名。
(組織)本館隸屬於南京市政府社會局。設主任一人。由局長委任之。館員若干人。辦理總務、編藏、閱覽、三部事務。
(經費)二十二年度預算爲一六、一二八元。內購書費佔七、五〇〇元。
(館舍狀況)館舍係就夫子廟泮宮布置。正殿爲閱書室。可容三百人。東廡七間爲藏書室。二間爲出納處。西廡四間爲閱報室。二間爲兒童閱覽室。三間爲報誌儲藏室。餘屋爲各辦公室。惟本館閱書室面積雖大。而光線缺乏。加之圖書日增。漸無庋藏之所。擬呈請府局酌量改建。
(藏書統計)計有萬餘種。約五萬冊。以社會科學、語文、二類爲最富。而尤注重於歷代縉紳錄之搜羅。惟西文部書籍則不滿五百冊。公報雜誌共計五萬餘冊。
(分類及編目檢字)變通杜威十進分類法。並參照各圖書館學家所訂分類法自行編次。

全國文化機關一覽

三四三

全國文化機關一覽

三四四

(每月閱覽及借書統計)閱覽者平均約一萬二千人。
(職員)(主任)歐陽瑞驊 館員六人。
(出版物)本館概況

●南京古物保存所 民國廿三年五月調查

(地址)南京午朝門(明故宮舊址)
(沿革)本所係民國四年由江蘇省創辦。至十七年收歸國有。直隸於教育部。定名爲南京故物保存所。
(組織)分古物、圖書、事務、三部。
(館舍狀況)房屋偪仄。暫設六個陳列室。
(物品種類)陳列品有古物、(金石陶器)碑拓、書籍、字畫、四類。
(工作概況)除對於已有品物之鑒定、編目、保管、陳列、展覽、傳拓外。其於新出土之古物及各省市縣古物碑拓故跡名勝照片。亦輒調查徵集。以供學術上之研究。
(職員)(主任)舒楚石 職員共四人。

1934 年 2 月出版的《全国文化机关一览》中对南京市立图书馆的记录

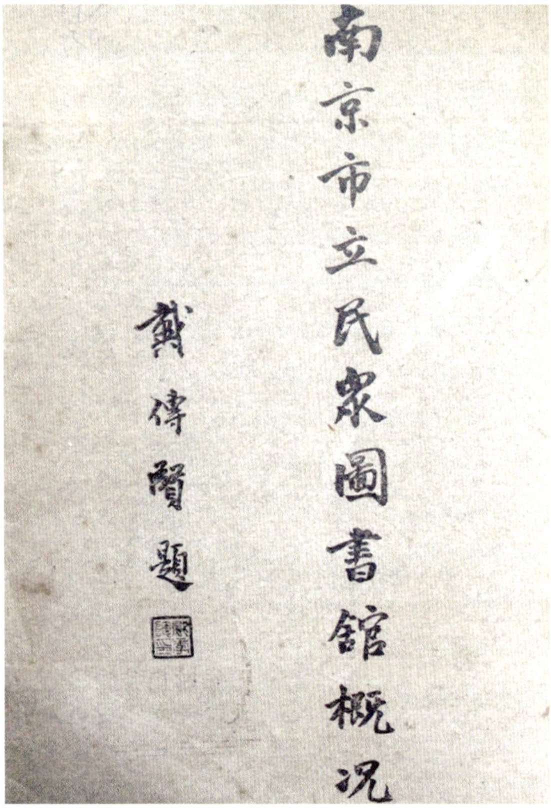

1930 年 2 月编印的《南京市立民众图书馆概况》一书

1930 年编印的《南京特别市市立图书馆图书目录》

这 21 卷《中华图书馆协会会报》一共刊载了四五千篇大大小小的文章，通过索引检得其中就有记载南京市立图书馆的相关文章，例如：

南京筹备市立图书馆——1929. 2. 4 卷（4）：17－18

南京国学图书馆改为江苏省立——1929. 10. 5 卷（1/2）：54

南京市立图书馆新贡献——1931. 10. 7 卷（2）：17

南京复成仓市立图书馆近况——1931. 12. 7 卷（3）：50

南京市图书馆筹备现况——1932. 2. 7 卷（4）：19

南京民众教育馆图书部概况——1932. 4. 7 卷（5）：21

南京市立民众科学馆——1932. 4. 7 卷（5）：21

南京市立民众图书馆之近况——1932. 4. 7 卷（5）：21

南京市立图书馆——1936. 12. 12 卷（3）：16

南京贵重图书七十万册均被敌军劫去——1938. 7. 13 卷（1）：18

南京儿童图书馆揭幕——1948. 5. 21 卷（3/4）：10

金陵图书馆仍珍藏有南京市立图书馆的藏书，具有珍贵的历史意义，也为今后开展南京市公立图书馆史研究提供了有价值的实证。其中，《南京特别市市立图书馆图书目录》《南京市立民众图书馆概况》《十年之南京》《南京市政府公报》等与馆史有关的珍贵文献以及其他馆藏图书已成为当今金陵图书馆重要的馆藏资料之一。

1958—2009 年南京市图书馆的恢复建设与开放

20 世纪 50 年代，重新建立南京市市级公共图书馆的意见被提上议程。南京市政府认为，南京是六朝古都，有丰富的文化底蕴，而“南京图书馆”（即江苏省图书馆）是面向全省服务的，南京市民应该有自己的读书场所。

1952 年南京市从中央特别市降为江苏省省会，1958 年南京市政府决定筹建新的市图书馆。1958 年 7 月，南京市人民代表大会通过了筹建市图书馆的提案，由市文化局指派专人负责筹建事宜，有工作人员 4 人。市文化局起草了《关于建立市图书馆筹备处的报告》，报请市人民政府批准后，于 1959 年 3 月成立“南京市图书馆筹备处”。由于当时社会状况和形势的原因，1961 年 9 月，市图书馆筹备处停止工作，筹建中断。在筹建市图书馆期间，临时馆舍几经迁移，最多时馆员编制达到 20 多人，虽经困难时期和“文革”干扰，仍坚持在不同的过渡馆舍阵地开展服务，长年送书读报到基层、到乡下、到田头。

图书馆恢复建设期间，南京市图书馆筹备处的工作人员长年不断地送书读报到基层

到了 20 世纪 70 年代初，市图书馆建设问题再次受到关注。1971 年 3 月，南京市图书馆恢复筹建。1973 年，时有工作人员 18 人，当年采购新书 4000 多册，接收档案馆、市文图清理小组和南京图书馆旧书共 10 万多册，年底藏书达 181347 册。制作书架、阅览桌椅共 214 件，开始做开馆准备。新建图书馆楼列入南京市 1974 年度的基建项目。

1975 年 11 月 15 日，南京市有关部门正式选定新建馆址于长江路人民大会堂（即民国建筑“国民大会堂”旧址）西侧，1977 年开始投资基建。1980 年 1 月，南京市图书馆筹备处改名为“南京市人民图书馆”。同年 5 月，图书馆大楼竣工。新馆位于长江路 262 号，是一座工字形建筑。前 4 层为阅览大楼主楼，后 6 层为书库，中间用 2 层过厅相接。连同钢书架与木制桌柜等设备，耗资达 100 万元。1980 年 10 月，新馆舍建成开放，馆舍面积 7300平方米。初名南京市人民图书馆，1984 年 10 月改为“金陵图书馆”。

南京市图书馆开始恢复建设

位于长江路 262 号的金陵图书馆，地处市中心地段，闹中有静，交通便利，两公里半径范围内，包含珠江路、大行宫、新街口、鼓楼等繁华地段。对外服务设第一借书处、第二借书处、综合参考阅览室、期刊借阅室、地方文献阅览室、广告人文库、电子出版物阅览室、国际交换资料阅览室及计算机教室等为市民服务的场所，还常年定期面向市民开展“法律咨询广场”“图书馆服务宣传周”等各种形式的社会咨询服务，还开展技能培训、科学与时政讲座、信息咨询等服务。

位于三楼的参考阅览室

位于二楼的期刊阅览室

位于三楼的图书阅览室

位于一楼的青年自学阅览室

金陵图书馆较早地就坚持免费服务，包括免费借阅书刊、免费咨询、免费讲座。在这个问题上，金陵图书馆亦曾遇到过几次冲击。一次是 20 世纪 80 年代中叶，社会上有一股“一切向钱看”的思潮，图书馆界出现许多收费服务的现象；另一次是 90 年代初，随

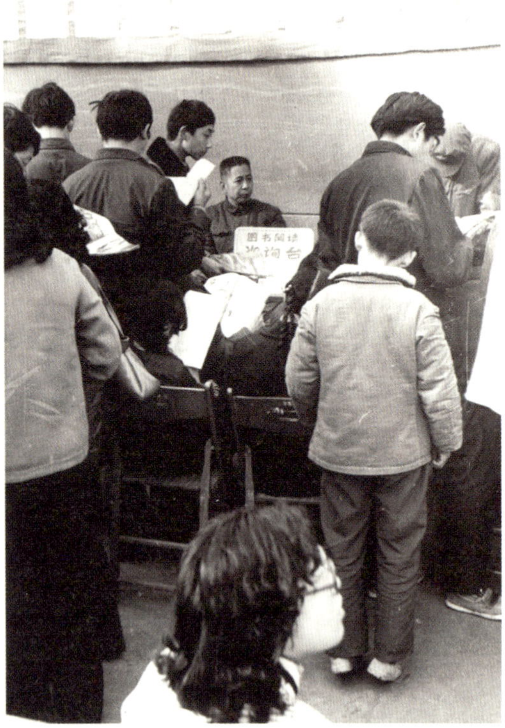

经常举办广场读书和阅读推荐活动

着市场经济的培育与发展，图书馆界也有人提出引入市场机制或把图书馆推向市场。这种论点似乎符合社会潮流，有“理论依据”，对图书馆界冲击很大。甚至有的读者也认为，图书馆收点费用说得过去，读者能谅解、能接受。金陵图书馆仍毫不动摇，决不在读者身上打主意。经费有困难，一是找政府，二是发展“三产”。

最受市民欢迎的新书展

发挥知识宝库的社会功能，是金陵图书馆多年来最大的社会效益。金陵图书馆多年来，努力改革传统服务方式，千方百计“让读者有其图书”“让图书有其读者”，把知识从殿堂中解放出来，把知识宝库变为知识喷泉，形成金陵图书馆的办馆特色。

“为人找书、为书找人”有途径

图书馆素有“知识殿堂”“知识宝库”的雅称。事实也正是如此，浩瀚的图书记载着人类古往今来在改造自然、改造社会和改造人类本身等方面所积累的经验，记载着人类的聪明才智结出的硕果。图书，已成为“知识”的代名词。发挥这种知识宝库的社会功能，是金陵图书馆追求的最大的社会效益。现代社会，“知识”成为各个领域、各行各业的第一需要。建设社会主义物质文明与精神文明、科教兴国、跨世纪人才的培养等，都必须从知识的传播、开发与利用出发。这就对图书馆功能的发挥提出了更多的要求。

每年举办的广场读书活动吸引了众多的市民办理借书证

按照传统方式，固守图书馆阵地，坐等读者上门，等等，不仅不适应时代的步伐，而且对图书馆自身的生存与发展，也是作茧自缚。为了把知识宝库变为知识喷泉，金陵图书馆采取的主要措施如下。

（1）走出院墙，把图书馆办到读者中。提倡开门办馆，把图书馆办到群众之中，办到读者中。渴求知识的广大读者，并不一定了解图书馆，不一定善于利用图书馆。为此，金陵图书馆特别注意向社会“揭示”图书馆这种知识殿堂，通过传播媒介介绍图书馆的知识存贮与传播功能。从中央到地方的报纸、广播、电视，每年均有数十次、上百次报道金陵图书馆的社会活动。另外，还针对特定读者的需要，送知识上门。随着对外开放的不断深入，许多企业需要开展国际业务，但有关国际合同的知识甚为贫乏。金陵图书馆将《国际贸易合同》一书直接送至有关单位，这些单位如获至宝。通过对该书的学习、利用，解决国际业务往来的具体问题。用户称赞金陵图书馆“不仅是知识宝库，而且是知识喷泉”。

随到随学的培训和知识咨询服务成为一大服务特色

（2）千方百计扩大开架借阅，让图书与读者直接见面。金陵图书馆馆舍是在20世纪70年代兴建的，当时的图书馆设计仍受“藏书楼”思想的影响，书库自成一体，对图书的流通使用造成诸多局限。金陵图书馆千方百计克服这种局限，让藏书同读者见面。一是开辟第二借书处，将一些利用率较高的图书，如电子类、经济管理类、应用技术类以及近两年出版的新书从书库移至阅览室，实行开架借阅，图书流通量不断增加。二是开辟期刊外借。按传统方式，期刊只供馆内阅览。为了有效地开发利用文献资源，为了更好地满足读者阅读需要，金陵图书馆较早开展热门期刊、文学艺术期刊外借服务，随后又拓展到学术期刊外借。三是对重点读者实行进库选书。一些科研型读者，对科学著作的需求量大，针对性强，而且他们的研究项目同国家建设关系甚密。对这样的读者，图书馆提供特别服务，其中之一便是允许他们进书库选择图书，并在借阅数量、借阅期限上给予照顾。

经常开展文献信息资源用户教育培训

1986 年，金陵图书馆在锁金村筹备建成了恢复建馆后的第一家街道服务点

（3）发展馆外流通，让图书靠近读者。为了让馆藏图书更好地靠近广大读者，除开展馆内服务外，金陵图书馆还大力发展馆外流通。一是建立馆外流通站，在地处偏远的农村中小学、福利机构、居民小区内设立服务点。二是扶植乡镇、街道图书馆，从馆藏中抽出数万册图书充实乡镇、街道图书馆。三是与一些单位共建图书馆，如和解放军舟桥旅共建的图书馆已持续多年，每年支援这些图书馆数百册图书，同时开展图书馆管理方面的业务辅导。

1994 年，金陵图书馆与解放军舟桥旅合作，建成了恢复建馆后的第一家分馆，图为全馆员工在舟桥旅分馆门前合影留念

（4）开展专题文献外借阅览、咨询、讲座的一条龙配套服务。金陵图书馆注重开展以文献资源开发利用为核心的服务活动。例如，各种专题文献服务、专题培训与专题讲座服务、专题咨询服务，都是围绕专题知识信息来开发馆藏文献的。所开辟的“广告人文库”已形成“一条龙”服务的全新服务方式。“广告人文库”是专为广告界用户及营销策划管理人员设定的专题阅览室，集中馆藏有关广告艺术、设计、摄影、图像、企划营销等专业信息资料，其中印刷型图书、杂志、画册数千余种，电子出版物数百种。读者可以是个人，也可是团体；可以来室阅览，也可借出书刊。该室接受读者电话咨询，进行文献代查代检，实行预约服务、送书上门等。

图为 2005 年 10 月 24 日特邀龙永图来南京主讲题为《战略机遇期和中国的对外开放》的讲座

针对读者群的结构，组织自学培训和社会宣传教育活动

金陵图书馆将热爱读书的青年组成学习小组，聘请有关专家学者辅导。此外，针对社会上特定读者群的知识需求举办的初中级干部电脑培训、中学生电脑培训、夕阳红老年人电脑培训等，深受社会欢迎。

金陵图书馆在每年的“读书节”和“图书馆服务宣传周”期间，举办各种读书讲座、读书报告会、读书咨询、读书成果展览、“读书状元”评选等形式多样的活动，深化了公共图书馆的社会教育职能。

图为 1999 年 5 月举办的“金陵图书馆第九届服务宣传周”

注意追踪社会热点，在配合中心工作上有所作为

随着经济建设与社会发展，人们的法律、法制观念问题日渐突出。学法、用法及通过法律维护权益成为社会热点。金陵图书馆同南京市司法局联合举办的“18法律咨询广场”开展义务法律咨询，许多市民通过法律咨询解决了工作与生活中的实际问题，已成为南京市民普法和为市民提供法律帮助的一个窗口，在社会上有很大影响。同时举办“国际时事讲座”，讲解咨询时政热点，帮助广大读者开阔视野。双休日到金陵图书馆听讲座，已成为许多市民文化生活的组成部分。

图为 1998 年 6 月举办的“国际时事知识讲座”

金陵图书馆是南京市政府兴办的市立公共图书馆，是南京及周边地区信息服务、文献资源共享、专业学术研究的中心，同时还是全市图书情报事业的中心，承担着全市图书情报机构业务建设与社会服务的协作协调、图书情报专业人员培训、图书情报网络组织、全市图书情报事业发展调研的任务。组织全市公共图书馆创建文明图书馆、乡镇街道创建先进文化县、乡，组织县区公共图书馆评估定级工作，并根据文化部、江苏省文化厅、南京市文化局的要求，对我市图书馆事业的现状与发展作调查、分析，提出建议。同多所驻宁大学等院校联合办学，设立图书情报专业，培训图书情报专业人员。重视学术研究活动，设立“学术进步奖”和举办“进取杯爱馆知识竞赛”，不仅繁荣学术，为新的发展寻求理论依据，而且能有效地提高业务人员的素质。

2011 年，南京市市政府因扩建“汉府饭店”，决定拆除位于长江路 262 号的金陵图书馆。

2010——走入新世纪的现代化图书馆

位于建邺区乐山路158号的新馆于2005年开工建设，2009年交付使用，2010年10月18日举行开放仪式，馆址占地面积38641平方米，总建筑面积25165平方米，内设阅览座位1400个，并有报告厅、多功能厅、展览厅、视听室、培训、餐厅、茶室、停车场等配套服务设施。馆藏容量200余万册，其中国家级善本近5000册，有多种古籍文献已列入国家和省珍本名录，珍藏的民国名人专著和孤本拓片等稀见文献已成为镇馆之宝，是南京及周边地区重要的文献资源保障中心。2010年，国家文化部授予副省级城市一级图书馆称号的金陵图书馆，被国务院授予第三批“全国古籍重点保护单位”。

金陵图书馆新馆掠影

金陵图书馆新馆以其独特的建筑外观、优美的阅读环境、先进的设施条件和“以人为本”的服务理念，为市民提供书刊借阅、参考咨询、信息检索、会议展览、讲座培训服务及各类读书交流活动。在做好馆内服务的同时，金陵图书馆通过与街道社区合作共建分馆、在地铁设立服务点、建设24小时自助图书馆及开展汽车流动借阅等服务措施，推进服务网点建设，在全市设立了60余个服务点，形成图书通借通还、资源共建共享的公共服务体系。

金陵图书馆南部正门外景

金陵图书馆新馆建筑设计思想

新馆建筑设计首要是为图书馆服务能力的提升创造条件。图书馆建筑空间形态随着社会、文化、科学技术水平的发展而变化。百年前，我国诞生了具有近代意义的图书馆，从古代藏书楼走向了公共建筑类型。20 世纪 80 年代以来，随着经济文化迅速发展与对外交流的扩大，图书馆走向多功能、全开架的现代化新阶段，促进图书馆建筑的现代化，建筑实体形态越来越注重和谐稳重，室内空间环境越来越强调简洁丰富，图书馆建筑常以独特的形态表现其文化特征，注重建筑整体环境。

图书馆的馆舍设施条件必须能满足体量和规模上的要求

馆舍是图书馆的物质载体，是工作人员的工作空间和开展读者服务的主要场所。金陵图书馆从 20 世纪 90 年代中期开始，由于书库面积严重不足，涨库严重，书库的可容纳能力达到了极限。为此，市财政甚至放弃了购书经费以每年 20% 幅度增长的计划；同时，图书馆开展阵地服务日益捉襟见肘，每年寒暑假期间，阅览室人满为患，自修室甚至需要排队领号以确保安全。馆舍面积成为制约金陵图书馆发展规模的一个重要因素。

已建成的金陵图书馆新馆总投资 2.5 亿，占地 75 亩，内部具有大面积的开架阅览空间，体现了现代公共图书馆以人为本的服务宗旨，它成为一个集学习阅读、信息交流、文化休闲等功能为一体的信息化、网络化、智能化、安全环保、具有鲜明时代风格和人文底蕴的图书馆，成为南京市知识信息枢纽和精神文明建设的重要设施之一。

金陵图书馆
外部水景

夜晚灯光映托下
的金陵图书馆

图书馆的现代化技术条件必须能在业务和服务各环节中充分应用

金陵图书馆新馆建设，以现代化的技术手段为依托，为实现未来文献信息服务工作的数字化、网络化搭建一个平台。在新馆建设过程中引进各种先进的技术设备，如计算机网络系统、大容量存贮系统、卫星传输系统、会议同声翻译系统、会议系统、智能化综合布线系统等，为图书馆的各项工作提供了先进的数字化、网络化、智能化的服务条件。同时，与新馆建设相配套的图书馆自动化、网络化、数字化建设也基本同步进行，建立起计算机信息管理系统，实现业务管理系统、数字图书馆系统、网站系统、办公自动化系统、VOD点播系统、多媒体导读系统、情报服务系统、会议系统、公共广播系统、安保监控系统的初步现代化，并逐步搭建起数字化平台，成为在网络时代实现高起点的文献信息资源共享的重要条件，成为学习型城市建设中的一个重要组成部分。

图书馆功能合理布局必须能支持延伸服务的拓展

传统的图书馆的主要职能是保存文化遗产、开展社会教育、传递学术信息、开发智力资源。随着经济社会的不断发展，除了传统的收藏、借阅图书等基本职能，公共图书馆的服务领域和服务功能日益拓展，图书馆不仅为社区居民提供信息资源和终身学习的机会，而且成为社区的信息交流中心、文化教育中心、社区活动中心，公共图书馆更多地承担起社会的文化交流中心的功能。金陵图书馆的新馆建设，使公共图书馆社会服务的功能得到完善，馆舍面积成倍增加，图书馆建筑内可以安排很多供文化交流的空间和设施，如现代化的学术报告厅、多功能厅、社会教育培训中心、展览厅、会议室及相应的设施等，为开展丰富多彩的文化教育活动提供了良好的条件。充分利用报告厅、展览厅等空间设施组织各类报告会、讲座、展览、电子阅览、影视放映、音乐欣赏，组织形式多样的读书活动，开办多种学历教育与非学历教育培训，向读者提供多种载体、多种途径、多种功能的知识信息文化服务，从而提高市民读书求知的积极性，营造学习型城市的氛围。

如同翡翠一般的金陵图书馆外景

图书馆馆址的选择必须重视城市人文环境

综观我国现在图书馆的建设，强调的是技术研究，容易疏忽图书馆的人文本质，疏忽人文交流服务功能的开发。当今社会纷繁复杂，激烈的竞争、太多的欲望使人们的情感世界产生某些躁动和不安，人们希望有一个理想的人文环境来放松身心，图书馆正是这样一个理想场所。通过人文交流，人们从中获取信息、增长知识、丰富生活、愉悦身心、欣赏文化、提高修养。和谐社会的建设呼唤着文化的人文关怀。

关注人文交流服务功能的开发

金陵图书馆新馆，有丰富的管理经验与发展理念，有服务于残障人士的特殊设施、书籍、视听室。每星期开展讲座，内容全面，涉猎广泛，开讲者大多为各界名人泰斗，吸引了广大市民，为弘扬中华文化做出了贡献。

图书馆建筑要体现人文关怀，要把确定馆址的问题放在首位。图书馆的地理位置、地理因素是影响读者使用图书馆的重要因素。路途遥远以及交通不便，会使读者产生不想去、懒得去的念头。所以，图书馆应建在人口比较密集、接近服务对象、交通方便、无空气污染的中心地带或社区中心，这样才能更好、更方便地为读者服务。

在重视城市文化的表现方面要注意抓住重点。当今我国公共图书馆建设需要的不是标志性建筑，而是与城市环境相协调的文化建筑。建筑与城市文化的融合，要求图书馆不能仅仅就个体建筑形态来论高下。图书馆建筑形态表现要与城市规划、环境艺术相结合，并顺应城市的变化发展，从中寻找新的命题。这要求设计者具有综合思想，将城市视为一个有机整体，从城市文化中发掘出其内在因素。这样的建筑形态创新（包括形式、空间、材料等）将呈现更多的合理性，而非主观几何形态的拼接。图书馆建筑作为城市中的文化设施，应体现城市的文化底蕴和精神积淀。一座成功的城市图书馆的落成，不仅完善了城市设施，为市民提供文化场所，同时也为城市和所在的街区环境带来新的生机和活力。

人性化的服务，指导读者利用图书馆

借鉴中西方文化传统，表现本土文化特征，是图书馆建筑实体形态表现的关键。图书馆建筑实体形态表现重视城市综合因素，表现本土文化，才能促进我国图书馆建筑形态的创新发展。

图书馆是公共服务体系中重要一员，在这个时代，对中华文化的复兴及对提高中国人的生活品质、文明修养有不可推卸的社会责任。具体体现在建筑设计方面，就是要明确以人为本是内部空间形态表现的首要任务。图书馆建筑内部空间环境是社会化的行为场所，其形态设计应该最大限度地满足人们的需求，并充分体现人性化。随着人类社会的进步，人们对图书馆室内环境有了更高的需求，不仅要求空间形态多变与新奇，而且还注重空间环境的舒适度。

图书馆建筑是人流密集的公共场所，空间组织中，从建筑设计思想上，要充分考虑读者浏览习惯和基本行为模式，不仅包括使用者与图书馆公共空间环境中视觉、听觉、触觉的感官关系，而且包括使用者与图书馆设备的关系，体现人性化设计理念，不随意设置隔断、阻隔和封闭空间，创造有序且充满活力的内部空间环境。要坚持“以人为本”，在服务手段上力求创新，以崭新的办馆条件和环境，为市民提供更贴心的服务，真正成为“有温度的图书馆”。

充满活力的图书馆内部空间环境

蓝天白云衬托下的金陵图书馆

金陵图书馆新馆的建筑风格

金陵图书馆新馆位于河西新城中心区文化设施用地的东北角，与南侧艺兰斋美术馆，东侧奥体中心、行政广场和新城大厦，西侧江苏大剧院和滨江公园，共同形成河西新城区重要的城市空间轴线，是河西地区的标志性建筑之一。新馆“琢石成玉”方案将建筑形体整合为四部分：基座（弧形覆土绿化草坡）；悬浮于草坡之上的主体（玉石）；裸露于草坡上的360座报告厅（雨花石）；围绕于草坡周围的大面积倒影水池。整体建筑采用9米×9米的柱网结构，标准阅览空间层高为3.5～5米。

金陵图书馆新馆的建筑风格，其突出倾向为四个方面。

采用“天圆地方”的传统文化元素

纵观自然界，凡是圆形的物体，都具有好动和不稳定的特点，就像日月一般；凡是方形的物体，都具有静止和稳定的特点，就像静静的大地一样。中国传统文化博大精深，有朴素的辩证法色彩，是我国先哲们认识世界的思维方式，几千年的社会实践证明了它的正确性，“天圆地方”是这种学说的一种具体体现。不少建筑设计直接运用方与圆的建筑形象来表达这一传统理念，金陵图书馆的建筑设计也充分体现了这一理念。设计者放弃了简单几何形体的呆板乏味的思路，转而追求动势和曲线所展示出的优雅和飘逸，运用单纯的色彩和简单的“圆”和“方”的形状，形成一组金陵图书馆特有的风格。在外形上，报告厅为上圆形，主楼为下方形；正大厅上方为圆形，下方为方形；主楼露天天台为圆形，正大厅上方的空间为方形；等等，还有很多的实例，都是在表现金陵图书馆建筑的“天圆地方”人文环境。体现在服务理念的设计和布局上，就是将各层的阅览空间都为藏阅合一的阅览大厅，逐层退台形式向中庭开放，呈现开放、亲切宜人的室内环境。采用金字塔形，把人流量大的阅览室放在低层，研究型的放在高层，使阅览室与报告厅、培训中心动静分离等。

引入“琢石成玉”的南京地域象征概念

1400 多年前，雨花石和南京就联系在一起了。雨花石具有质色纹奇巧美诸胜是其他玉石种类不能比的。它玉石相间，玉质致密坚硬，滑润光莹，象征伦理道德观念中高尚的品德。雨花石亦成为南京的地域象征。南京的雨花石虽无香无味，却有姿有色而且红颜常驻，永不凋谢，养于清泉，置于案几，令人心旷神怡。

意：用地域特有的雨花石作为契入点，以作为中华民族独特文化结晶的玉石为升华.突显知识的力量来“琢石成玉”。

形：悬浮于草坡之上的主体（立意中的玉石部分）及自然、质朴、裸露于草坡之上的 360 座报告厅（立意中的雨花石部分），散于草坡，与浮于草坡之上精心雕琢的圆润的玉（建筑主体部分阅览空间）通过材质、材色、体量的对比，带来强烈的视觉震撼与冲击。

境：整合的绿化覆土草坡在突显玉石的主体形象的同时，又更好地与周围环境融合，草坡周边的倒影水池使建筑成为摒弃城市喧哗的知识圣殿与净土。

琢石成玉

意、形、境的整合：建筑形体整合为四部分，一层基座（顶面为弧形覆土绿化草坡），弧形绿化草坡与东南向楔形开口均指向奥体中心，形成空间上的导引，同时绿化草坡成为观赏奥体中心的第二个层面。主体主入口从世纪轴线南侧进入，绿化草坡南向成弧形，和三面环绕建筑的倒影水池，与世纪轴线之间形成适度张力，建筑注重与世纪轴线的景观关联。

融入“滴水穿石”读书使人成功的寓意

宋朝罗大经的《鹤林玉露·一钱斩吏》中有“一日一钱，千日千钱，绳锯木断，水滴石穿”的描述，是说用绳子不停地锯木头，木头就会被锯断；水滴不停地滴，能把石头滴穿。比喻力量虽然小，但只要目标专一，持之以恒，坚持不懈，就一定能把艰难的事情办成。在图书馆设计中应用，是想表明天天到图书馆读书学习，日积月累，集细微的力量也能成就很大的功劳，知识的力量最终能使人事业获得成功的寓意。

滴水穿石

突出设计中的节能环保效益

建筑主入口位于南侧，由世纪轴线进入，主入口广场成梯形切入建筑内部。草坡东南角留一楔形开口，设对外交流区及主馆次入口，空间上与奥体中心及世纪轴线入口广场对位。草皮覆盖下，大面积的一层，使许多单独分区独立使用的功能在底层得以实现，避免了因动与静的不同需求带来的相互干扰。

楔形空间北侧为对外交流活动区，包含报告厅、视听室、展厅、多功能活动厅等。这部

报告厅

分功能设单独出入口，独立成区，使用上与图书馆主体相对分离，非常灵活。东南角楔形开口南侧为人流流动量大的报刊阅览室及望见开放区域的东借阅室。建筑东北角为培训区单独出入口。南向主入口西侧面向世纪轴线部分，因靠近入口，设置视障人士阅览、少儿阅览、少儿活动。主体中央设置贯穿二层的中庭大厅，周边布置计算机系统检索区，北侧布置开架书库及闭架书库。建筑的西北角设书籍及工作人员出入口。

建筑与世纪轴线之间设置月牙形倒影水池及陈列式树林，使之与世纪轴线在空间上得到缓冲，同时得到纯净、完整的建筑形象。二、三层为主体阅览空间，四层为闭架书库及图书馆办公用房。二层东侧设休闲空间，与覆土绿化屋面上的观景平台相通。三、四层为建筑外形立意中的玉石部分，外方内圆暗合“天圆地方”，周边出挑 12 米，犹如悬浮于草坡之上。绿化草坡的东侧局部下挖，形成半地下室，布置自行车库。主体部分设置一层地下室，布置机动车库及设备用房，机动车库平战结合，设置人防区域。

东借阅室

艺术设计阅览室

在结构方面，三、四层（立意中“玉”的部分）出挑达 12 米，结构采用筒体支撑钢桁架，这样的结构形式，增加了部分造价，但带来了悬挑 12 米所产生的震撼感。12 米的出挑与室外尺度及主体体量的关系比较适中。

在表皮方面，引入双层幕墙的概念。它采用两层结构体系，在两层幕墙之间有一定宽度的空气层，空气层的上下部设有进排风口，夏天打开进排风口，利用烟囱效应，实现空气对流，降低幕墙内侧温度达到通风换气节能的效果；冬季关闭进排风口，使幕墙内空气不产生对流，在阳光照射下，空气层像一个温室，提高了幕墙内侧的温度，减少了室内

玻璃墙

热量的散失。双层幕墙之间设检修清洗通道，也可安置电动遮阳装置。双层幕墙与单层玻璃幕墙相比，采暖可节约能耗 40% ～50% ，制冷可节约能耗 35% ～60% 。更重要的是双层幕墙的处理，使立意中“玉”与“雨花石”的外表得以实现。

双层幕墙的设置，在外观上形成纯净晶透、滑润光莹的玉质肌理效果的同时，也大大降低了日常营运能耗。覆土绿化屋面在获得良好的保温隔热的同时，提供了另一层面的绿化空间及活动空间。

金陵图书馆新馆的信息化功能配置

以地域特有的雨花石作为设计构思的切入点，“琢石成玉”的整体造型，让金陵图书馆看起来匠心独具、气势不凡，而提升信息化能力，推出服务新举措，成为了金陵图书馆新馆一个新的亮点。

手机图书馆研制成功，移动查阅图书馆资源成为现实

读者可以通过自愿注册，用手机上网访问金陵图书馆 OPAC（馆藏书目查询系统），查询书刊信息并可办理预约和续借手续。同时，还可自愿开通手机短信服务，除了可以查询所借书刊信息并可续借外，还能够接收到图书馆发送的书刊到期提醒、超期提醒、预约通知、各类讲座活动预告等信息。手机移动图书馆开设金图优秀资源专栏，提供新书推荐、新刊先睹、各类讲座活动预告等信息，还提供文化共享工程中的优秀影片和讲座的精彩片段赏析。读者足不出户就可以享受丰富多样的文化生活休闲类时尚刊文、共享工

手机移动阅读

程视频资源和“金图讲坛”视频点播等金图数字化资源，方便实用，不受时空限制，随时随地享受畅游书海的乐趣。

个性化服务的技术能力得到明显提升

金陵图书馆通过强化网站服务功能，力求拓展包括网上检索、网上信息发布、网上阅读、网上借书、资源点播、网上读书活动等多种形式的融公共服务与个性化服务为一体的、广播式、自助式和互动式相结合的多功能网上信息服务，使之与阵地服务融合为一个统一有机的整体，从而突破时间和地区的限制，让公共文化服务惠及更多的社区、单位和家庭。读者可以随时随地查阅自己所需要的信息，享受知识导航、课题检索、阅读指导、解答咨询、文献传递等多种形式的实时在线咨询服务；同时，还可享受海量数字资源，免费下载电子书，在线观赏战争纪录片、科技侦探片、前沿科教片，免费访问知识资源总库、“知识视界”视频教育资源库、全国文化信息资源共享工程、南京地方文献以及中国法律信息库等。金陵图书馆通过提升一站式跨库检索能力，更快捷、更全面、更及时地将知识信息传递读者。

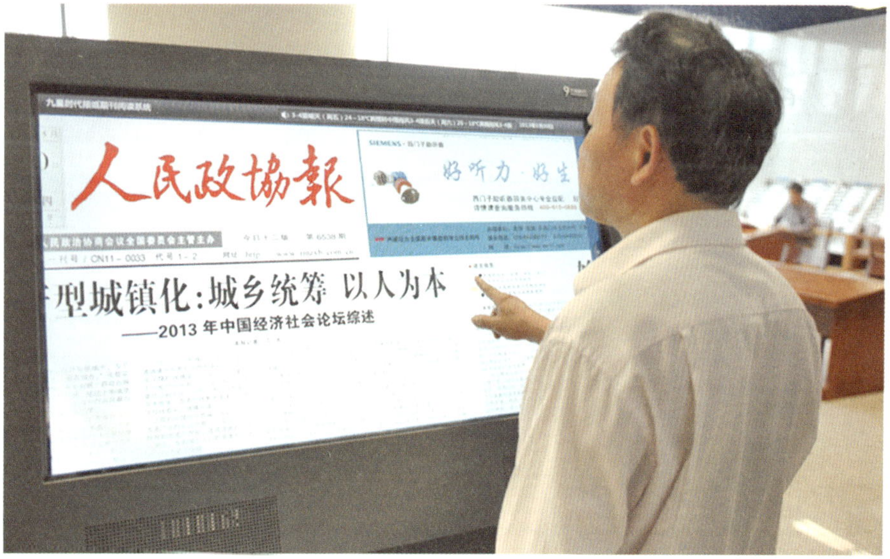

个性化服务，体验新媒体阅读的新科技

大力发展社区图书流动站，市民读书更方便

为了让居住地距离图书馆较远的市民享受到同样的文献资源服务，金陵图书馆面向基层，建立社区分馆和汽车流动服务点，还在地铁新街口站设立“金陵书香地铁随

行”服务点，形成“点线面”一体化的运作模式，并提供预约、通借通还等便捷服务。如此便捷的服务，既解决了市民距离远、借书难的问题，也使上班族在上下班的途中享受了精神文明的熏陶。图书馆还经常在社区和基层点举办优秀传统文化教育活动和阅读推广活动。开设“亲子阅读论坛”“茉莉清香读书会”“优秀传统文化讲座进社区”“关爱留守儿童，家庭教育新春行”“传统文化教育到监狱”等活动交互交流平台，生动形象地向广大市民传递着“快乐阅读”的理念，促进人的全面发展和社会的和谐发展。

金陵图书馆汽车图书馆亮相街头

“市民书房 知识学堂 文脉传承 今古典藏”是金陵图书馆新馆服务功能的定位目标，有初具规模的馆舍、优雅舒适的环境、丰富多样的资源、完善完备的现代化技术的支持，金陵图书馆信息化服务能力的提升，新馆的服务功能已对学习型城市建设的推动起到至关重要的作用。

金陵圖書

发展篇

24

吃喝之中求健康

04

第四章

城市图书馆服务网络及图书馆服务联盟建设

南京市公共图书馆服务网络及图书馆服务联盟建设，是基于南京市各级公共图书馆事业发展现状，尤其是各级图书馆在开展总分馆模式的服务中总结、提炼出来的一套适合于本地区的服务常态。

图书馆服务联盟“南京模式”的提出

“南京模式”最早始于2011年末启动的南京市市、区、街（镇）、社区（村）四级图书馆通借通还一卡通服务。其目的是最大化利用现有资源、设备的基础上，基于“两层四级”的总体目标，通过市、区、镇（街）、村（社区）四级共同努力，更新计算机业务管理系统和网络连通方式，最终实现市、区、镇（街）、村（社区）四级图书馆服务网络建设框架。

南京通借通还一卡通启动仪式

“两层四级”，即第一层（两级）：市级和区级的图书馆之间实现区域流通。第二层（两级）：区级和镇、村（街道、社区）图书室之间通借通还。第一层的目标就是市馆和各区公共图书馆，通过建立一个区域流通平台在各馆的系统和网络上互联互通，实现读者资源和书目数据资源的整合、共享，从而达到读者可以凭借平台内的任何一个成员馆的读者证，在各成员馆实现图书的借阅；第二层的目标就是以各区公共图书馆为主体，将区内的各个街道、社区图书室进行整合，和有条件的街道、社区图书室合作，设立区图书馆的分馆，扩展图书馆的服务半径。而市级图书馆作为规范制定者，统筹协调全市图书馆服务联盟的运作和推进，同时，在图书馆服务网点缺少和薄弱的地区直接设立市级图书馆的分馆或服务点进行布局上的弥补。

图书馆服务联盟“南京模式”的顶层设计

以人性化的理念，以南京本地的实际情况为根本，着重关注“平等的图书馆服务联盟方式”“充分尊重各级图书馆的关切”和“优先鼓励区图书馆发展分馆”三个层面，并以此作为核心原则来设计“南京模式”。

平等的图书馆服务联盟方式。南京模式的设计，是以金陵图书馆（南京市级图书馆）为中心馆，各区图书馆为骨干馆的图书馆联盟模式，各骨干馆之间，没有总分之别，主次之分。南京模式打破了图书馆条块分割的局面，将南京市公共图书馆的服务作为一个整体来规范和管理。从各个图书馆角度来看，本质上仍是以自身的业务实际为出发点，如文献资源建设、服务方式拓展等。但从读者角度来看，拥有的资源是联盟内所有图书馆资源的总和，凭借任何一张成员馆的借书卡，就可以借阅任何一家成员馆的图书。而各图书馆所需要做的，仅仅是通过技术手段，接纳联盟内其他成员馆的读者。

书香金陵 地铁随行——金陵图书馆地铁分馆

金陵图书馆锁金村街道分馆

金陵图书馆樱驼花园分馆

充分尊重各级图书馆的关切。由于我国公共图书馆的建设主体是各级政府，图书馆的经费来源于各级财政的投入，各级图书馆之间只有业务关系，而非从属关系。因此，南京模式在设计之初，就是本着充分尊重、平等对待各图书馆的原则。各图书馆不因加入联盟，而改变其发展战略和服务模式，各图书馆购书经费的使用，馆藏文献的建设，仍由各馆自行处理。研究表明，总分馆制建设较为成功的，往往是在小城市较多。相反，在历史悠久、文化基础较好的大中型城市中，实施成功的案例寥寥无几。因此，南京模式的基础不是谁领导谁、谁取代谁，而是充分尊重、平等对待。

优先鼓励区图书馆发展分馆。市级图书馆作为服务联盟规范制定者，在业务发展上对各骨干馆起到指导和榜样作用。自 2006 年以来，金陵图书馆先后在街道、社区建立了数十家分馆，分馆的借阅量、办证量也逐年上升。随着南京模式的提出，金陵图书馆分馆建设的战略有所调整，以鼓励各区图书馆发展分馆为主，金陵图书馆“补白”为辅。金陵图书馆将建设社区分馆的方法、经验向各区图书馆推广，鼓励有条件的各区图书馆拓展自己的服务阵地，开设分馆，必要时还给予现场指导和技术支持。各区馆也积极响应，在各自的分馆建设上，收获颇丰。

“总分馆制”是随着构建公共图书馆服务体系的任务而提出的，南京的实践模式并未冠以“总分馆制建设”的标签，而是以“全市公共图书馆通借通还一卡通”的提法进行规划设计的，其本质是“区域内图书馆服务联盟建设”。“总分馆制”不应该限于某种固定模式，可以根据城市级别、规模大小、经济发展水平等来划分，采用不同的模式，一方面因地制宜激励各地公共图书馆建设总分馆，另一方面在实践中逐步加强融合，突破障碍，向着完全统一的目标迈进。

南京市江宁区图书馆汤山街道分馆

金陵图书馆在盲人较为集中的企业里设立的盲文及有声读物分馆

真正意义上的公共图书馆总分馆制建设，是体系上的“直管型”，这是今后总分馆建设的发展方向，在公共图书馆管理体制改革上，以城市为中心，整合市区各级公共图书馆资源，对区及以下图书馆实行双重管理体制，在中心馆设立图书馆管理中心，赋予一定的行业管理权限，在现有市区“分灶吃饭”管理格局不变的前提下，以中心馆为总馆，各区馆为分馆的核心架构，由图书馆行业间松散式推进，转向由政府主导和行业垂直管理的制度化推进，建设以“通借通还一卡通”为主要模式的公共图书馆总分馆制服务体系。

在街头设立的 24 小时自助图书馆方便了市民读者

图书馆服务联盟“南京模式”的具体实施

近年来，在普遍均等的公共图书馆服务体系建设背景下，全国各地公共图书馆总分馆建设，出现了多种建设模式。但很少是真正意义上的总分馆制，而更应该称为“区域性服务联盟”，但这些探索，都在不同程度上推动了公共图书馆服务体系建设向前发展。南京模式的具体操作主要如下。

（1）网络建设，整合推进。南京模式的实施在网络建设方面具有得天独厚的优势。这源于文化信息共享工程、数字图书馆推广工程以及公共电子阅览室建设这三大数字文化工程，在南京较早、较好地开展。早在2008年，南京市就建成了覆盖全市所有街镇的共享工程VPN网络，截至2013年，共享工程VPN网络已覆盖全市所有社区（约1200余家）。共享工程VPN网络的全覆盖，为各级图书馆的分馆建设具备了硬件和网络基础。理论上，只要条件成熟，所有共享工程基础服务点均可以成为分馆。

同时承担共享工程基层服务点的金陵图书馆富贵山分馆

（2）数字资源，联盟共享。联盟馆之间不仅仅是图书的通借通还，还是数字资源的共建共享。共享工程VPN网络，不仅是支中心与基层服务点之间的互联互通，也是市级支中心（市图书馆）与各级区支中心（区图书馆）之间的互联互通。南京各级公共图书馆之间的网络可以看作一个整体，一个跨越了地域限制的局域网。因此，在数字资源的利用上，不再局限于一个馆。基于 VPN 网络，通过技术手段，便可实现各馆购买的商品资源抑或是各馆自建的特色资源，共享给其他成员馆使用。

（3）多种方式，互为补充。通过多种服务手段、方式，为更多的人尤其是特殊群体、弱势群体提供便利的服务，也是重要的内容。金陵图书馆开设了“汽车图书馆”，通过流动服务，弥补服务范围的局限。“汽车图书馆”自 2008 年开通以来，每周能固定时间段和地点，进行流动服务，风雨无阻，受到了广大市民的好评。此外，流动车在非服务时段，还承担着各分馆间图书调配、预约取书等任务，确保每个分馆的图书年更新率在 60% 以上。考虑到特殊人群或机构的阅读需求，金陵图书馆还在敬老院、看守所、部队营区等地方设立服务点，采用非流通借阅、定期换书的方式开展服务。此外，还鼓励各区图书馆建设汽车图书馆和 24 小时自助图书馆等服务项目，共同完善图书馆服务联盟的体系建设。

遍布街道社区的共享工程基层服务点提供给市民大量的数字化信息资源阅读

汽车图书馆作为补充，流动服务，风雨无阻

（4）活动推广，面向联盟。公共图书馆的基本服务除了文献提供外，还包括公益讲座、阅读推广等读者活动。南京模式不仅是联盟内文献及数字资源的共享，还是公益活动的平台。获文化部群星奖的金陵图书馆品牌讲座——金图讲坛，也面向基层走进各区图书馆，甚至街道、社区分馆，为群众带来各类精彩而生动的讲座。

金图讲坛到基层

综上所述，所谓“总分馆制”，本质上只是一种理念，只是一种引导，而不是一种唯一的、排他的建设模式。南京模式绝不仅仅是一种单纯的总分馆服务形式，更多的是一种思想，即以市馆为中心，在平等对待、充分尊重各区图书馆关切的基础上，通过形成中心馆—骨干馆联盟的方式，整合各类资源，面向联盟内所有读者开展包括文献提供、数字资源获取、公益讲座在内的一系列服务。

第四届南京都市圈市长峰会

第四届南京都市圈市长峰会
The 4th Mayor Summit Of Nanjing Metropolitan Region
共建·共享·同城化

05

第五章

南京都市圈城市图书馆服务一体化

“南京都市圈”源于国家计委一份关于中国大都市圈的研究报告。这份报告提出：南京可以联合安徽几个城市和扬州、镇江、共同构造一个长江中下游大都市圈。报告认为，以南京为中心的都市圈地区具有相对完整的大工业体系，这里距上海有一定距离，又与安徽的经济往来密切，从人口、地理位置和经济总量等方面都具备形成大都市的条件。

“南京都市圈”概念的提出

“南京都市圈”是一个跨省城市群，地跨苏皖两省，在吸收部分江苏城市外，又纳入部分安徽城市，是因为安徽东部城市在地缘、人文、方言以及经济联系上和南京有很大的关联度。

南京都市圈以南京为龙头，地跨苏皖两省，面积达43236平方公里，覆盖人口约2600万人。南京都市圈的成员城市有南京市、马鞍山市、滁州市、镇江市、扬州市、芜湖市六市全部行政区域以及淮安市下辖的盱眙县、金湖县。

南京都市圈“承东启西、承南接北”，历史上是吴楚文化的交汇地带、南北文化的交融区域，同时也是近代文明兴起之地，集历史、近代、现代特色文化于一身，融吴楚文脉、南北文化、中西文明于一体，具有兼容并蓄、富有活力和创新精神的多元文化特征，基础产业实力雄厚，科教优势明显，文化底蕴深厚，是长江三角洲地区重要的基础产业、制造业、科教文化基地之一。

2010 年 4 月在南京召开的第四届南京都市圈市长峰会

南京都市圈自 2002 年建立合作机制以来，在经济合作、文化交流、社会发展等方面开展了大量富有成效的工作，特别是 2013 年成立了南京都市圈城市联盟，积极探索跨区域合作，逐步形成了有效的协调机制，区域合作进一步向深层次宽领域推进。国家法改委要求，围绕“共建、共享、同城化”的目标，要高度重视、加快南京都市圈一体化建设，在推进东中部地区联动发展、推动长江经济带区域发展、推动跨省区域合作发展中起典型示范作用，努力把南京都市圈建设成为我国区域发展中的又一新亮点。

根据《共同编制南京都市圈区域规划合作协议》和《南京都市圈近两年工作推进纲要》的原则，结合公共图书馆事业发展和社会服务的特点，金陵图书馆邀请了在“南京都市圈”内的马鞍山图书馆、淮安图书馆、镇江图书馆和扬州图书馆等核心区域公共图书馆来宁进行交流和协商，就《南京都市圈城市图书馆馆际互借服务规则》《关于建立资源共享合作平台的协议》《南京都市圈城市图书馆业务技术规范问卷调查》等 3 个文件的起草进行讨论，相互交流了信息资源社会需求、信息管理系统、管理服务技术规范和馆藏信息资源情况。

2013 年 10 月，南京都市圈城市发展联盟城乡规划专业协调委员会成立

金陵图书馆与安徽马鞍山的图书馆一体化合作

宁马图书馆一体化合作是以数字化服务为手段，跨省跨行政区域进行文化交流与服务的一次创新。首次尝试的合作内容主要有相互接纳有异地阅读需求的对方读者为本馆的认证读者；相互开放网络资源，供双方研究型读者学习使用；建立南京市公共图书馆和马鞍山市公共图书馆的书刊联合目录查询系统，做到馆藏书目数据资源共知共享等，在充分发挥两馆数字资源利用最大化的同时，为两市经济建设、社会发展提供强大的信息资源支撑。宁马图书馆一体化合作对于促进两地公共文化发展，便捷阅读惠及两市市民，提升两馆各自社会影响力，实现区域文化协作推进马鞍山与南京文化一体化发展，加快南京都市圈建设具有重大意义。

2011 年 10 月，金陵图书馆与安徽省马鞍山市图书馆正式签订一体化合作协议

创建“南京都市圈图书馆服务平台”

在知识产权保护相关框架内，有选择地相互开放部分各馆馆藏特色的网络资源，供各方研究型读者学习使用。“南京都市圈图书馆服务平台”网页包括的栏目有都市圈成员馆资源介绍、馆藏书目检索系统、数字化资源检索与服务平台、远程访问系统、联合参考咨询系统以及动态报道等。研发支持将都市圈核心区图书馆的书目信息资源加入到都市圈核心区各馆的馆藏书目的联合查询与检索系统的功能。建立起南京都市圈公共图书馆书刊联合目录查询系统，做到各馆馆藏书目数据资源共知共享。在各自主页上增加“南京都市圈图书馆服务平台”的网页，公示都市圈图书馆联合服务规则，并提供对成员馆主页的链接。制定相关联合服务规则，相互接纳有异地阅读需求的对方读者为本馆的认证读者。

南京都市圈图书馆服务平台网页截图

与都市圈内其他公共图书馆在资源共享合作等方面进行对接

对各自图书馆的资源进行共享、优化和整合，以达到促进各地文化发展，为便捷阅读惠及各市市民，加快推进跨市图书馆服务一体化，提升各自社会影响力，取得良好社会效益的合作目的。金陵图书馆在加快自身发展的同时，与推进南京都市圈公共服务同城化进程紧密结合，与都市圈核心区域城市图书馆之间协商制定读者服务方面的业务规范协议，根据需求，重点补充地方特色资源，实行信息资源优势互补，在读者相互认证、数字资源共享、联合目录查询等技术领域深入展开合作，形成了行之有效的对接，从而使各馆持证读者能够方便地使用成员内其他图书馆的数字资源。

共建、共享、同城化，是南京都市圈的共识

在资源整合框架的基础上，完善各主题、资源群及各资源子库的结构，丰富、扩展信息资源内容，优化标引体系，增加信息的治标深度和广度，搭建一个公益性的元数据的交换平台，在充分揭示文化信息资源收藏的基础上，为逐步实现都市圈各图书馆信息资源的共知、共建、共享及开展网上服务奠定基础。

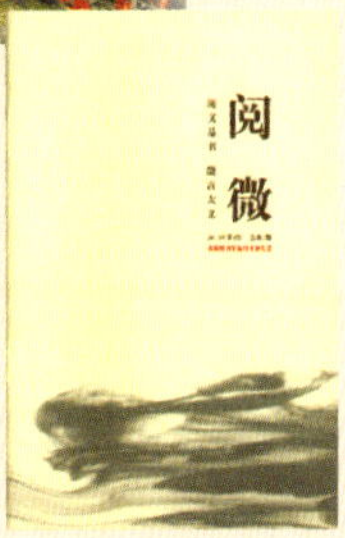
阅
微

金图讲坛
国学的现状与未来
主讲：孟宪实

06

第六章

持之以恒的特色服务品牌

“金图讲坛”

1981 年 1 月 21 日的《南京日报》刊出一条消息，“市人民图书馆和省作协外国文学委员会决定自今年起联合举办外国文学讲座，每月一次，内容为评价外国名著和当代作品、流派，普及外国文学知识。今天下午二时将首次邀请作家、《呼啸山庄》译者杨苡，在市图书馆主讲：《漫谈〈呼啸山庄〉》。”。从此，金陵图书馆面向广大市民开办的公益性知识讲座这一延伸服务项目拉开了帷幕。

南京日報

NANJING RIBAO 第 737 号

1981年1月21日 星期三 农历庚申年十二月十六

南京化学工业公司加强思想政治工作

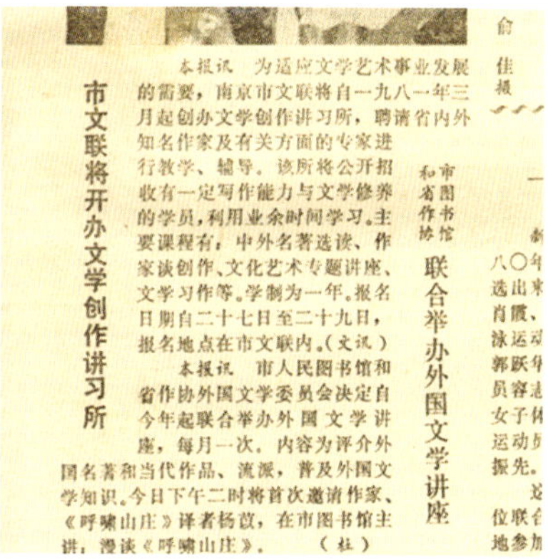

市文联将开办文学创作讲习所

本报讯 为适应文学艺术事业发展的需要，南京市文联将自一九八一年三月起创办文学创作讲习所，聘请省内外知名作家及有关方面的专家进行教学、辅导。该所将公开招收有一定写作能力与文学修养的学员，利用业余时间学习。主要课程有：中外名著选读、作家谈创作、文化艺术专题讲座、文学习作等。学制为一年。报名日期自二十七日至二十九日，报名地点在市文联内。（文讯）

市图书馆和省作协联合举办外国文学讲座

本报讯 市人民图书馆和省作协外国文学委员会决定自今年起联合举办外国文学讲座，每月一次，内容为评介外国名著和当代作品、流派，普及外国文学知识。今日下午二时将首次邀请作家、《呼啸山庄》译者杨苡，在市图书馆主讲：漫谈《呼啸山庄》。（杜）

1981 年，《南京日报》首次刊登金图讲坛的预告消息

金陵图书馆的“金图讲坛”在南京地区乃至省内外图书馆界被公认为是面向社会大众最早创办的公益性文化讲坛之一，起始于 20 世纪 80 年代初期，一直延续至今。金图讲坛始终以围绕中心服务大局为己任，坚持“三贴近”的服务宗旨，紧紧把握时代脉搏和群众需求，精选讲题，广邀名师，为广大市民累计献上了数千场思想性、时代性与针对性、普及性有机结合的讲座。

2010 年，特邀荣获日本芥川文学奖的华裔女作家杨逸主讲“中日两国的文学比较”讲座

2007 年，特邀著名京剧表演艺术家尚长荣主讲《激活传统，融入时代》讲座

2009 年，特邀著名作家王蒙主讲《60 年文学中的情爱》讲座

20 世纪 80 年代初至 90 年代中叶，正值改革开放实践在全国渐次铺开，国家的整体经济实力不断上升，同时，随着盘踞在社会各领域多年的各种屏障、藩篱和枷锁逐渐瓦解，个人的对外交流逐步畅通，思想束缚也随之迅速解脱，人们不再满足于坐井观天，闭门造车，对外界的科学技术、文化知识以及其他各类信息的追求呈现出一种前所未有的积极态势。金陵图书馆察觉到社会大众强烈的求知欲望与社会文化的宣传普及程度之间存在着巨大的落差，于是顺应社会需求，同时也是发挥图书馆应尽的社会教育职能，面向社会公众率先开展各类公益性讲座活动，大大满足了人们强烈的求知需求。自 1981 年金图讲坛首场讲座正式开锣，以此为肇端，根据社会需求，金陵图书馆在此后按月定期地举办各类讲座和报告会。

1996年以后，金陵图书馆更加坚定了举办公益性知识讲座的时代责任感，深感这是在面对错综复杂的国外形势和我国深化改革的国内局面，教育广大市民和读者保持清醒的发展思路的有效方式。自此以后，金图讲坛初步形成了“国际时事”“文学欣赏”“市民热点”和“科学普及”四个系列。从此，金图讲坛趋于稳健和成熟，明确以围绕中心、服务大局为己任，坚持贴近民众、贴近实际、贴近生活的服务宗旨，精选讲题，广邀名师，热心服务，每年为广大市民献上了各类有知识、有乐趣、有启发、有收益的讲座100场以上。它以其亲民开放的品牌形象、学界青睐的平台优势、天长日久的民众基础和及时敏锐的选题策划而深受各阶层市民欢迎。

2007年，文化部在天津召开全国公共图书馆延伸服务经验交流会，会议要求各级图书馆要充分利用馆藏文献和设施等条件，充分利用现代信息网络技术，狠抓图书馆内涵建设，通过完善图书馆服务网络，举办讲座、展览、培训，开展网上服务等方式，积极拓展图书馆社会教育功能，增强服务辐射能力，扩大服务覆盖面，丰富服务内容与方式，为社会公众提供多样化、个性化服务，使图书馆的服务广度与深度都得到延伸，提高了公共文化服务能力。根据这一时代背景和公众需求，金图讲坛业务开始逐步扩大服务对象，提升自身定位，致力于不断提高南京市民的知识水平和文化素质，同时也关注各级领导干部的综合素质和决策管理水平，整合了金陵图书馆优秀讲座资源的金图讲坛划分更细致，层次更明确，对象更广泛，初步形成了“名家讲座”“时事政治”“经济观察”“文化南京”“城市规划”“文学讲评”“艺术鉴赏”“卫生保健”“普法教育”“传统文化”“名师辅导”“史事评说”“少儿益智”“文博考古”“科普天地”“继续教育”等不同系列的讲座群，不仅在本馆主报告厅开讲，还通过“金图讲坛巡回讲”活动，拓展到区县、街道、社区、学校、军营、监狱等，讲座内容覆盖面横向不断扩大，层次定位兼顾普及与提高，从而更好地满足了不同受众的多样性、差异性、选择性等个性化需求。发展至今，金图讲坛坚持从读者需求出发，紧扣当下热点，注重人文关怀，坚持普及、提高与启发相结合，成为营造南京学习研究氛围、推动学习型城市建设的重要窗口。

比如，2012年1月21日，农历兔年的最后一个工作日，金陵图书馆邀请到香港凤凰卫视著名记者闾丘露薇女士做客金陵图书馆报告厅，以访谈的形式为听众主讲《国际新形势与2012中国的发展》。闾丘露薇女士与主持人侃侃而谈，在上述大主题的框架下，从政府公共外交的责任、关注民生的社会意义、社会公众人物应怎样利用自身的影响力和南京的城市文化等四个方面逐一向观众阐释自己的观点和想法。期间，主办方更多次安排了观众提问环节，使观众能与闾丘露薇女士现场互动，就自身感兴趣的话题与她交流探讨，与这位知名媒体人零距离接触。听众认为此次讲座形式上轻松活泼，交互性强，信息量大，尤其是闾丘露薇女士广博的视野、丰富的经验和独到的见解，对于弘扬新时代人文精神、提升公民文明素质和提高城市文化品位，都有极大的启发和借鉴意义。

2012 年，特邀香港凤凰卫视著名记者闾丘露薇主讲《国际新形势与 2012 中国的发展》讲座

比如，2012 年 6 月 12 日，金图讲坛邀请央视“百家讲坛”主讲人、中国人民大学国学院副院长孟宪实教授主讲《国学的现状与未来》。为了配合此次国学专题讲座，金陵图书馆还在图书借阅部门开设了国学专题书架，向广大读者推送优秀的国学典籍和普及读本。

孟教授从国学的概念、近代国学命运、当今我国国学现状和变化、国学对世界的贡献等几方面阐述了国学的魅力。他指出，国学是对中国文化的学术概括，也是中华民族自身的文化特征，因此，学习国学是真正成为中国人的必由之路。针对国学现状，孟教授认为国学在今日中国的整体文化中，处于边缘化和碎片化的地位，这是中国长期面对西方文化自由选择的结果，也是中国近代以来整体文化设计的结果，而国学缺失的严重后果则是文化自信力的丧失，社会道德的滑坡。同时，孟教授也谈及，近几年来国学有热度、有传播，国学热日渐高涨，中华民族从上到下都开始重视与传统文化的对接，越来越多的人开始阅读经典，从中汲取能量，文化学者于丹及其著作的大热就是一个明显的例子。因此，要实现中华民族文化复兴，既要看到世界文化发展大势，也要认清中国传统文化拥有的优势，传统与现代化完全可以并存，而绝非相互排斥的关系。

在整整两个小时的演讲中，孟教授脱稿而谈，对国学的诸多方面旁征博引，如数家珍，娓娓道来，见解独到且分析精妙，不得不让人敬佩他的博学和深刻。听众们也纷纷表示，听他的讲座就像看电视剧一样兴奋、过瘾，图书馆准备的这份国学大餐，滋养了身心，带来了精神的震撼，在“润物细无声”中感受到国学文化的博大精深，学会了反思现实社会，反思自己的人生，对生命有了更深的理解。

正如孟教授所言，国学是中国文化的特质和象征，是中国人的文化基因。金陵图书馆历来重视国学教育的开展，此次国学专题讲座就是金图开展优秀传统文化教育的一种重要形式。多年来，金陵图书馆通过讲座、培训、文献资源推送等多种方式坚持开展公益性、多形式、多层次的传统文化教育，今后也会一如既往地为弘扬优秀传统文化，提高全民素质，建设和谐社会做出了积极的贡献。

2012 年，特邀中国人民大学国学博士生导师孟宪实教授主讲《国学的现状与未来》讲座

再如，2012 年 10 月 23 日下午，金图讲坛特邀“国家图书馆部级干部讲座”特聘讲师、年逾 80 的资深学者资中筠先生主讲《解放文化束缚，推进民族复兴》。曾为毛泽东主席、周恩来总理当过翻译的资中筠先生涉猎广泛，学识渊博，见解精辟，吸引了党政机关、高等院

校、共建单位等300多名干部及读者慕名而来。

资中筠先生在讲座开始时，首先对文化的理解进行了梳理。她认为文化分为几个层次。一个就是人类从野蛮走向文明，从古代走向现代，都是共同的方向，这是大文化，是全人类共同的目标。第二是大家的伦理道德也就是价值观类似，善恶标准都是朴实的，并无太大区别。三是各国各民族语言、艺术、生活习惯、风俗是各有特色，丰富多彩且相互影响。

随后，资中筠先生就“制度导致文化”“文化倒退”“文化侵略”等问题，作了透彻的分析和论述，全面阐释了自己对文化的理解。资先生认为中国的一些俗话，如“祸从口出”“各人自扫门前雪”就是由长期的封建制度产生的。现在许多人担心文化安全，认为西化太多，是一种文化侵略，资中筠先生认为这只是一种有益于国民的文化渗透。

最后资中筠先生总结说，中国要文化复兴，就要追求先秦精神，百家争鸣。要吸收外来精华文化来改造我们的文化。思想不能用钱来买，也不是能用钱来推广的。需要进行新的公民教育，而不是一味地发扬传统文化。

讲座的后期，资中筠先生特意留有半个小时的时间给听众提问。听众提问踊跃，所提内容也很犀利。资中筠先生就“高校课程改革”等问题与观众进行了交流互动。讲座在热烈的气氛中结束，在场听众们纷纷表示获益匪浅，意犹未尽。

2012年，特邀著名学者资中筠主讲《解放文化束缚，推进民族复兴》讲座

时至今日，“金图讲坛”已经走过了30多年的历程。上级部门和社会各界对金图讲坛青睐有加，《中国文化报》曾以《墙内花开香四方——金图讲座印象记》为题予以专题报道，在江苏省文化厅组织的第三、第四届全省公共图书馆优秀服务成果评比中，“金图讲坛”连续荣获特等奖和一等奖等殊荣，并于2010年荣获国家文化部颁发的“群星奖”。随着信息社会知识经济的进一步发展，金图讲坛将继续秉持现有的办讲理念，坚持鲜明的办讲特色，创新有效的办讲举措，未来的发展之路会更加宽广。

《阅微》

《阅微》创刊号封面

“读书如游山，触目皆可悦。千岩与万壑，焉得穷曲折。烟霞涤荡久，亦觉心胸阔。所以闭柴荆，微言终日阅。”这是清朝名士纪晓岚为他的阅微草堂写的诗。

“阅”的本意是指看，察看，经历，总聚和汇集；“微”是微言大义，微中有妙，也是人生冷暖，微小如尘，这是纪晓岚的悟道，也正应了金陵图书馆创办《阅微》阅读指导与图书评论小刊物的初衷。

阅文品书，微言大义，是《阅微》的精义所在，力图倡导平民阅读和书香社会，倾向于大阅读的理念，提倡传统经典阅读。阅读可以获取知识，丰富生活，涤荡心灵，启发人生。在这个书排着队等人的时代，把可以表达出来的阅读中的收获和疑惑说出来，是自我的总结，是对创作的参与，也是分享的乐趣。

《阅微》自2010年10月创刊以来一直深受广大读者的关注和喜爱，专稿与文笔栏目面向普通读者征稿，为读者提供一个平民化的创作舞台；赏读栏目刊登各种经典篇章，发现文学中被忽略的精彩；荐书栏目推荐与每一期主题相关的各种书籍文丛，引导读者充分利用馆藏图书资源。

近年来，我国各级各类图书馆自编自印的阅读推广类报刊，已日益成为深入而广泛地开展全民阅读推广工作的重要载体。如今，文化越来越成为民族凝聚力和创造力的重要源泉，丰富精神文化生活也越来越成为人民的热切愿望。金陵图书馆立足馆藏资源的自身优势，充分发挥文化教育的社会职能，满足群众的阅读需要，积极开展各种全民阅读活动，从每一片的“微”开始，不仅在读书中完成我们的过去，更铺陈现在，指向未来。从小刊物到大阅读，从细微处贴近群众，服务群众，引导广大群众多读书、读好书、勇创作，进一步推进全民阅读推广工作，培育全社会的阅读风尚。

小刊物，大阅读，是《阅微》办刊思想之一

《阅微》是金陵图书馆公益性阅读指导刊物，现为双月刊，32 开，48 页，每期都会推出一个文化主题，已经成为越来越多的人们读书生活中的一种期盼，并且在朋友中广泛传阅，口口相传的力量把《阅微》带到更多人的视野中。

在“2014 年中国图书馆界阅读推广类内刊内报专题座谈会”上，《阅微》被授予“2014 中国图书馆阅读推广类十佳内刊内报”称号

“18 法律咨询广场”

金陵图书馆和南京市律师协会从 1994 年 12 月 18 日起，共同创建“18 法律咨询广场”，每月 18 日在金陵图书馆固定时间、固定场所举办，风雨无阻，从未间断，至今已达

20 多年。金陵图书馆充分运用丰富的馆藏法律法规类文献资源，采用计算机检索方式，帮助市民查阅各类法律法规文件信息，提供文献线索和法律依据；南京市律师协会负责委派各律师事务所承担现场法律咨询和法律援助工作。

“18”意为“要法”，旨在司法与文化携手合作共同传播法律文化，提高图书馆丰富的法律法规类文献信息的利用率；关注社会弱势群体，维护他们的合法权益；向广大市民面对面地讲解法律，帮助解疑解惑，引导市民遇到生活、经营中的困难和问题通过法律渠道依法处理，避免感情用事、酿成社会问题，从而维护社会稳定；为依法治市做好社会工作、群众工作，创造出法治氛围；以法律服务形式开展的公益活动，成为全市精神文明建设的新窗口，推进依法治市的新发展。

1994 年 12 月，“18 法律咨询广场”正式启动

“18 法律咨询广场”发挥出了专家和法律类文献信息资源的优势，深受市民欢迎

“18 法律咨询广场”开办以来，群众法律咨询数量在增加的同时，咨询的内容呈现出两个趋势。一是咨询内容更加集中，主要涉及房产、婚姻家庭、经济纠纷、劳动争议、人身财产损害赔偿、邻里纠纷等内容，说明群众在法律意识增强的同时，更加注重自身权益的维护，更加关心自身权益有无受到侵犯。二是群众咨询的问题开始涉及专业化、高层次的内容，行政诉讼、医疗事故、环境保护、知识产权、金融证券、海事贸易、商事仲裁等问题等也不时被咨询。从调研抽样中看出，咨询房产问题、婚姻家庭问题、经济纠纷、劳动争议问题、人身、财产损害赔偿问题以及邻里纠纷等方面的咨询占总咨询量的 80% 以上。

“18 法律咨询广场”活动的开展，充分体现了法治建设的民本内涵，使法治建设真正成为体现民意、贴近民情、让群众成为法治建设真正的受益者。

"18 法律咨询广场" 在金陵图书馆新馆继续举办

南京市律师协会和金陵图书馆经常一起商讨和分析法律咨询的应对之策。针对两个趋势的出现，"18 法律咨询广场" 一是扩大广场规模，不单是律师坐堂，还联动法院、检察院、公证、规划、劳动、消协、工会和妇联等有关部门，增加服务主体，满足群众的法律需求，并邀请新闻媒体加盟，开设 "律师热线"，对群众咨询集中的 "热点" 问题，登报集中解答，赢得了广大群众的赞誉。二是针对市民中出现的了解和学习高层次法律知识的新动向，重视建设法律法规文献特藏，加大法律类书刊资料的收集、整理，供市民查阅。这些措施，既满足了群众需要，也发挥了图书馆的信息传递功能，普及了法律文化，使 "18 法律咨询广场" 活动向深度、广度展开。

"18 法律咨询广场" 常年开讲的 "法律知识系列讲座" 持之以恒，从未中断

在普法工作方面，我国图书馆界并没有现成的模式可照搬照套。金陵图书馆大胆实践、

探索创新，在实践中不断总结工作创新经验，提出“特色创建、面向市民，最大限度发挥馆藏文献信息资源的普法教育作用”的创建思路。“18 法律咨询广场”已成为广大市民身边的法律咨询顾问。同时，金陵图书馆还积极寻求法律咨询服务与馆藏资源建设、文献信息服务以及特色数据库建设之间的有机结合，在确保每月一次集中定点咨询的基础上，举办主题征文、法律知识竞答和法律专场讲座等形式多样的咨询、交流和普法宣传活动，为经济社会发展营造良好的法治氛围做出了贡献。

20 年来，“18 法律咨询广场”被誉为南京“精神文明建设的窗口”“传播法律文化的阵地”“每月风景线”“图书库里会说话的资料”。

07

第七章

文献交换与国际交流

金陵图书馆长期与多个外国文化机构或民间组织有着紧密的联系和合作，先后与日本名古屋市鹤舞中央图书馆、日本福冈县图书馆、美国明德图书馆基金会、日本国际交流基金会等机构，建立出版物交换和馆员专业学术交流联系。由于进行国际文献交换，逐步形成的日文原版书刊和英文原版书刊特色馆藏文献，成为南京市民了解外国文化的重要窗口和渠道。另外还收藏有美国前任驻华大使洪博培赠送的一幅油画作品。金陵图书馆与美国、以色列、墨西哥等很多国家建立起了良好的合作关系，并合作举办过各类展览。

日本名古屋市鹤舞中央图书馆给予的图书

美国前任驻华大使洪博培赠送的油画作品

近年来，为落实中非文化交流与合作3年北京行动计划，推动中非各100家文化机构开展长期对口合作，并以此为平台，全面加大中非文化领域的人力资源开发与合作，协助非洲国家发展文化事业，由国家文化部牵头，金陵图书馆先后与尼日利亚国家图书馆、加纳国家图书馆管理当局和刚果（布）国家图书馆签订合作交流谅解备忘录，就建立出版物交换关系、设立“中国图书之窗”、书目著录标准化培训、图书馆计算机自动化管理和珍贵文献保护与修复技术培训等合作事项，进行仔细深入地探讨和商议，还分别赠送中国近期出版的英文图书，内容主要包括中国经典文学名著、中国知名作家著作、介绍南京的著作以及儿童文学著作，让非洲各国人民更了解中国，用知识的力量带动文化的交流。

金陵图书馆与尼日利亚国家图书馆签订合作交流谅解备忘录

金陵图书馆与加纳国家图书馆管理当局签订合作交流谅解备忘录

金陵图书馆与刚果（布）国家图书馆签订合作交流谅解备忘录

明德英文少儿图书馆

明德英文少儿图书馆是金陵图书馆与美国明德图书馆基金会（Apple Tree Library Foundation）于2008年合作成立的南京市第一家非营利性少儿英文图书馆，专门收藏由美国明德图书馆基金会捐赠的原版英文书籍和多媒体资料，以面向南京市及周边地区爱好学习英语的学龄前儿童、中小学生及学生家长、教育工作者和其他需要本馆所藏资料的读者为服务对象，提供英文书籍外借、阅览、咨询和导读服务，以期通过文字读物流通及其相关活动，丰富儿童文化，培养阅读习惯，激发读者学习英文兴趣。

明德英文少儿图书馆内景

美国明德图书馆基金会

美国明德图书馆基金会是由美籍华人萧宗庆女士（Cathy Hsiao）、倪少毅（Charles Ge）于2002年在美国加州创建的民间公益组织。基金会通过募集资金购买各类原版英文青少年读物，并定向捐赠给中国的少儿图书馆机构，建立起各具特色的英文少儿图书馆，并通过这种方式满足中国青少年的英文读物阅读需求。

同时，美国明德图书馆基金会还常年招募义工，推荐在美国的华裔学生前往中国各地的明德英文图书馆，义务开展阅读指导活动，通过与当地的儿童一起读故事书、唱歌、玩游戏和进行中英文对话交流等多种形式，引导孩子们在“悦读”中阅读，培养孩子们的读书兴趣，给小读者及其家长留下了极好的印象，也形成了难忘的学习经验。

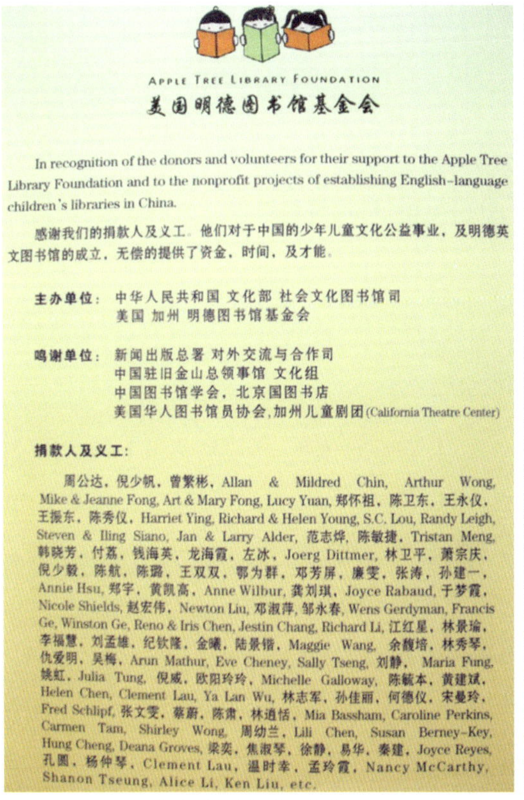
APPLE TREE LIBRARY FOUNDATION
美国明德图书馆基金会

In recognition of the donors and volunteers for their support to the Apple Tree Library Foundation and to the nonprofit projects of establishing English-language children's libraries in China.

感谢我们的捐款人及义工。他们对于中国的少年儿童文化公益事业，及明德英文图书馆的成立，无偿的提供了资金，时间，及才能。

主办单位：中华人民共和国 文化部 社会文化图书馆司
美国 加州 明德图书馆基金会

鸣谢单位：新闻出版总署 对外交流与合作司
中国驻旧金山总领事馆 文化组
中国图书馆学会，北京国图书店
美国华人图书馆员协会，加州儿童剧团(California Theatre Center)

捐款人及义工：

周公达，倪少帆，曾繁彬，Allan & Mildred Chin, Arthur Wong, Mike & Jeanne Fong, Art & Mary Fong, Lucy Yuan, 郑怀祖，陈卫东，王永仪，王振东，陈秀仪，Harriet Ying, Richard & Helen Young, S.C. Lou, Randy Leigh, Steven & Iling Siano, Jan & Larry Alder, 范志烨，陈敏捷，Tristan Meng, 韩晓芳，付荔，钱海英，龙海霞，左冰，Joerg Dittmer, 林卫平，萧宗庆，倪少毅，陈航，陈璐，王双双，鄂为群，邓芳屏，廉雯，张涛，孙建一，Annie Hsu, 郑宇，黄凯高，Anne Wilbur, 龚刘琪，Joyce Rabaud, 于梦霞，Nicole Shields, 赵宏伟，Newton Liu, 邓淑萍，邹永春，Wens Gerdyman, Francis Ge, Winston Ge, Reno & Iris Chen, Jestin Chang, Richard Li, 江红星，林景瑜，李福慧，刘孟雄，纪钦隆，金曦，陆景僖，Maggie Wang, 余馥培，林秀琴，仇爱明，吴梅，Arun Mathur, Eve Cheney, Sally Tseng, 刘静，Maria Fung, 姚虹，Julia Tung, 倪威，欧阳玲玲，Michelle Galloway, 陈毓本，黄建斌，Helen Chen, Clement Lau, Ya Lan Wu, 林志军，孙佳丽，何德仪，宋曼玲，Fred Schlipf, 张文雯，蔡蔚，陈肃，林道恬，Mia Bassham, Caroline Perkins, Carmen Tam, Shirley Wong, 周幼兰，Lili Chen, Susan Berney-Key, Hung Cheng, Deana Groves, 梁奕，焦淑琴，徐静，易华，秦建，Joyce Reyes, 孔圆，杨仲琴，Clement Lau，温时幸，孟玲霞，Nancy McCarthy, Shanon Tseung, Alice Li, Ken Liu, etc.

明德基金会捐款人鸣谢榜

明德基金会致力建设的儿童图书馆必须具备以下条件：

建成一个能允许孩子们无拘无束地提问，自由地发挥想象力，尽情地利用图书馆馆藏的读书场所，让每个小读者体验阅读的快乐和满足；

图书馆管理提倡以小读者为本位，调动促进个体之间协调互动；

图书馆员必须实现新的角色换位，把工作重心放在吸引孩子们利用图书馆，如告诉孩子们图书馆怎样对图书进行分类，怎样才能找到他们喜爱的读物，鼓励孩子们利用读物，帮助孩子选择读物等方面。

目前，美国明德图书馆基金会已向金陵图书馆捐赠20,000余册原版英文少儿图书，另外还在厦门少儿图书馆、桂林少儿图书馆、荆州少儿图书馆、杭州少儿图书馆、湖南桃江兰秀图书馆、上海民立中学图书馆、合肥市少年儿童图书馆、福建省第一中学、大连少儿图书馆、咸阳图书馆和北京的首都图书馆等捐赠建立了近20家“明德英文少儿图书馆”。

由基金会捐赠的原版英文图书，内容包括文学、体育、科普、历史等学科，还有相当一部分低幼读物。这些图书的英文难易程度相当于学前至美国小学高年级水平，适合我市中小学生阅读。而图书馆方面则在紧张的馆舍中专门开辟了数十平方米的空间作少儿馆之用，并抽调和新进了一批具备儿童教育经验和学历的专门人才组建了少儿部，以确保开放后的英文少儿图书馆能够较好开展工作。

美国明德基金会与金陵图书馆在儿童阅读理念、资源建设以及阅读指导活动的组织与实施等方面存在着高度共识。

首先，基金会和图书馆方面共同将“南京明德英文少儿图书馆”的作用定位为：开拓思维创意，拓宽视野，启迪智慧；激发读书热情，丰富学习体验；加深对多元文化的理解，培养跨文化的世界公民。

明德英文少儿图书馆标识

明德英文少儿图书馆的“英语角”活动

其次，金陵图书馆与美国明德图书馆基金会共同认为，随着中国社会的日益开放，与世界各国之间的交往愈加频繁，因此所有人都更加迫切地需要破除语言交流障碍，而熟练的英文能力正是开启这座巴别塔的万能钥匙。英文作为国际通用语言的地位不容置疑，而儿童作为推动社会发展进步的未来力量，其英文使用能力的好坏与否决定着中国今后国际化步伐的快慢和最终进度，因此，中国儿童需要学习英文，这不仅是一个难以否认的事实，更是一项迫在眉睫的任务。

再次，中美双方合作建立公益性的英文少儿图书馆，有助于英文在国内的普遍推广和国人英文水平的快速提升，有助于促进中国少年儿童未来获取和运用各种专业知识的能力，有助于培育更具全球视野和人文情怀的国际化特色人才。从对中国儿童推广学习英文开始，提升中国少年儿童英语整体能力，是一项关乎中国少年儿童未来的前瞻性事业，是以知识造福人群的百年大业，能够迅速而有效地产生广泛和深远的影响。

明德英文少儿图书馆活动

2008 年 7 月，南京明德英文少儿图书馆如期开馆。开馆当天，吸引了数百名暑假中的青少年读者前来参观和阅读，当天少儿办证量即达到数百张，近千人次拥进新开的少儿借阅室中，一睹原版英文图书的风采。

明德英文少儿图书馆开放后，其项目运作进入日常开放和活动组织阶段。由于其间面临新馆搬迁，其活动开展具体可划分为两个阶段。

明德英文少儿图书馆开馆仪式

第一阶段是明德英文少儿图书馆开放后至 2010 年。这一阶段由于受老馆馆舍面积和活动场地限制，其开展的活动主要是通过特色资源展示、邀请参观和定向宣传等方式，对新开放的明德英文少儿图书馆进行宣传推广，以扩大其自身影响。

明德英文少儿图书馆举办的少儿英文原版图书展受到小朋友和家长们的喜爱。所展出的少儿英文原版图书中，最吸引眼球的就算是幼儿至少儿阶段的图书了、它的最大亮点就在于图画和文字的完美结合，大量色彩鲜艳、生动有趣的图片再配上简洁的文字，给孩子在阅读时带来了很大的趣味性。此次书展还展示了图书新造型：异形读物、立体读物、发声读物等。展览吸引了数百名读者前来阅读，现场气氛十分热烈。工作人员还在展示现场向读者介绍了少儿馆的相关情况，并现场推荐了部分获奖原版图书。

明德图书馆还邀请老师带领他们的学生光临图书馆，利用图书馆，借阅图书供课堂教学使用。明德图书馆也鼓励师范学院在英文教师的培训课程中利用馆藏，使图书馆及其馆藏资源成为他们加深理解英语语言文学及其文化的平台。成年人尤其是儿童家长也是明德英文少儿图书馆努力争取的目标对象之一，由于家长是孩子效仿的重要对象，其对英文阅读的态度和实际行为将会对其子女产生直接影响，因此明德英文少儿图书馆也欢迎成年人尤其是儿童家长光临图书馆，利用图书馆，与孩子共同感受英文阅读带来的乐趣。

明德英文少儿图书馆立体书和异形书展览活动

与此同时，图书馆方面还认识到，明德英文少儿图书馆是一个刚成立两年的部门，在社会上的知名度并不高，只有通过增加明德少儿的曝光率和公众知晓度，才能让更多的人了解明德，走进明德。为此，工作人员想法设法，运用各种手段，增加明德英文少儿图书馆的知名度。

一方面是通过网络加强自我宣传。少儿部于2009年建立了网络讨论版，及时更新活动内容，回复读者咨询，使少儿部除了本馆的网站外，又多了一个网络宣传阵地。而金陵图书馆少儿网络群的申办，也使少儿部与家长间的沟通交流更为直接，信息得到了及时的传播，家长们的要求与疑问也能得到及时的回复。

另一方面是通过媒体加强公众宣传。通过积极的联络与沟通，少儿部与地方知名媒体建立起合作的关系。通过大众媒体的广泛宣传和预热，明德的知名度大大提升。不仅到馆的读者持续增加，而且其组织的活动公众参与度明显提升，参加活动的报名者络绎不绝，有的品牌性活动由于参加者众多，不得不在报名截止后被迫增加参与人数。而且，在活动开展和结束后，大众媒体的持续性的跟踪报道和深度报道，也使一些少儿活动在本市受众中有了极佳的口碑。

明德英文少儿图书馆的第二发展阶段是2010年后至今。由于金陵图书馆搬迁至新馆，明德英文少儿图书馆的馆舍面积大幅增加，其开展活动的场地条件和配套硬件设施也得到相应提升，因此，这一阶段明德英文少儿图书馆在继续保持和扩大老馆主要活动成果的基础上，主要是在各类青少年阅读指导活动方面做足了文章。

首先，通过举办“小小读书会”和“英文朗诵会”等英文图书资源的阅读指导活动推广特色馆藏。

为鼓励孩子们学习英语的热情，展示英语学习的成果，金陵图书馆少儿部不定期举办“小小读书会”和“英文朗诵会”活动，由义工和工作人员相结合，拟定相关主题，进行有针对性的阅读指导和借阅推荐。这类活动注重孩子的参与性，着力于开发孩子的想象力。通过引导阅读、展示阅读、游戏阅读等方式，激发孩子对英语语言和文化的兴趣，建塑学习英语的良好语言环境。小朋友们在自主阅读、老师指导的结合中，在原汁原味的英文书中体会趣味英语的魅力，活动受到了孩子与家长的欢迎和支持。

其次，少儿部推出了一系列的英文主题学习活动，通过英语学习来提高小读者对英语的兴趣，加深对英语原版书的认同，以学习带动阅读，通过阅读提高英语水平，形成了一个良性互动的循环，受到了家长与小读者的欢迎。比如在2009和2010年暑期开展的英语学习系列活动，如观看英文原版电影、邀请英语外教现场授课、组织“希望之星”英语风采大赛、开展英语阅读及学习专题讲座、组织“边看边学”神奇英语视频等，寓教于学，寓教于乐，使孩子们在游戏和玩乐中对英语学习产生兴趣，提升英语实际使用能力。尤其是“边看边学”神奇英语系列，结合《迪斯尼神奇英语》视频资料，小读者们一起在游戏中边看边学，不知不觉中英语能力得到了很好的锻炼。

最后，通过开拓创新，不断推出具备明德特色的少儿读书活动，打造系列服务品牌项目。

一是邀请美国华人图书馆员协会（CALA）的成员到明德英文图书馆义务举行讲座，介绍美国公共图书馆的少儿服务，阐释自由阅读的重要性，演示适合于儿童的导读技巧，为当地同业带去新的理念。同心协力促成中国公共图书馆服务读者方面的培训。

除了捐赠英文原版童书之外，基金会还组织美国的儿童表演团体到中国演出，开展经常性的英语文化交流。图书捐赠和人员交流相辅相成，促进图书馆与读者之间的良性互动，将阅读乐趣化。此类项目构成明德图书馆建设不可或缺的组成部分。

二是开展系列亲子活动，让更多家长参与到孩子的阅读生活中来，了解自己孩子的阅读能力，思维能力发展的水平及个性特点，增进亲子交流，激发孩子的阅读兴趣，使孩子得到更多具体化和个性化的指导，从中享受到阅读的乐趣。金陵图书馆少儿部积极推出不同形式的亲子活动，受到广大小读者及家长的欢迎。比如一直在持续开展的亲子手工活动、亲子表演小剧场等亲子系列活动，几乎每场都会吸引数十个家庭参与。亲子手工活动是在明德基金会的倡导下开展的，参与活动的家庭成员们或用纸黏土捏制出栩栩如生的小动物们，或用压花器压出各种精美的图形，还有的自己制作了精美的圣诞祝福卡片，并把这些作为圣诞礼物寄送给远在大洋彼岸的美国小朋友，通过这种文化交流活动增进不同文化背景的两国儿童间的相互了解。而亲子表演小剧场活动则是通过儿童习惯接受的剧场表演形式，以向广大少年儿童及其家长推荐馆藏精品英文原版图书为目的，组织家长和孩子进行亲子阅读，通过改编剧本、演绎剧情和才艺展演等多种方式，提供给孩子一个充分展示自我的舞台，增强自信心、责任感、成就感和团队合作精神，同时活动也鼓励了家长积极参与，与孩子在亲子陪伴和阅读中共同成长。每次小剧场表演都会有十余个家庭参与，现场更是吸引了数百名家长和小朋友到场观看，在一片欢声笑语的氛围中，孩子们对于英文阅读的兴趣在无形之中被激发，其阅读兴趣也日益浓厚。

孩子们喜爱的明德英文少儿图书馆

总之，儿童英文阅读的意义首先是娱乐的，是体验艺术的，是感受外来文化的，其教育功能是伴随性的和启发性的，而不是强制性的。所以，南京明德英文少儿图书馆精心挑选孩子们爱看、想看和能看的英文读物，尽最大努力创造自由轻松的读书环境，让孩子们纯粹为阅读而阅读，其中不掺杂考评、竞争、报告和测试，使其享受愉悦自在的阅读快乐，让纯正的英文阅读体验贯穿和渗透孩子的童年。

美国明德图书馆基金会派人指导开展“明德读书会”和“夏日读书计划”活动

随着社会的日益开放，孩子们接触到的世界越来越大，充满了各种可能性。丰富多彩的外部世界也为孩子们提供了广阔的发展空间。熟练的英文更可以使孩子们如虎添翼，在这个广阔的世界上施展自己的才华。如今，英文无可辩驳地成为了世界上最普遍使用的语言。中国儿童需要学习英文，这不仅是个不容置疑的事实，更是一项迫在眉睫的任务。随着中国发展的国际化和全球化，具备纯熟驾驭英文的能力是留学、找份好工作的必备条件。英文的推广和提升，有助于促进少年儿童未来获取和运用各种专业知识的能力。

明德图书馆的优秀儿童读物内容丰富，制作精美，有利于启发儿童思维、拓宽儿童视野、激发儿童创新、帮助他们实现梦想，同时能够促进儿童对多元文化的理解。

明德图书馆也欢迎成年人光临图书馆，利用图书馆，享受英文阅读的乐趣。明德英文少儿图书馆还实施资源共享，将英文儿童图书流通到社区、学校、幼儿园、农村和其他的公益组织去，去惠及更多的孩子。

通过基金会和图书馆方面的共同努力，共同打造温馨的图书馆场所和机制，提供亲子阅读的环境，以英文作为工具，为弱势孩子填平学习的落差，得到理想的教育。让他们以多元化的角度，接触全球化的潮流，找到未来的梦想和希望。明德图书馆营造亲子共读的场所，免费提供一

明德基金会委派义工来华，在英文少儿图书馆作阅读指导

个国际化平台，以英文的知识来缩小贫富差距，拉近城乡的学习落差。在孩子们接受了初步英文教育的基础上，提供课外英文读物能够激发他们的学习兴趣，丰富他们的阅读体验，有助于使孩子们的英文能力得到实质性的进步，为他们自身生活水平的提高，乃至整个社会的进步和发展起到不可估量的推动作用。

“南京中日交流之窗”

为促进中日两国人民尤其是青少年之间的互相理解与友好交流，让更多的中国年轻人了解日本现代文化，由南京市外事办公室、日本国际交流基金会日中交流中心和金陵图书馆共同创办的“南京中日交流之窗”，于2008年12月1日在金陵图书馆正式对外开放，南京成为继成都、长春之后，全国第三家、华东地区第一家设立“中日交流之窗”的城市。成立以来，在宁日本友人、高校师生以及日语爱好者等，都热情友好地参与到“南京中日交流之窗”活动中来。

2008年，南京中日交流之窗开放的庆典活动

“南京中日交流之窗”的内部设计全部由日本新生代建筑设计师槻桥修先生完成。进入“中日交流之窗”，映入你眼帘的是书架上摆放着的原版日文漫画书和杂志，墙壁上的显示屏正在播放日本影片，拿起旁边的耳机就可以听到动感的日本音乐。别具一格的设计、清新自然的色彩、舒适整洁的环境，全都采用了非常柔和的材料。舒适与透明感的共存，给来场读者以轻松愉悦的文化交流氛围，“南京中日交流之窗”以其特有的方式为广大青少年打开一扇了解日本的友谊之窗。

中日交流之窗内部设计全景

南京中日交流之窗的服务内容包括以下几个方面。

借阅服务：每月都有更新的日本流行音乐和各种时尚资讯，如日文原版的书籍、杂志、教材、小说、漫画、音乐、影视作品、多媒体设备，给广大青少年带来全新的视觉与听觉感受。

交流活动：不定期地邀请在宁日本友人及日本留学生作为志愿者，在“原汁原味”的日语氛围里，通过与日本友人面对面的交流，举办丰富多彩的中日文化交流活动。

中日交流之窗经常开展各种活动

目前，“南京中日交流之窗”具备为受众提供社会实践的环境和条件，已成为了南京地区诸多高校日语专业师生的“日语教学实习基地”。很多高校根据自己的教学计划和人才培养需要，本着锻炼学生，增强学生的日语运用能力，为社会培养日语人才，为中日交流做贡献的目的，选派学生参加“南京中日交流之窗”的活动，充分珍视并利用好难得的丰富信息与交流平台，使馆藏日语信息资源发挥出更大的社会效益。

金陵圖書

资源篇

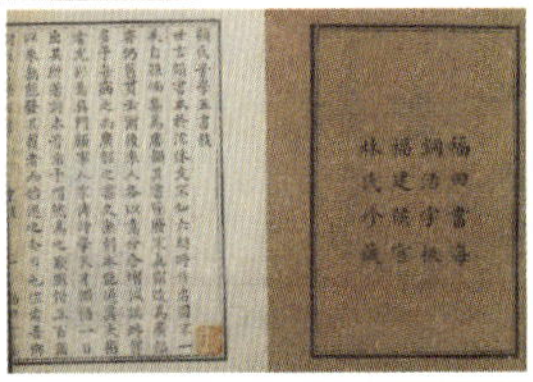
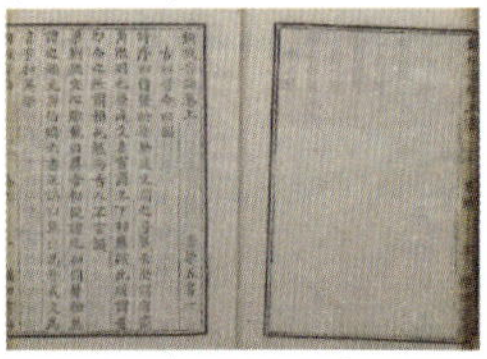

08

第八章 具有特色的馆藏古籍文献

南京是人类文明积淀厚重的重要城市，历史悠久，人文渊薮，典籍藏量丰富。金陵图书馆自建馆以来，历年来通过接受外单位划拨、捐赠和采集等途径，保存有古籍线装书50300册。2010年4月，文化部组织专家来到金陵图书馆，实地考察第三批全国古籍重点保护单位申报情况。经专家实地确认，包括馆藏清朝期间制作的汉代以来的拓片2798件，还包括后经历年整理编目，发掘出与《全国善本古籍总目》所规定的“三性九条”原则相符的，属于善本范畴的古籍文献1878册，两部分相加为4676册件，属于和符合珍贵古籍文献的国家登记范畴。金陵图书馆同年正式被国务院确定为第三批“全国古籍重点保护单位”。

馆藏珍贵古籍文献库藏照片

在馆藏珍贵古籍文献中，包括部分具有较高文物或版本价值且流传稀少的刻本、手稿本、两/多色套印本、活字本、插图本、蓝/朱印本等。例如，馆藏明万历四十四年吴兴闵奇伋刻套印本《考工记》二卷、朱墨套印本《檀弓》二卷和清福建侯官林春祺福田书海铜活字印本《音学五书》十三卷等三部善本入选第一批国家珍贵古籍名录。在国家图书馆举办的“国家珍贵古籍特展”中，属国家二级古籍的《音学五书》入选参展。这次展览是近 50 年来国内规模最大、范围最广、展品最精的大型展览，也是全国古籍保护工作正式开展以来举办的首批国家珍贵古籍文物的一次成果展。

国家珍贵古籍名录入选证书

馆藏古籍文献的另一特色是弥足珍贵的刻拓片。例如，《魏代扬州长史南梁郡太守宜阳子司马景和妻孟敬训墓志铭》，又称《司马昞妻孟敬训墓志铭》，北魏延昌三年（514）正月十二日刻立，清乾隆二十年（1755）河南孟县八里葛村出土。同时出土的还有《司马昞墓志》《司马升墓志》《司马绍墓志》，合称“四司马墓志”。四志中以此志最好。楷书，20 行，行 21 字，原石已佚。此系北魏墓志中的代表作品之一，书写多用方笔，锋芒毕露而不失于纤弱，结体逸宕而富有韵致。

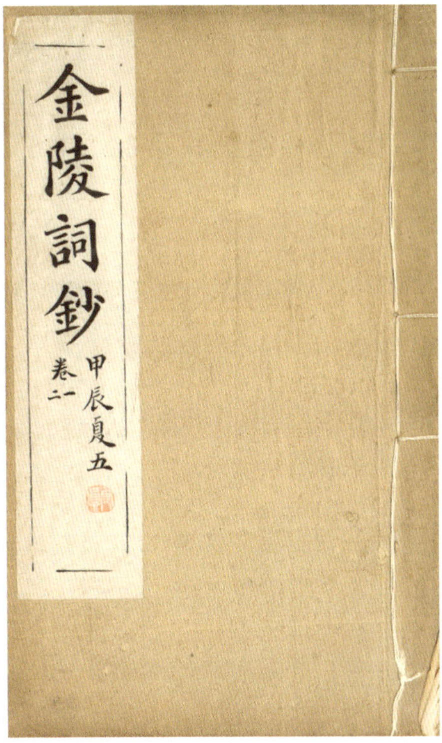

馆藏《金陵词钞》

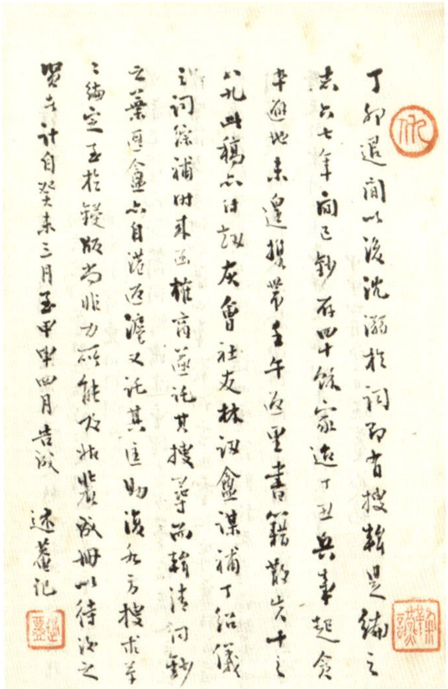

馆藏《金陵词钞续编》手稿

在馆藏古籍资源建设中，南京地方文献是采访征集工作的重点。多年来，金陵图书馆通过各种方式积极征集南京地方文献线装古籍。馆藏鞠謻斋藏书均为线装古籍，且均为词学方面的专题古籍，尤以清以前文人的诗词集为藏书特色，十分珍贵。鞠謻斋藏书中还有一些手稿本，如《金陵词钞续编》六卷。1999 年，金陵图书馆与清末拔贡生仇埰的后人仇良矩先生合作，将《金陵词钞续编》手稿影印出版，赠送国内 30 多家图书馆，使珍贵文献化身千百，广传于世。

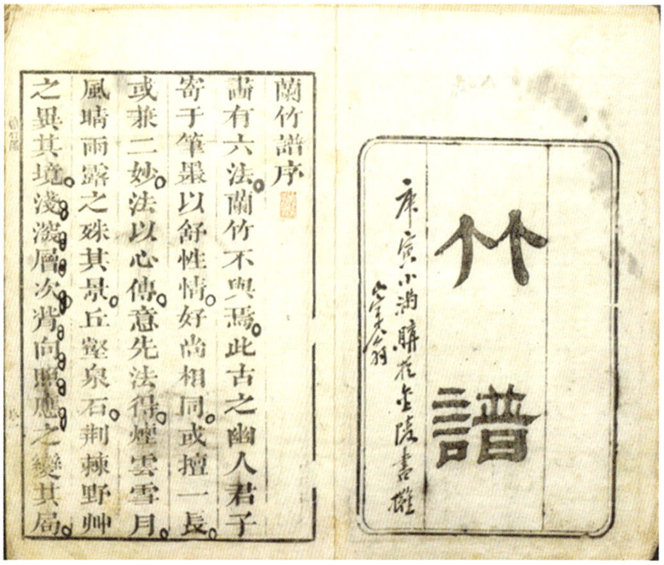

《青在堂竹谱》二卷，清王蓍辑。清康熙四十年芥子园甥馆彩色套印本。半页九行二十字，白口，四周单边，无鱼尾。前有康熙二十一年诸昇兰竹谱序。框高 21.7 厘米，宽 14.4 厘米。是书为上下两册，上册文字为《画竹浅说》，共十三则；下册摹名家成幅二十四帧。为清代画竹之重要著作

金陵图书馆重视馆藏古籍文献的保护与修复，所有古籍文献均以专门定制的樟木书橱典藏，并以楠木夹板予以保护。古籍书库已具备国家图书馆制定的《图书馆古籍特藏书库基本要求》，在新馆建筑要求、温湿度控制、自动气体灭火、空气净化与通风、消防与安防监控、防虫和防鼠、装具要求等方面，已达到相关指标。另外还重视对古籍文献资源的开发和利用，陆续创建了《四库全书目录》（收入 3577 条）、《续修四库全书目录》（收书 5213种）、《古本小说目录》（收录 428 种）、《民国丛书总目》（收书 1126 种）、《丛书集成初编》（收录 100 部）、《北京图书馆馆藏珍本年谱丛刊》（收入 1200 余种）、《中国佛寺志丛刊目录》（汇辑 197 种）和《馆藏碑刻拓片目录》（收入 2798 种）等专题书目数据库，方便了读者的利用，受到很多用户的赞誉。

馆藏珍贵古籍文献照片

Collection of Precious Ancient Literature

《檀弓》二卷（编号 230、231），宋谢枋得，明杨慎批点，明万历四十四年闵齐伋朱墨套印本。二册。半页八行十八字，眉栏刻评。左右双边，白口，无鱼尾。框高 20.1 厘米，宽 14.6 厘米。前有闵齐伋序。

《四库全书总目》曰：是编莫知所自来，明万历丙辰，乌程闵齐伋始以朱墨版刻之。齐伋序称得谢高全所校旧本，亦不言谢本出谁氏。书中圈点甚密，而评则但标章法，句序等字。似孙鑛等评书之法，不类宋人体例。

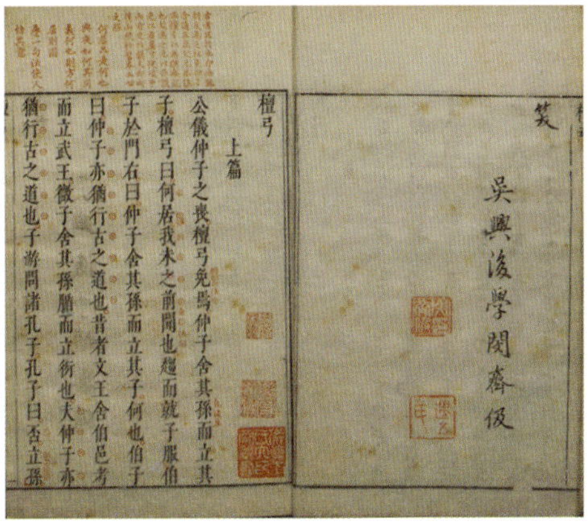

《檀弓》（1）

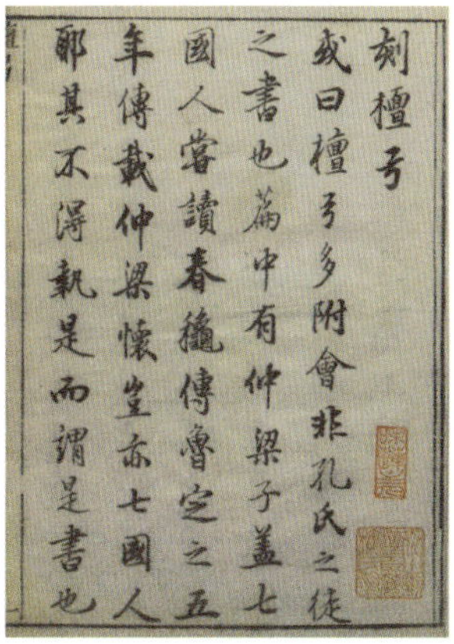

《檀弓》（2）

《考工记》二卷，明郭正域批点，明万历四十四年闵齐伋刻三经评注朱墨套印本。二册。半页八行十八字，小字双行，眉栏刻评。左右双边，白口，无鱼尾。版心上镌“考工记”及篇名。框高 20.1 厘米，宽 14.5 厘米。前有郭正域序。

《四库全书总目》曰：是编取考工记之文，圈点批评，惟论其章法、句法、字法，每节后所附注释，亦颇浅略。盖为论文而作，不为诂经而作也。

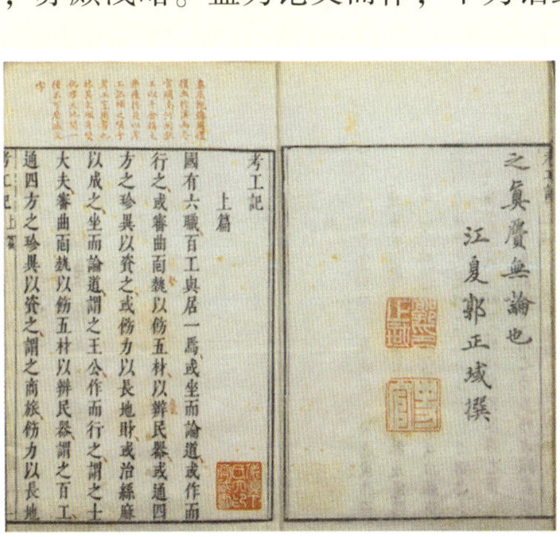

《考工记》（1）

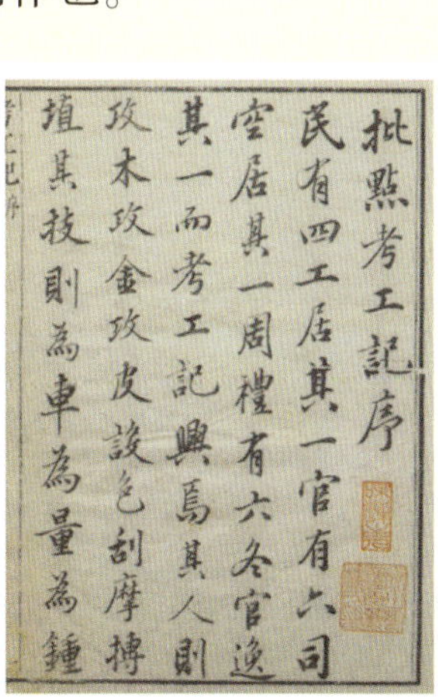

《考工记》（2）

《音学五书》十三卷，清顾炎武纂，清林春祺福田书海铜活字印本。六册。半页八行十九字，四周双边，白口，线单鱼尾。版心上镌“铜板音论”或“铜板诗本音”，中镌卷次，下镌“福田书海”四字。框高17.1厘米，宽11.1厘米。

是书收《音论》三卷、《诗本音》十卷，书首有“福田书海铜活字版福建侯官林氏珍藏”牌记。书首“铜板序”中详述其铜活字制造印刷之过程，为我国制造铜活字的仅有文献。

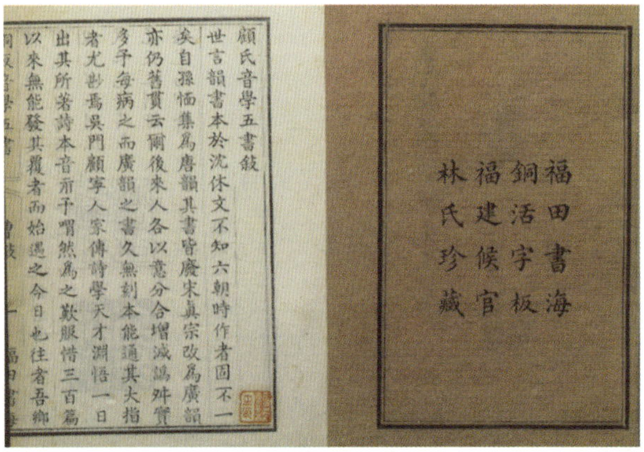

《音学五书》（1）

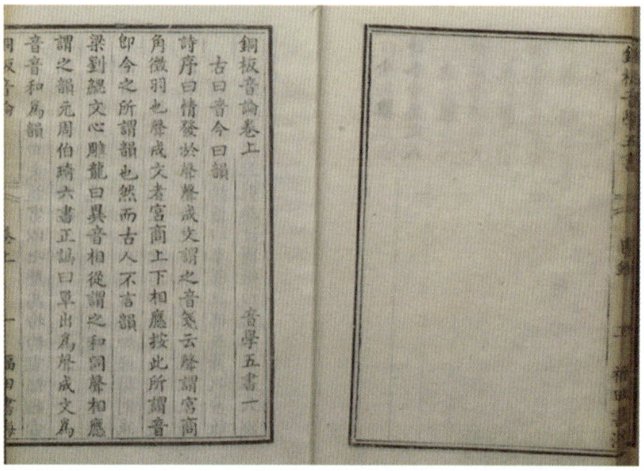

《音学五书》（2）

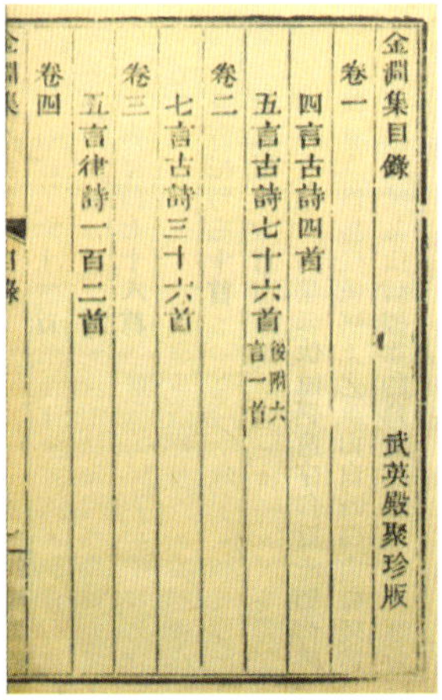

《金渊集》（1）

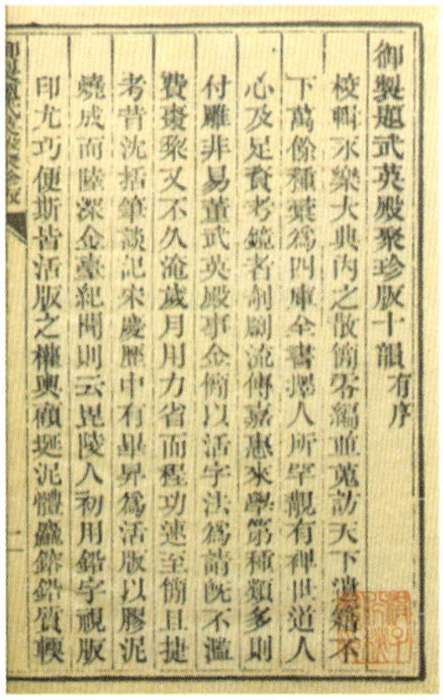

《金渊集》（2）

《金渊集》六卷，元仇远撰，清乾隆间武英殿聚珍本。二册。半页九行二十一字，白口，四周双边。框高19.6厘米，宽12.6厘米。

《越缦堂日记》言：阅仇仁父（远）《金渊集》，武英殿聚珍本。山村书画名家，诗实非其所长，而气格颇苍老，不堕江湖恶派。故虽槎牙率易，终近雅音。是集辑自《永乐大典》，得蒙高宗御题之什，比之苏、陆，可谓厚幸矣。

《六书通》十卷，清闵齐伋撰，清毕宏述纂订，清乾隆六十年刻本。5 册。半页八行十二字，小字双行二十四字。四周双边，白口，无鱼尾。版心上镌书名，中镌类别。框高 21.7 厘米，宽 14.9 厘米。

《四库全书总目》曰：是书成于顺治辛丑，齐伋年八十二矣。大致仿《金石韵府》之例，以《洪武正韵》部次，编次说文。而以篆文别体之字类从于下。其但有小篆而无别体者，则谓之附通，亦并列之。

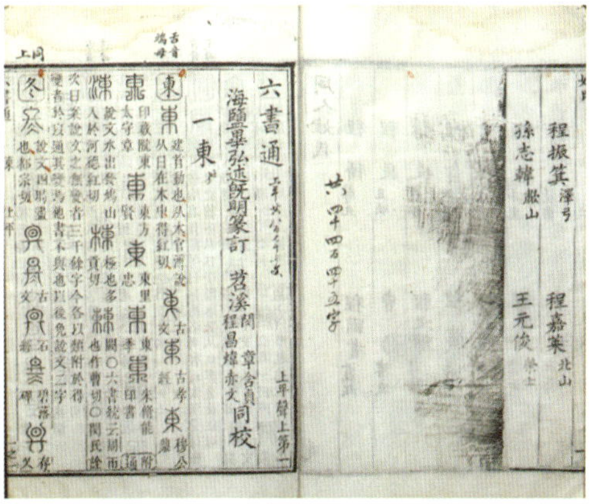

《六书通》(1)

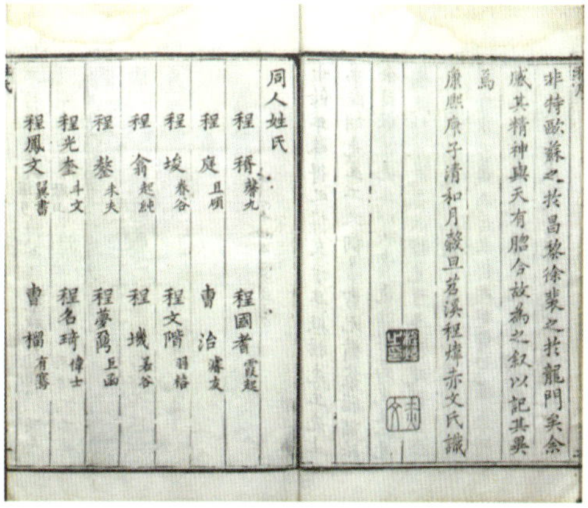

《六书通》(2)

《高僧传》十三卷，梁释慧皎撰，明万历十三年径山寂照庵刻径山藏本。3 册。半页十行二十字。四周双边，白口，无鱼尾。版心上镌“支那撰述”，中镌书名。框高 22.5 厘米，宽 15 厘米。

《善本书室藏书志》曰：僧人事迹，率多文人粉饰，然六朝士夫，无所自存，遁入释道，故多通品，辞理可观，且足资考史之处，地方古迹亦可借证，实为有用之书。

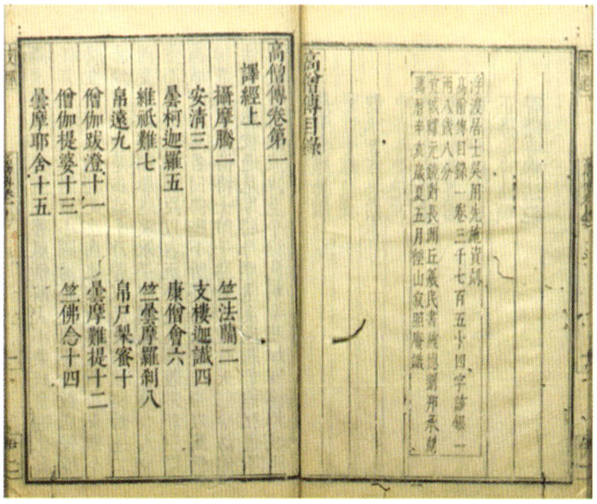

《高僧传》(1)

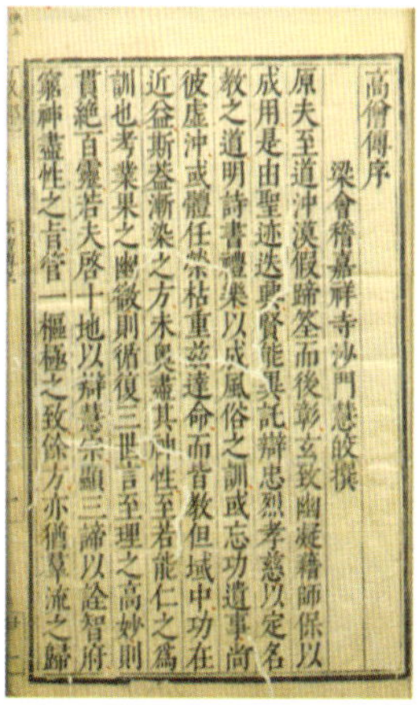

《高僧传》(2)

《高季迪先生大全集》十八卷，明高启撰，清康熙三十四年许氏竹素园刻本。4 册。半页十行二十字。左右双边，黑单鱼尾。正文卷端题“高季迪先生大全集”，下无署名。框高 19.7 厘米，宽 14.0 厘米。

《四库全书总目提要》曰：启天才高逸，实据明一代诗人之上。其於诗，拟汉魏似汉魏，拟六朝似六朝，拟唐似唐，拟宋似宋。凡古人之所长，无不兼之。振元末纤秾缛丽之习而返之於古，启实为有力。然行世太早，殒折太速，未能镕铸变化，自为一家。故备有古人之格，而反不能名启为何格。此则天实限之，非启过也。

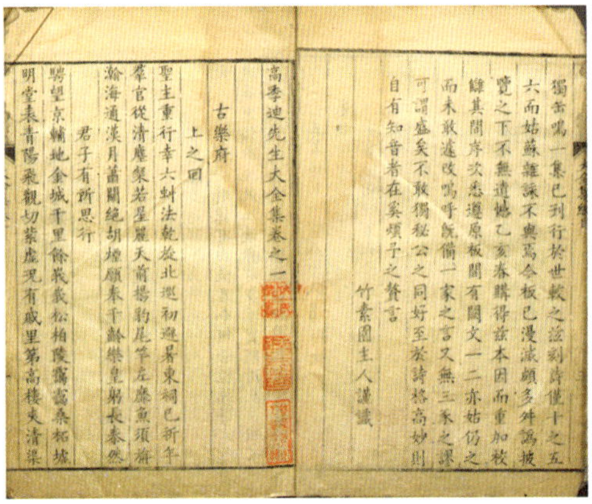

《高季迪先生大全集》(1)

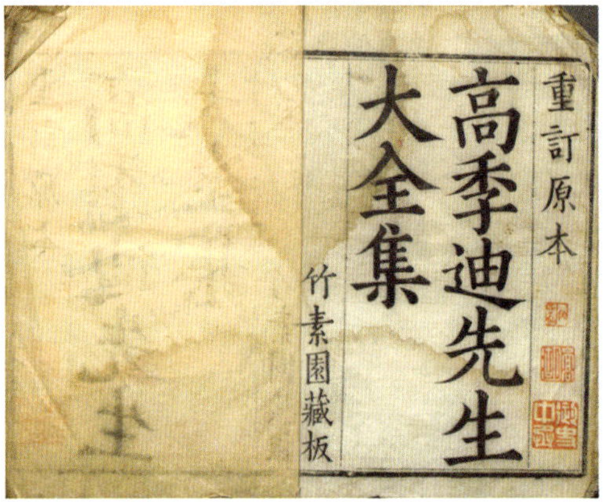

《高季迪先生大全集》(2)

《钦定书经图说》五十卷，清孙家鼐、张百熙等奉慈禧太后之旨纂辑，清光绪三十一年内府石印本。半页十行二十四字，小字双行，白口，四周双边，单鱼尾。版心镌“钦定书经图说”，框高 24 厘米，宽 16.2 厘米。

此书以图为主，而系之以说。全书共有版图 570 幅，由京师大学堂延聘江南画师绘制，图绘工致，版印精巧，楼台界画、人物勾勒，犹有北宋遗风。

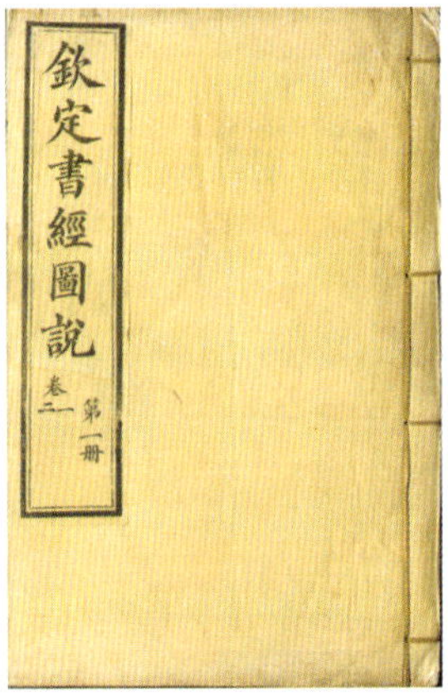

《钦定书经图说》(1)

《钦定书经图说》(2)

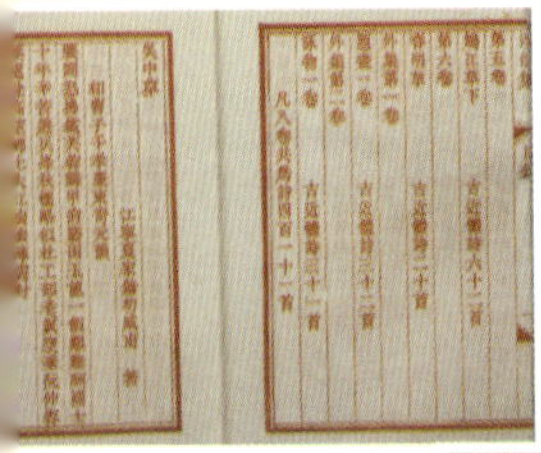

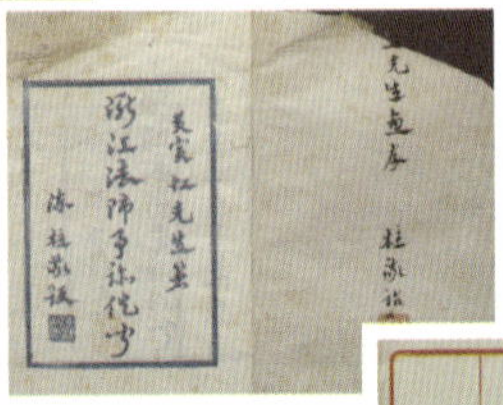

浮漚集
趙椿年敬署

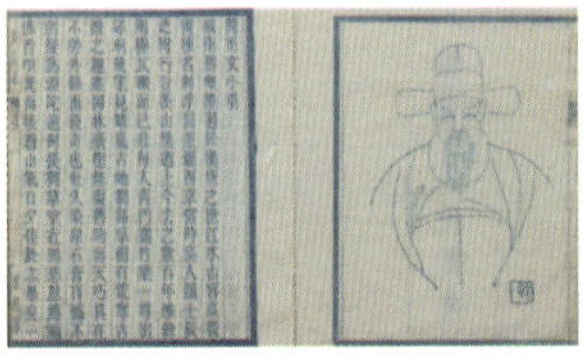

09

第九章

弥足珍贵的馆藏民国文献

民国文献是反映近代社会向现代社会转变时期的重要文献。民国时期从1911年辛亥革命以后至1949年9月，是中国历史上从近代社会向现代社会转变的一个特殊历史时期，由于新文化、新思想、新技术在中国的广泛传播，产生了大量的图书文献，其形式有图书、期刊、报纸、手稿等。这些文献从一个侧面反映了近现代中国的政治、经济、文化面貌，对研究发生重大变革的民国时期的社会进程有着重要的意义。然而，由于历史原因，历经半个多世纪，存留于世的民国文献凤毛麟角，社会大多对民国文献的文献价值和史料价值认识不足，其保存现状、存在问题颇多，令人堪忧。

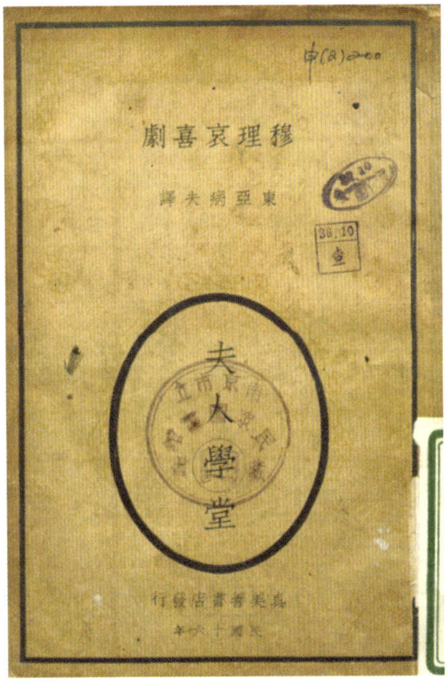

民国十六年真美善书店出版的穆理哀喜剧《夫人学堂》（东亚病夫译）。

金陵图书馆拥有民国文献约5万册，主要包括民国时期的线装刻本、当代印刷出版物（包括平装和精装普通图书）、手抄本、手稿、拓片、期刊以及报纸合订本等。

由于民国时期正是手工造纸向近代机械造纸和印刷阶段过渡的时期，纸张生产技术和书刊装订工艺的局限，造成馆藏民国文献纸张质量差，保存期短，因此馆藏的民国文献破损严重，有的稍有翻动就有纸屑脱落。然而金陵图书馆所藏民国文献中，例如民国期刊创刊号、民国书刊名人签名本、民国线装红蓝印本、李光明庄刻本、南京特别市市立图书馆藏书和南京市立民众图书馆藏书等，有不少是具有独特性和地域性的文献。地方文献又有“一方全史”之称，是自然区域社会的一切史料记载。其文献内容具有鲜明的地域特征，是历史文献系统的重要组成部分，为全方位科学研究地方历史发挥着不可替代的作用。

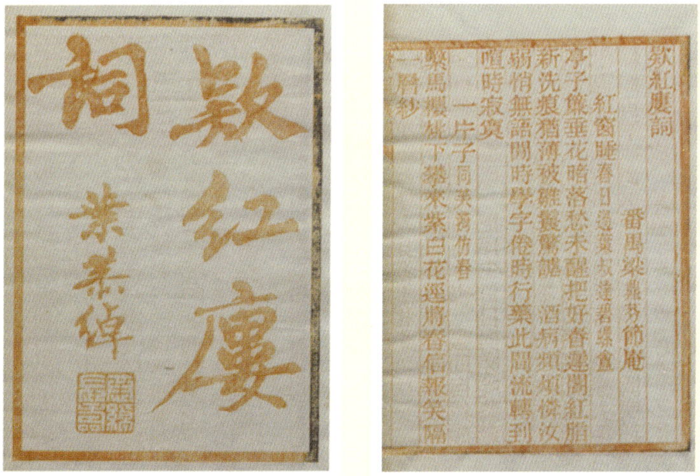

民国 21 年叶恭绰刻红印本《欸红廔词》（清梁鼎芬撰）

体现民国时期科学研究水平的著作，大多已成为当今科学研究所承继的基础，作为当时历史的真实记录和特殊社会转型期思想文化的主要载体，其价值不言而喻。例如，《云瑶集杂曲子》《词莂》，朱孝臧编，民国 21 年《疆村遗书》红印本。《云瑶集杂曲子》收唐代敦煌曲子词 30 首，原为敦煌石室藏唐人写本，清末被斯坦因、伯希和盗出，分藏伦敦博物馆和巴黎博物馆。后有董康从伦敦抄回 18 首，刘复从巴黎抄回 14 首，去其重复，得 30 首，朱孝臧据抄本刻入《彊村遗书》，是研究敦煌学极具重要价值的文献之一。

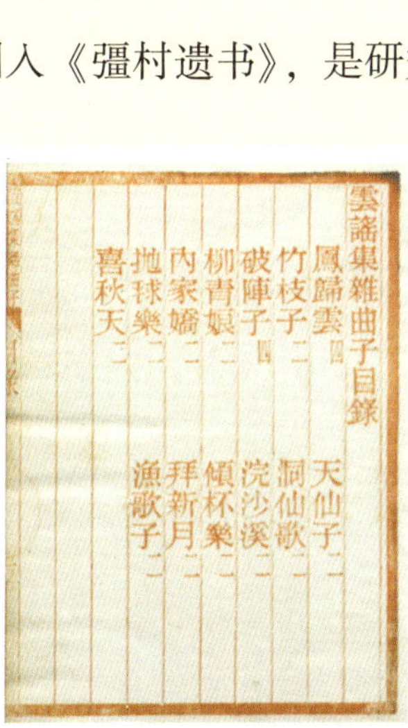
雲謠集雜曲子目錄
鳳歸雲 四　天仙子 二
竹枝子 二　洞仙歌 二
破陣子 四　浣沙溪 二
柳青娘 二　傾杯樂 二
內家嬌 二　拜新月 二
拋球樂 二　漁歌子 二
喜秋天 二

《云瑶集杂曲子》（1）

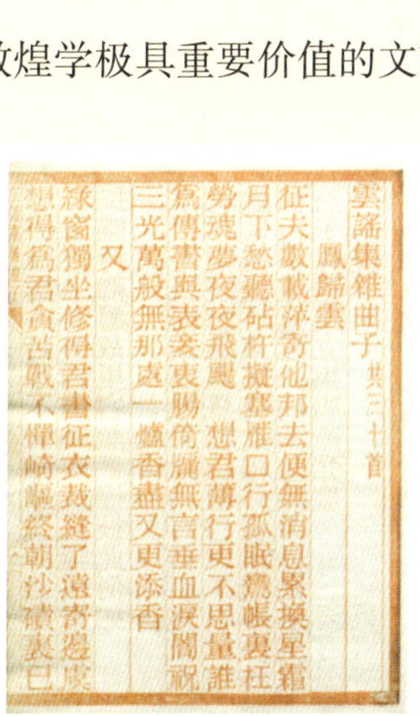
雲謠集雜曲子 共三十首
鳳歸雲

《云瑶集杂曲子》（2）

馆藏民国红蓝印本

Collection of Red and Blue Prints of the Republic of China

《渐江大师事迹佚闻》一卷，黄宾虹著，陈柱校刊并题写书名，蓝印本。1 册。半页十行十七字，左右双边，黑口，上单鱼尾，版心上镌“渐江大师事迹佚闻”。框高 13.2 厘米，宽 10 厘米。

渐江，俗姓江，名韬，字六奇；又名舫，字鸥盟；出家后，法号弘仁，字无智。是书分绪论、氏族、身世、游踪、画迹、师友、藏弃、诗瀚、结论等九章记录渐江大师生平资料。

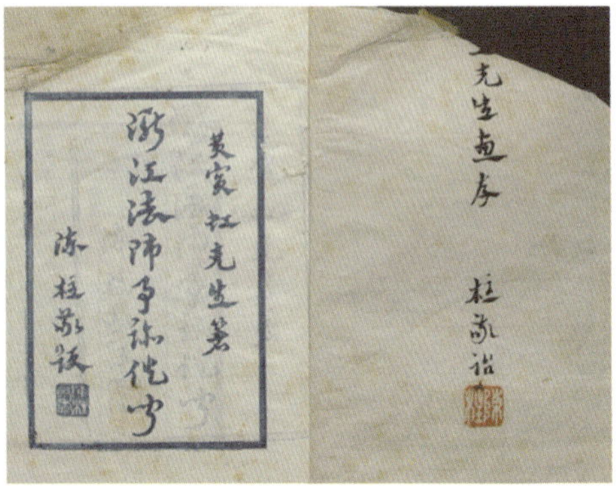

《渐江大师事迹佚闻》（1）

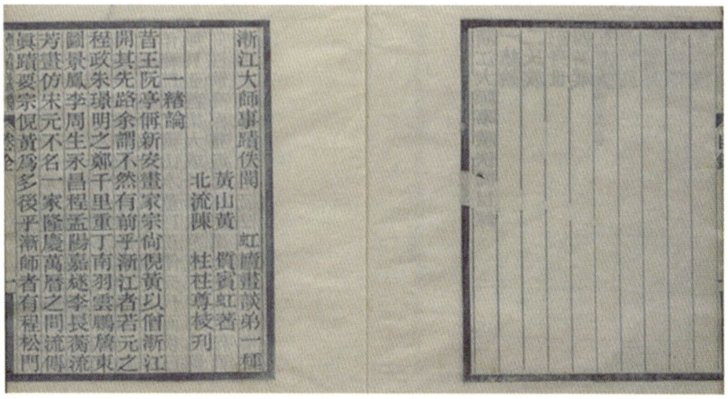

《渐江大师事迹佚闻》（2）

《山居咏》一卷，明王征撰，民国 35 年金陵卢前饮虹簃蓝印本。1 册。半页十行十七字。左右双边，细黑口，上单鱼尾，版心上镌“山居咏”。框高 15.7 厘米，宽 10.4 厘米。

此书收北曲套数三套。作者曾于西安城南数十里廉价购得一地，筑别墅数椽为读书处。该地位于杜曲韦曲间，景致绝佳，征字之日“简而文”，《山居咏》即以散曲吟咏其居于此间读书览胜之乐，兼抒怀抱。

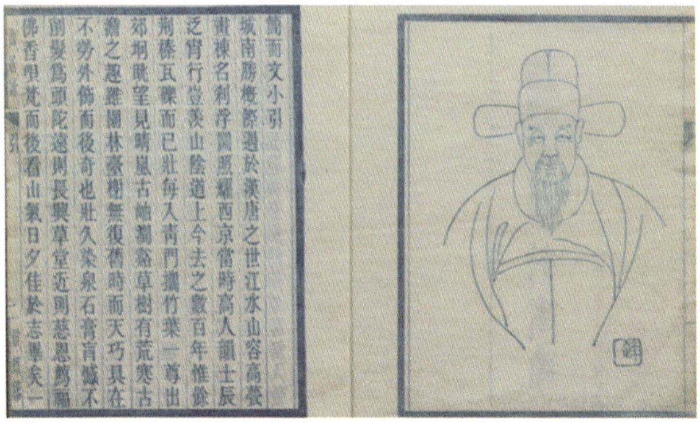

《山居咏》（1）

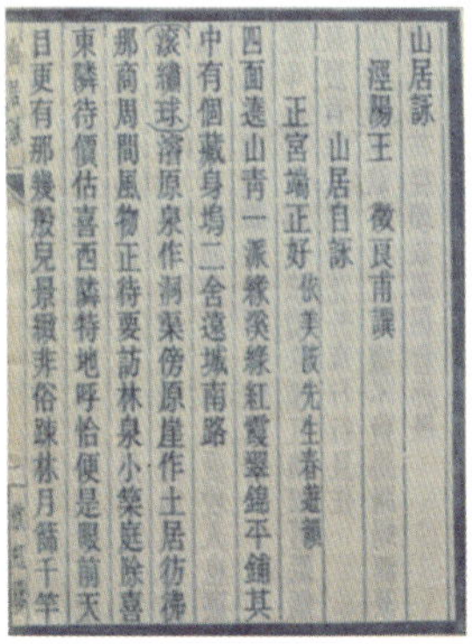

《山居咏》（2）

《瓶庐诗稿》，清翁同龢撰，邵松年、缪荃孙所校，武昌陶子林刻红印本。半页十行二十一字，左右双边，细黑口，双鱼尾。框高 18.5 厘米，宽 18.8 厘米。

翁同龢生前无诗集，民国时，其后人翁永孙和门生搜集刊印《瓶庐诗稿》八卷、《瓶庐诗钞》四卷以及《瓶庐诗补遗》一卷。《瓶庐诗稿》收 1100 余首诗，由缪荃孙、邵松年为之序，称其诗“宏深淹博，笔有奇气”。

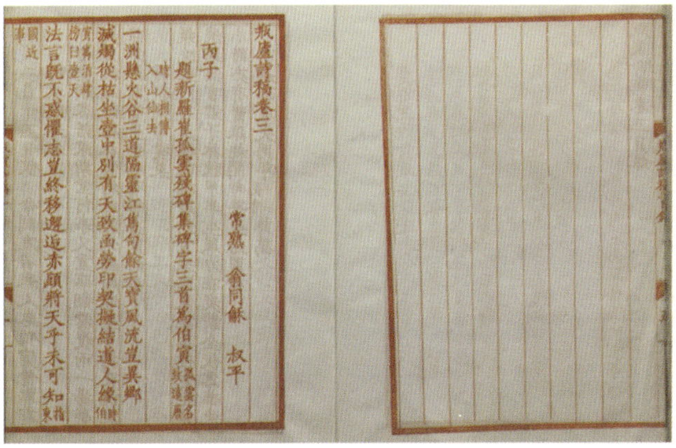
瓶廬詩稿卷三
常熟　翁同龢　叔平
丙子
題新羅崔孤雲殘碑集碑字三首爲伯寅
一洲懸火谷三道隔靈江雋句餘天寶風流豈異鄉
滅燭從枯坐壺中別有天致函勞印契擬結道人緣
法言既不惑懼志豈終移邁迄赤顏將天乎未可知

《瓶庐诗稿》(1)

瓶廬詩稿卷三
目錄
題新羅崔孤雲殘碑集碑字三首爲伯寅　丙子
二月十五日祓　命閱直省舉人卷伯寅侍郎有
詩次韻奉答
再和閩中貢菜
題鄭庵夫同年　詩稿
除夕得擀煙畫卷
雨中看蕉花酬醉耶　丁丑
次前韻簡子松

《瓶庐诗稿》(2)

《浮沤集》，清江宁夏家镛撰，红印本。半页九行二十一字，四周双边，白口，双鱼尾，版心上镌“浮沤集”。框高 17.5 厘米，宽 11.7 厘米。

是书前有宣统元年戴鸿慈序，其子夏仁虎诗《六十自述》：“平生淡泊怀，略见《浮沤集》。”自注：“先府君《浮沤集》今年始刻成。”据此，是书当为民国二十二年刻本。

浮漚集
趙椿年敬署

《浮沤集》(1)

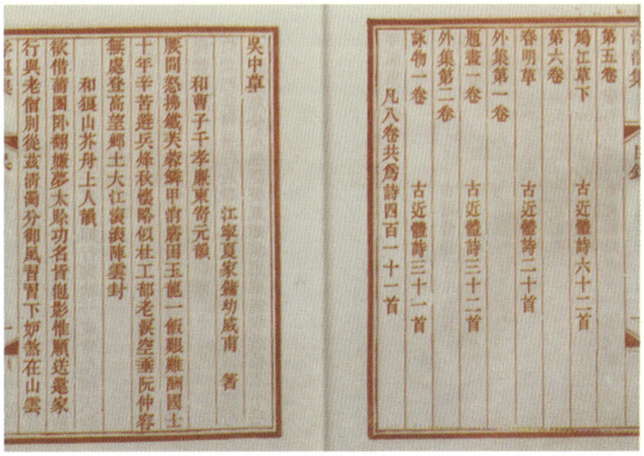
第五卷
鳩江草下　古近體詩六十二首
第六卷
春明草　古近體詩二十首
外集第一卷
題畫一卷　古近體詩三十二首
外集第二卷
詠物一卷　古近體詩三十一首
凡八卷共爲詩四百一十一首

吳中草
江寧夏家鏞幼成甫　著
和曹子千孝廉東皆元韻
展開怒揚鐵芙蓉鋒甲肖磨國玉髓一飯艱難酬國士
十年辛苦避兵烽秋懷略似杜工部老誤空釜阮仲容
無處登高望鄉土大江滾滾陣雲封
和猨山芥舟上人韻
欲借蕭園卧翻嫌夢太賒功名皆泡影惟願送毫家
行與老僧期從茲謝蜀分御風習習下妒煞在山雲

《浮沤集》(2)

《唐荆川先生文集》十八卷，明唐顺之撰，清光绪二十一年武进盛氏思进斋刻红印本。半页 14 行 25 字，小字双行同，黑口，左右双边，单鱼尾，版心镌刻“荆集”。框高 18 厘米，宽 13.2 厘米。

《明史》言唐顺之“于学无所不窥……莫不究极原委，尽取古今载籍剖裂补缀，区分部居，为左、右、文、武、儒、稗六编传于世，学者不能测其奥也。为古文洸洋纡折，有大家风”。

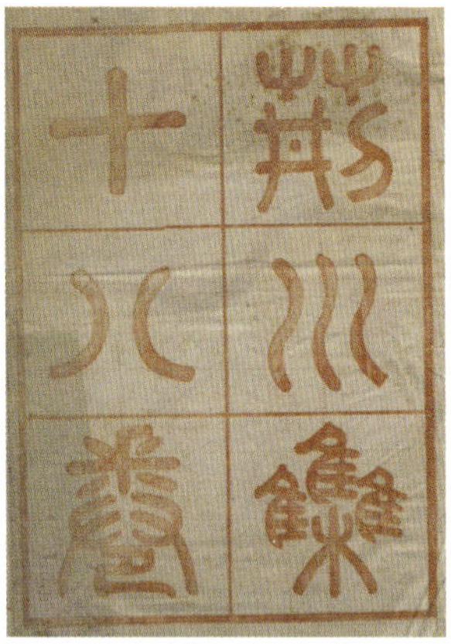

《唐荆川先生文集》(1)

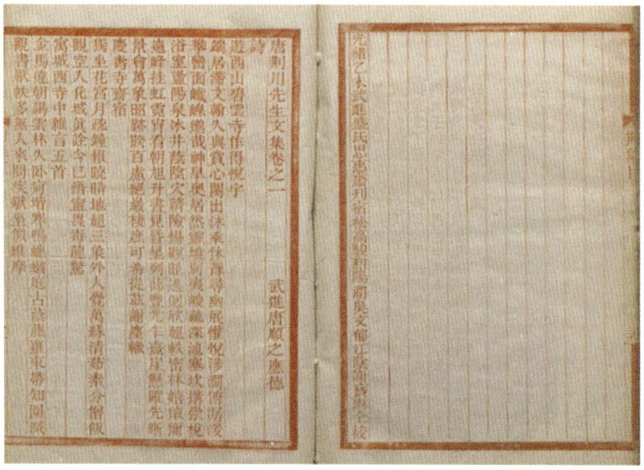

《唐荆川先生文集》(2)

《视昔轩遗稿》五卷，清萧县徐树铮撰。民国 20 年徐氏家刊红印本，2 册，半页十一行二十一字，白口，四周单边，单鱼尾。框高 17.8 厘米，宽 12.3 厘米。内封镌“视昔轩遗稿”，封内刊刻牌记镌“民国 21 年辛未冬雕成”。

《一士类稿》言：“（徐树铮）盖有儒将之风，阅《视昔轩遗稿》，其文及诗词，颇有功候，不乏斐然之作。”

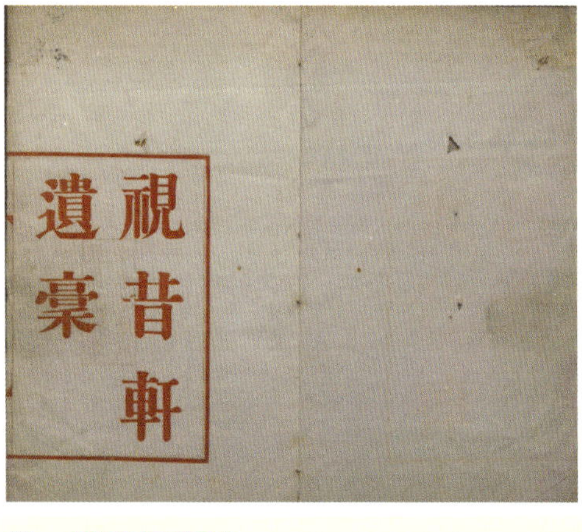

《视昔轩遗稿》

金陵图书馆馆藏的民国文献涵盖政治、经济、文化、军事等多个领域，具有史料价值与历史文物价值，在学术界有“新善本”之说，其中有的文献，或许有已在公众面前消失已久的图书。事实上，民国文献不仅保存难度高于古籍，其珍贵和不可逆性也不输古籍善本。

中华文明之所以能够源远流长、博大精深，是因为有文字记载的历史。民国时期文献正是以文字记录了中国近代历史的风云变幻。保护好这些珍贵的民国时期文献，是对历史的继承，对民族的负责，是图书馆的神圣使命。

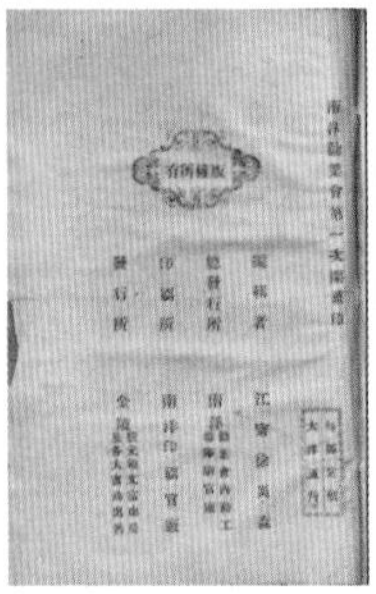
版權所有

金陵雜誌

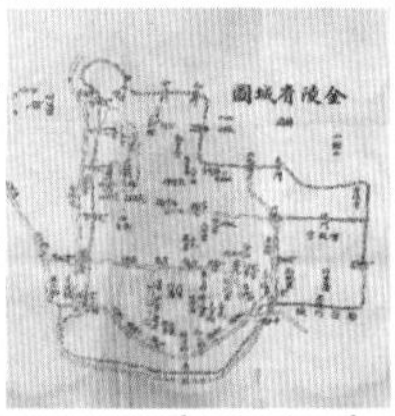
金陵省城圖

10

第十章

重要志书文献《金陵杂志》

1910 年 6 月 5 日，南洋劝业会在南京隆重开幕。虽然南洋劝业会举办得非常成功，但它并没有改变清王朝在辛亥革命大潮的冲击下土崩瓦解的命运。南洋劝业会这项国际性赛事本身，不论当时的历史背景如何，是我国近代经济史上不可磨灭的一页。当时主办方编印的《金陵杂志》，现存世量已屈指可数，则成为了记录此项重大活动的珍贵资料。

对《金陵杂志》的研究极为缺乏

金陵图书馆所珍藏的《金陵杂志》，封面标“宣统二年南洋劝业会第一次开幕日印”之纪念专号，目前据不完全调查和统计，有收藏之图书馆凤毛麟角。通过在国内外一些主要图书馆进行书目查询得知，除金陵图书馆有藏外，在众多国内外较大规模的图书馆中，竟只有国家图书馆、上海图书馆、北京大学图书馆、中科院文献情报中心等寥寥几家有收藏，而国家图书馆的馆藏地不知为何是“海外中文图书”。全国大图书馆中仅此区区可数有藏，确实“极稀见”。

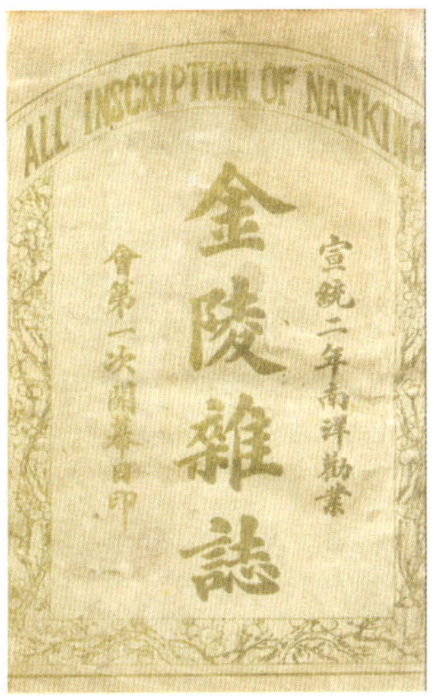

《金陵杂志》封面

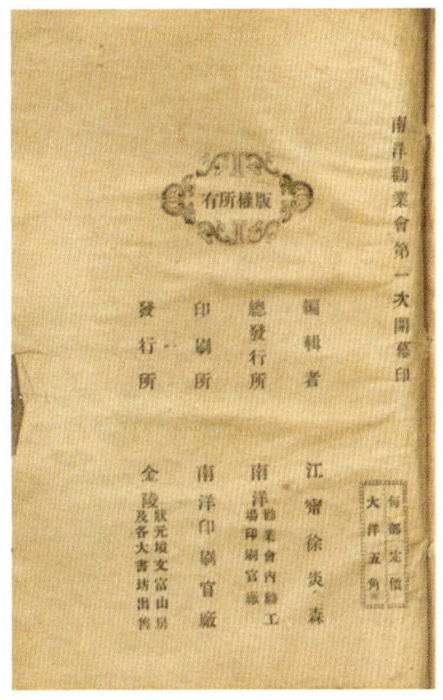

《金陵杂志》版权页

对《金陵杂志》虽之前偶见文献记载和介绍，但大多将其误作为期刊，原因就是望文生义。例如，在《全国中文期刊联合目录》中查到了关于《金陵杂志》的著录：“《金陵杂志》；南洋劝业会；1910.1；143。”（143 是《全国中文期刊联合目录》赋予中共中央马克思恩格斯列宁斯大林著作编译局图书馆的馆名代号）。后又从网络上“编辑出版人沙龙”中《中国近代报刊名录》读到：“《金陵杂志》1910 年 1 月创刊，南京南洋劝业会出版。中共中央马列编译局曾藏有第一期。”再有，《新闻研究资料》1984/Z2 所刊，由方汉奇、谷长岭、冯迈编撰的《近代中国新闻事业史事编年（二十）》列出“同月（指 2 月），《金陵杂志》在南京创刊。南洋劝业会主办”，等等，都把《金陵杂志》名称中的“杂志”，认定为“杂志”，也就是“期刊”。

把《金陵杂志》作为期刊收入联合目录，是“望文生义”式的失误。正是由于研究者的屡屡失误和以讹传讹，至今对这部重要历史文献的研究几乎还是空白。

《金陵杂志》是极为重要的史志资料

金陵图书馆所藏之徐炎森编辑《金陵杂志》，为南洋劝业会、劝工场印刷官厂 1910 年初版本，铅印本。在南洋劝业会开幕之际，主办方特地出版该书，向海内外来宾比较全面地介绍南京各方面情况。其中除了序文外，主要内容包括金陵省城全图、街道志、城垣志、桥梁志、衙署志、学堂志、会馆志、祠祀志、名园志、金陵名胜图、水道志、山麓志、庙宇志、局所志、试馆志、公所志、慈善事业志、沪宁火车开行志、宁省火车开行志、宁省火车价目志、照相馆志、客栈志、中西菜馆志、茶馆志、物产志、风俗志、社会志、时令俗例志、神会志、好尚志、避忌志。南洋劝业会的成功举办，极大地提升了南京在海内外的知名度和美誉度，该书曾于 1918 年 3 月、1922 年 1 月再版发行。再版和续集中最后还附有金陵古迹诗志。2013 年，作为《南京稀见文献丛刊》之一，南京出版社点校出版了《金陵杂志 金陵杂志续集》，但考据研究很是缺乏，且有谬误。

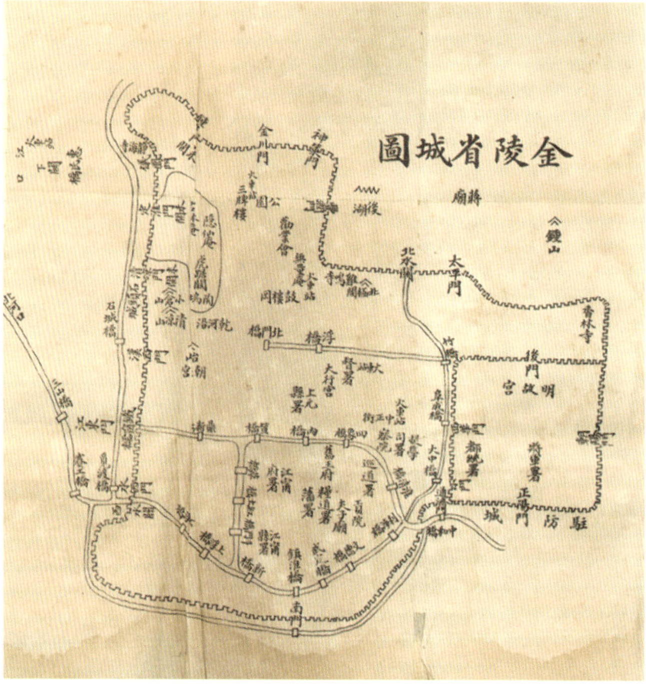

《金陵杂志》中的“金陵省城图”

百年以来，《金陵杂志》内容的被引用量是巨大的，其文献学意义和俗语词研究史料价值、方言研究史料价值不可低估。当今仍在民间流传的地方特色风俗，有很多已经找不到最原始的文字记载了，然在《金陵杂志》中却比比皆是，实属珍贵。

《金陵杂志》在积极引进西洋印刷技术方面的价值也是很大的。从相关研究资料情况来看，过去由于种种原因，对南洋劝业会的研究重视不够，从《金陵杂志》的版本属性来看，随着西方印刷技术的不断输入，传统木刻版印逐渐为铅印、彩印所取代。逐渐成长发展的新闻报业，进一步扩大了南洋劝业会在海内外的影响。《金陵杂志》中大量设计了插图，现代摄影术也在当时发挥了较大功用，开始广泛步入国人的生活视野，书中还配有夫子庙、北极阁、午朝门和奎星阁的摄影照片。《金陵杂志》中所蕴含的研究思想和学术气息，对今人仍然具有许多借鉴意义。

《金陵杂志》虽不是线装书，但依然属于善本古籍文献；虽然出版时间只是清宣统二年，但版本的代表性独特；虽然不是稿本、写本、抄本、刻本、印本等，但较早时期的铅印本的史料价值更显不菲；虽然当年的出版发行数量已无从查考，但当今存世量已使它成为了珍罕品种。所以，只要这样重新来认知《金陵杂志》这本书，那么在中国古籍版本研究领域里，它所处的研究对象地位如何，也就不言而喻了。

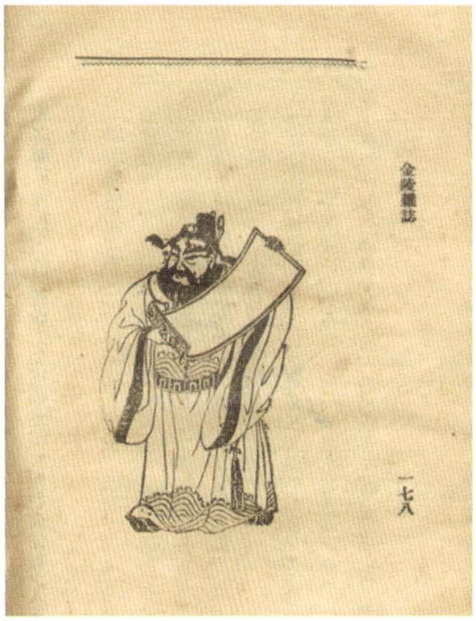

《金陵杂志》中的“钟馗图”

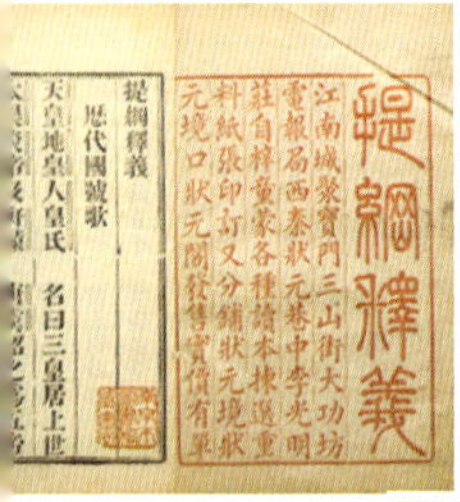
提綱釋義

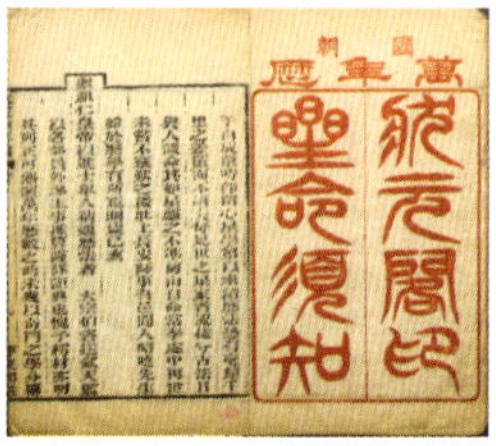
萬年曆

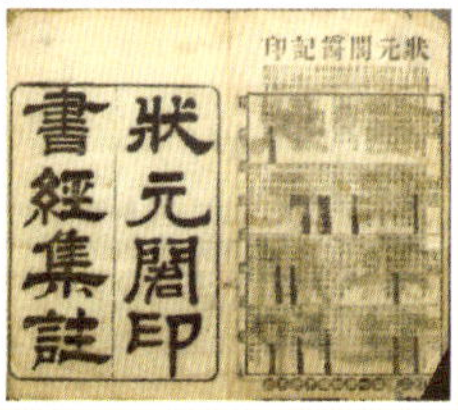
狀元閣印
書經集註

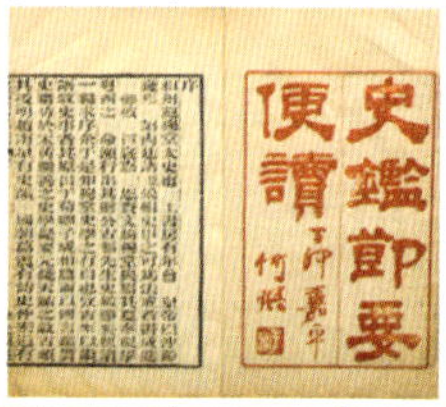
史鑑節要
便讀

11

第十一章

李光明庄刻本

早在明初，南京在朱元璋定都于此之后，文人荟萃，书坊书肆应运而生，当时有著名的唐氏富春堂、文林山房等。其后这些名书肆逐渐衰落，到了明末崇祯时，南京书肆书坊所剩已经寥寥无几，作为后起之秀的李光明庄遂执此业牛耳。

在《中华印刷通史》中，对李光明庄的描述是："李光明，字椿峰，号晓星樵人。他的室名何陋居，设肆于金陵聚宝门三山街大功坊郭家巷内电线局西首秦状元巷中，并设分肆于状元境口状元阁。所刻各书，前面多印有推广文字的告白启事。版心下刻李光明庄四字，有的还在刊叶附刻目录。据所刻《书经》刊叶目录所载，李光明庄刻印了一百六十七种书，计经部四十一种，史部六种，子部三种，集部五十二种（其中所刻尊经书院）钟山书院、惜阴书院的文章十二种，启蒙类二十四种，闺范类四种，医算杂学类二十四种，善书类十三种。目录下方用白文标明'以上价目一律制钱，不折不扣'。传本所见，刻书用两种字体，一是宋体方字，占多数；一是写刻欧体楷书，如刻《益幼杂字》，字体书写秀劲。书版多委金陵唐鲤跃雕刻。"

李光明庄是南京状元境中的一家书肆，门市部设于中华路畔的秦状元巷，后即作坊。状元境相传为秦桧宅邸所在，彼时状元境一带书贾麇集。卢前在《书林别话》中云：金陵三山街为明代刻书者所聚。李光明曾在曾国藩大营内从事雕版印刷，后清军攻入南京，李光明就包办了乡试考场中的印题和文卷事务，随后就开设书庄专门印行一些流行书籍。当时李光明庄的所印的书都是线装，有一特点：封面多印绿色画一帧，上加红字楷书。这些书，凡是童年读过私塾的南京人，没有没接触过的。中华书局图书馆曾举办过一次基本教育展览，所展览的童蒙读物 55 种，其中南京李光明庄出版的共 27 种，约占二分之一，可见李光明庄出版的童蒙读物在清末确实产生过很大影响。除此之外，李光明庄还印售史鉴纲要这一类大部书。清朝末年，有些太史孝廉公们又把文稿朱卷一类委托该庄刻印，因此，当时李光明庄很是煊赫一时。

李氏所刻书，最早的大约在同治间，最晚的是 1924 年南京李光明庄刻本《金陵百咏》一卷、《金陵四十八景》一卷。又李氏还为当时闻人刻书，如清黎庶昌撰《拙尊园丛稿》六卷就是请李光明庄刊刻的。

在叶树声、余敏辉所著的《明清江南私人刻书史略》中，对李光明庄刻书之事有五行 100 余字的叙述，是说《书经》刊叶目录所载，很是简单。而《江苏刻书》（江苏艺文志）涉及李光明庄的也只有列出所刻十二种书的书名，其他的则一无所有了。

1997 年，陕西师范大学古籍所黄永年教授曾写过一篇《介绍一个世纪前的童蒙读物》（发表于《陕西师范大学学报（哲学社会科学版）》1997 年 04 期），说的是他在苏州得到清光绪间李光明庄刻的《香山诗选》六卷二册，书后附了一页状元阁爵记印的售书广告。广告上开列 109 种书的名目，分蒙训、闺训（3 种）、史类（4 种）、经类（31 种）、文类（5 种）、杂学（8 种）、良方（5 种）等。

而李光明庄所刻的《三字经注解备要》一书，书名页前即附有一页这样的目录，共著录图书 167 种，其中经类 41 种，史类 6 种，子类 3 种，集类 52 种，启蒙类 24 种，闺范类 4 种，杂学类 24 种，善书类 13 种。

对于李光明庄究竟刻了多少种书，目前还没有确切的数字。但品种丰富、数目众多是十分明显的。

清朝同光年间的江浙地区，刻经部小学、蒙学读物最多的，或许应推李光明庄了。太平天国后，清廷是百废待举，在江浙地区，尤其是在南京、杭州，除了官书局的大量刊刻读书士子所急需的经史子类图书外，坊间所刻则是种类繁多，启蒙读物、经史子典籍、课艺应试用书、医书、百科读本、诗词等类，什么书畅销就刻印什么。而李光明庄就是其最典型的代表。

李光明庄所刻如《四书》《五经》《三字经》《百家姓》《千字文》《史鉴节要》《幼学琼林》《龙文鞭影》诸书，皆当日家塾之课本，蒙童无不人手一编。东南各地家塾一类之学堂，多以李光明庄镌本为读本。

李光明庄请得擅欧体圣手来书写蒙学书，这使得来店购书的顾客或塾师见到欧字法度严整、端庄稳重，当然是希望孩童临摹，这实在是高明之举。李光明庄刻的书多见于它后期刻的售书单内。这种售书单并不是每种书上都有的，应该说前期所刻是没有的，后来刻的品种多了，为扩大宣传，才有售书单。

1895 年（光绪二十一年）所刻印的一部养生著作《延寿丹方》，现为国内独刻本医书，且仅中国中医科学院图书馆存一部，为非常珍贵中医文献。

李光明庄所刻书籍在清末的坊刻本中占有一席之地，这家书庄在封建社会逐渐过渡到半封建社会中，在教育事业上起过一定的作用。

李光明庄所刻书籍如今在一些大的图书馆都有一些。金陵图书馆亦藏有 104 部 56 种，其中早期的李光明庄刻本 7 部 5 种，所藏品种为同等规模的图书馆中较多者，也是南京文献馆藏中重要组成内容之一。这些古籍虽然历史比较短暂，但作为南京地方坊刻书籍的代表，能比较集中地收集这么齐全，也是非常难得，非常珍贵的。

《春秋左传》，明钟惺等评点。清光绪十一年李光明家刻本。上下两栏，上栏刻评点，下栏刻正文及音义。下栏十行二十字，左右双边，白口，单鱼尾。版心下部偶镌“李光明家”。框高 18. 8 厘米，宽 13. 5 厘米。

《提纲释义》，清李光明庄刻本。半页六行十五字，小字双行，四周双边，白口，单鱼尾。版心中镌“提纲”，下镌“李光明庄”。框高 18. 7 厘米，宽 13. 4 厘米。

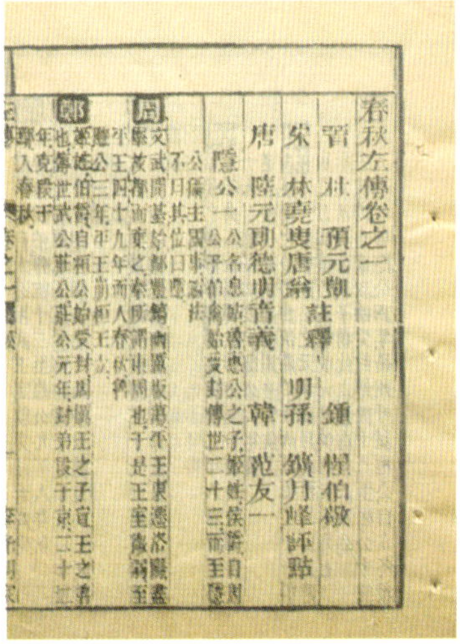

《春秋左传》

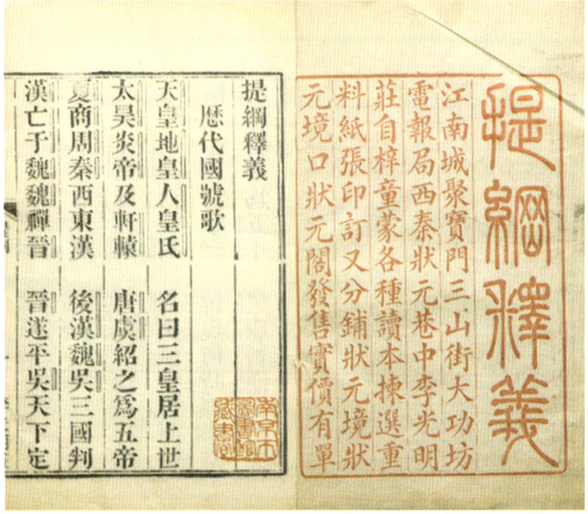

《提纲释义》

《百家姓考略》，清王相辑，清徐士业校刊。清李光明庄刻本。半页七行八字，小字双行，左右双边，白口，单鱼尾。版心上镌“百家姓考略”，下镌“李光明庄”。框高 19.3 厘米，宽 14.1 厘米。

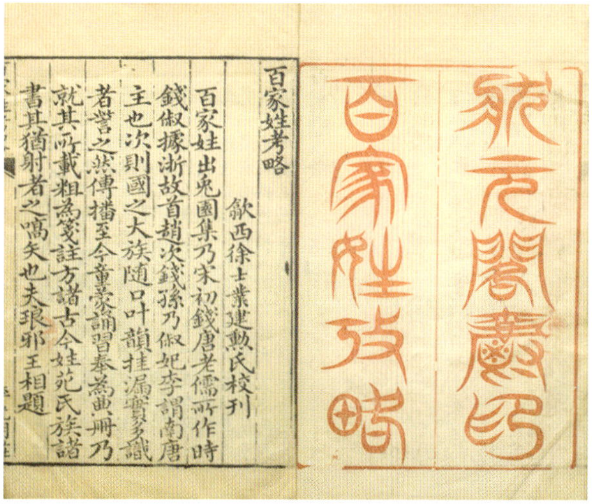
欽定閣印
百家姓考略

百家姓考略
歙西徐士業建勲氏校刊
百家姓出兔園集乃宋初錢唐老儒所作時錢俶據浙故首趙次錢孫乃俶妃李謂南唐主也次則國之大族隨口叶韻挂漏實多識者嘗之然傳播至今童蒙誦習奉為典冊乃就其所載粗為箋註方諸古今姓苑氏族諸書其猶射者之嚆矢也夫琅邪王相題

《百家姓考略》

《钦定万年书》，清李光明庄刻本。左右双边，单鱼尾。版心上镌“万年书”，下镌“李光明庄”。框高 17 厘米，宽 13.5 厘米。此书所记起乾隆三十六年，讫道光三十年。

《史鉴节要便读》，清鲍东里辑，清李光明庄刻本。半页九行十六字，小字双行，左右双边，白口，单鱼尾。版心上镌“史鉴节要便读”，下镌“李光明庄”。框高 17.7 厘米，宽 11.9 厘米。前有同治元年常熟翁心存序。

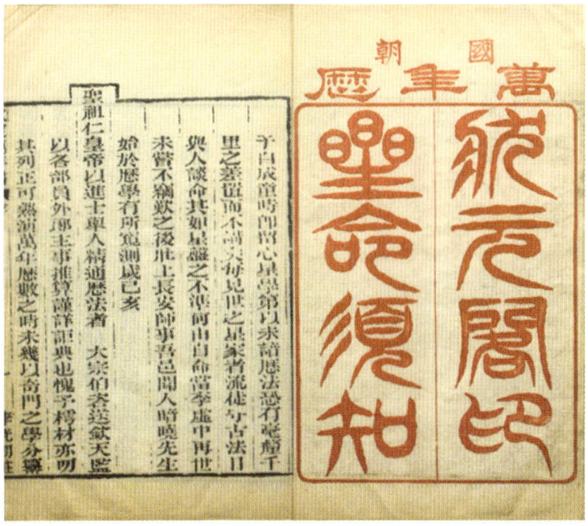
國朝萬年曆
欽定閣印

《钦定万年书》

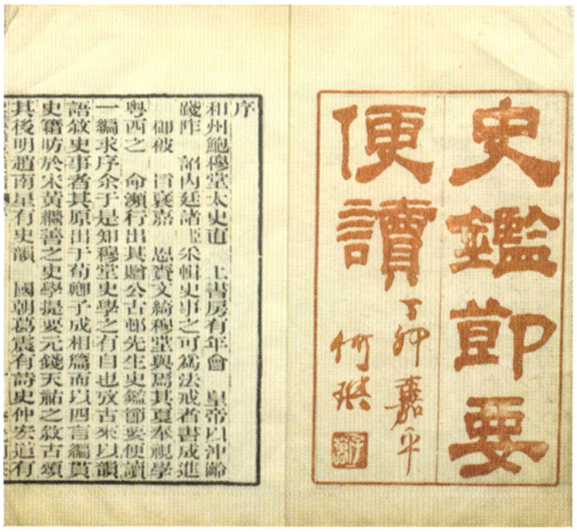
史鑑節要便讀

《史鉴节要便读》

《书经增订旁训》，宋蔡沈集传，清李光明庄刻本。半页七行二十字，四周双边，白口，单鱼尾。版心上镌“书经”，下镌“李光明庄”。框高 18.8 厘米，宽 13.8 厘米。书前有状元阁爵印记，刊刻售书广告，开列书目 92 种，分蒙训、闺训、史籍、经书、文稿、诗钞、杂学、良方等八类。

《龙文鞭影》，明萧良有辑，清李光明庄刻本。左右双边，白口，单鱼尾。版心上镌“龙文鞭影”，下镌“李光明庄”。框高 15.2 厘米，宽 12.4 厘米。

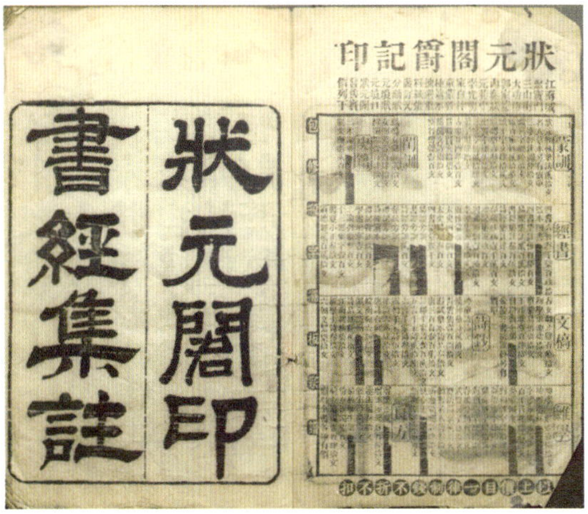

《书经增订旁训》

《龙文鞭影》

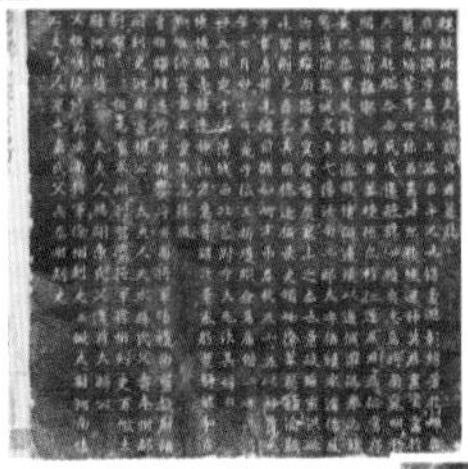

師望鼎

12

第十二章

拓片与拓片卷轴

中国是一个文明古国，有着悠久的历史和灿烂的文化。明代以前，中国一直是世界上发明最多的国家，传拓技术就是其中重要发明之一，由此而产生的碑帖拓本（或称“拓片”）是承载中华古代文明的重要载体。1400 年来，拓本保存了重要的文献资料和丰富多彩的书法及绘画艺术。

碑帖拓本之分类，大致可分为刻石、碑碣、墓志、墓莂、石阙、摩崖、造像、塔铭、画像、浮图、刻经、界至、医方、井阑、桥柱、题咏、题名以及诗文杂著等，几乎无体不包，内容十分丰富，涉及范围广泛。碑帖艺术自出现以来，历经秦、汉、魏、晋、南北朝、隋、唐、五代、辽、宋、元、明、清及民国，直至新中国成立，至今不衰。

拓片之原石或因遭遇兵燹，或因保护措施不得力，或因一些政治因素人为毁坏，或因火灾、地震之天祸，或因盗贼偷窃流出境外等，其数量愈来愈少，漫漶剥蚀日趋严重。而旧拓片或失散无量，时至今日，民国以前拓本即可算作旧拓了。

碑帖拓本之珍贵，首先在于它能清晰地、完整地、准确地、真实地再现了历史原貌。它所记录、表现出来的内容，都是极其宝贵的历史资料。对碑刻拓本的收藏，是保护、继承中国古代文化的重要一环。我们只有保护它、研究它、学习它、展示它，才能继承和发扬中华民族光辉灿烂的文化艺术。

馆藏拓片卷轴和碑帖拓片

拓片卷轴

朱拓吴昌硕题佛造像拓片

潍县簠斋先生收金石造像空前绝后此拓片三幅之一也余得自在

此为清代山东潍县金石大家陈介祺旧藏造像原拓，当有三幅，此幅为吴昌硕所得。吴昌硕，原名俊，字昌硕，别号缶庐、苦铁等，浙江省孝丰县鄣吴村人。晚清著名画家、书法家、篆刻家，“诗、书、画、印”四绝，为“后海派”之代表，是杭州西泠印社首任社长。吴昌硕与任伯年、蒲华、虚谷齐名，为“清末海派四大家”。

朱拓吴昌硕题佛造像拓片

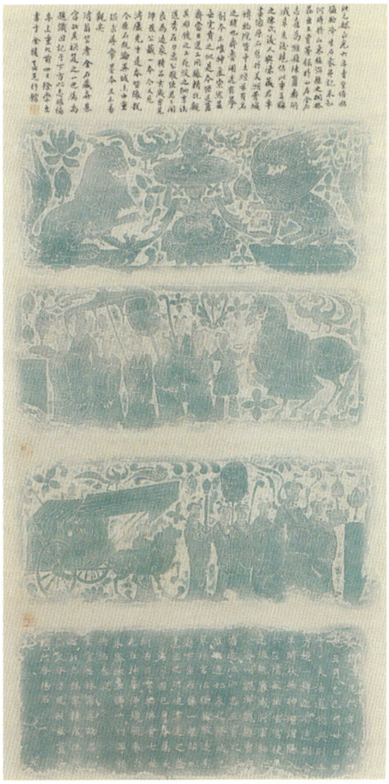

绿拓徐崇立题画像石拓片

绿拓徐崇立题画像石拓片

此绿拓原石为清代山东潍县金石大家陈介祺旧藏，北魏孝明帝元诩正光六年所造，出土于山东临淄，曾著录于毕阮、阮元共同撰写的《山左金石志》，原石现藏于美国费城博物馆。此拓由金陵徐崇立题签。徐字健石，号瓻园，晚号瓻叟。清光绪二十九年举人，善书法，工魏碑，精研金石文字。

散氏盘（吴湖帆题散氏盘）

散氏盘（吴湖帆题散氏盘）

散氏盘也称散盘，因作器者为夨，故又称“夨人盘”。此盘是西周厉王年间以块范法铸造的青铜器皿，腹内铸有357字金文，是中国最早的土地契约，书体开草篆之先，占碑学体系重要位置，与《毛公鼎》《大盂鼎》《虢季子白盘》并称晚清“四大国宝”之一，现收藏于台北国立故宫博物院。此拓为清代阮元传世者，后为吴湖帆所得，弥足珍贵。

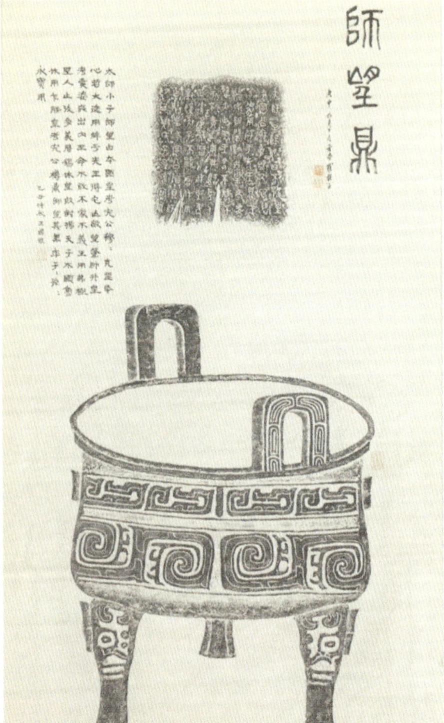

师望鼎（罗振玉题师望鼎拓片）

师望鼎（罗振玉题师望鼎拓片）

师望鼎出自西周中期，乃宄公之子师望赞述先人功德并自戒其行而作，有铭文十行九十三字，铭文首云“大师小子师望”，故名师望鼎。相传为左宗棠征新疆时所得，通高49厘米、口径43厘米。平折沿，口沿上有一对立耳，下腹向外略鼓，三条兽面蹄足，耳外侧饰重环纹，口沿下饰窃曲纹，腹饰变形鸟纹。此拓为罗振玉所拓，有其亲笔题签，并钤“上虞罗氏”和“文学侍从”二印。左侧有王国维释文，时在1925年。

蓝拓罗振玉跋毛公鼎拓片

毛公鼎，西周晚期毛公所铸青铜器，清道光末年出土于陕西岐山，此鼎初由潍县金石大家陈介祺收藏，后归端方所有，现收藏于台北故宫博物院。此拓片引首乃罗振玉所书。款识累累，来邹寿祺应石友三之请所题。

蓝拓罗振玉跋毛公鼎拓片

碑帖拓片

魏故本郡功曹行高阳县省兼郡丞寇君墓志

简称《寇凭墓志》。北魏神龟二年（519 年）二月二十三日刻立。1918 年洛阳城东北拦驾沟北陵出土，与诸寇志（寇演、寇治、寇遵）同在一区掘出。志文正书。24 行，行 20 字，末二行各 23 字。有方界格。志文书法工稳厚重，笔力遒劲。曾归腾冲李氏，后归江苏吴县古物保管所。抗日战争时期石毁。

魏故汝南太守寇演墓志

简称《寇演墓志》，北魏神龟二年（519 年）二月二十三日刻立。1918 年在河南洛阳城东北拦驾沟北陵出土，高 47 厘米，宽 47.5 厘米，20 行，每行 21 字，正书。曾归腾冲李根源，后藏于吴县古物保存会，抗日战争时原石被毁，庆幸的是有原拓存世。同时出土的还有寇治墓志、寇凭墓志、寇遵墓志。

魏故本郡功曹行高阳县省兼郡丞寇君墓志

魏故汝南太守寇演墓志

魏故使持节卫将军荆河雍四州刺史七兵尚书寇治墓志铭

魏故使持节卫将军荆河雍四州刺史七兵尚书寇治墓志铭

简称《寇治墓志》，北魏孝昌二年（526年）刻立。1918年在河南洛阳城东北拦驾沟北陵出土，同时出土的还有寇演墓志、寇凭墓志、寇遵墓志。32行，行30字，正书。志文中篆隶真书杂糅，别具一格。

大魏使持节右卫将军泾州刺史张敬墓志铭

简称《张敬墓志》。北魏孝昌三年（527年）九月十三日刻立。河南省洛阳出土。正书19行，行19字。书法靡弱，疑是伪刻，但仍有据此翻刻者。翻刻之石后为腾冲李根源所有，后归苏州古物保存会，抗战时毁于兵火。

始兴忠武王萧憺碑额

全称《梁侍中司徒始兴忠武王碑》，亦称《始兴忠武王碑》或《始兴王碑》。位于南京东北郊尧化门外西花林村，是现存南朝梁时所立的最大刻碑。碑文撰写者徐勉，书写者贝义渊是南朝的写碑名手。房贤明刻字，部元上石。正文楷书，碑阳36行，每行86字；碑阴列曹吏姓名，但碑文自右上角斜向左中处都已漫漶不清，可识别者已不及全碑碑文的三分之一；碑额正书五行，计17字“梁故侍中司徒骠骑将军始兴忠武王之碑”。虽以楷书入碑，然颇富行书笔意，自然流畅，飞动灵活，雄健有力，给人以别具一格之感。康有为曾评价说“长枪大戟”“峻整莫如贝义渊”。

大魏使持节右卫将军泾州刺史张敬墓志铭

始兴忠武王萧憺碑额

魏代扬州长史南梁郡太守宜阳子司马景和妻孟敬训墓志铭

又称《司马昞妻孟敬训墓志铭》。北魏延昌三年（514 年）正月十二日刻立。清乾隆二十年（1755 年）河南孟县八里葛村出土。同时出土的还有《司马昞墓志》《司马升墓志》《司马绍墓志》，合称“四司马墓志”。四志中以此志最好。楷书，20 行，行 21 字。原石已佚。此系北魏墓志中的代表作品之一。多用方笔，锋芒毕露而不失于纤弱，结体逸宕而富有韵致。比某些千篇一律的元氏墓志略高一筹。

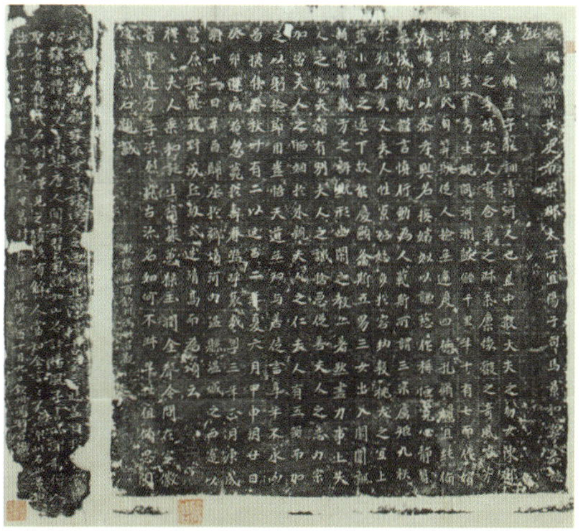

魏代扬州长史南梁郡太守宜阳子司马景和妻孟敬训墓志铭

魏故怀令李超墓志铭

简称《李超墓志》。北魏正光六年（525 年，一说北魏永安二年（529 年））正月刻立。清嘉庆时河南偃师县乔家村出土，后置县学明伦堂，现存河南偃师县。石高 2.3 尺，宽 2.35 尺。正书 26 行，满行 26 字。书法清隽醇雅，北魏书之善本，为世所重。康有为评此志为体骨峻美之宗。

魏故怀令李超墓志铭

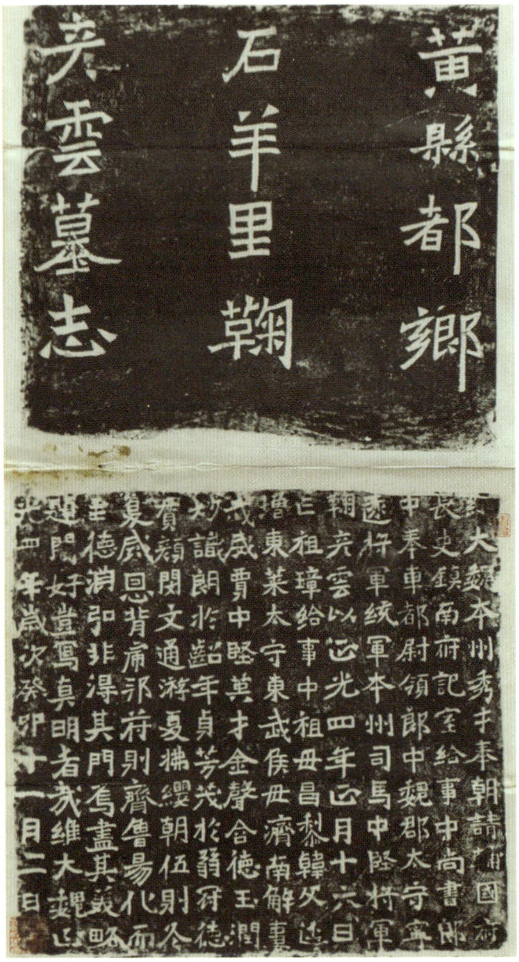

黄县都乡石羊里鞠彦云墓志

黄县都乡石羊里鞠彦云墓志

北魏正光四年（523年）十一月刻立。清光绪初年，山东黄县南十里的战家夼北龙口农民掘井获得，后移置嵌于黄县县学，现藏山东省博物馆。正书14行，行13字。志盖刻“黄县都乡石羊里鞠彦云墓志”12字，使用方笔，笔画方严粗重，颇为规整。正文朴茂古雅。此志曾被认为是六朝方笔标本，或许有些过誉，但确实不同于那些过于规范化的元氏墓志。

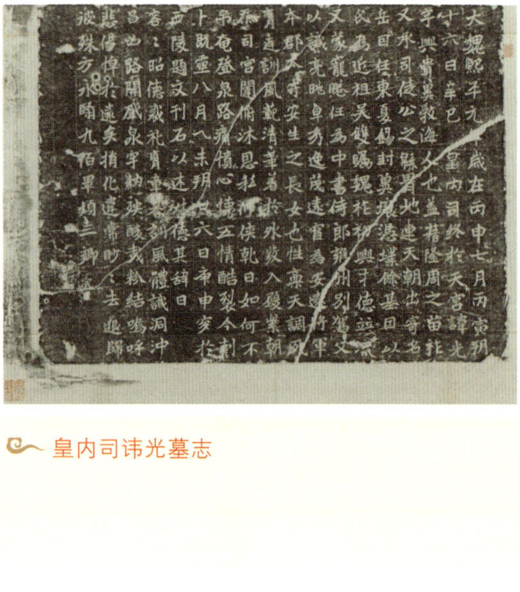
皇内司讳光墓志

皇内司讳光墓志

北魏熙平元年（516年）八月二十六日刻立。1926年洛阳城北十余里南石山村北出土。曾归三原于右任。正书，高35.5厘米，宽47厘米。18行，行15字。无撰书者姓名。

太尉领司州牧骠骑大将军顿丘郡开国公穆文献公穆亮墓志铭

简称《穆亮墓志铭》。北魏景明三年（502 年）六月廿九日刻立。1925 年河南洛阳城东北西山出土，同时出土的还有其妻亮妃墓志。于右任旧藏，1939 年于右任捐赠西安碑林。志石呈方形，高 66 厘米，59 厘米。正书 20 行，行 22 字。此志在北魏碑志中属早期作品，书法结构严谨，字势端庄稳重。棱角分明而不锋利，笔画丰腴而筋骨内含，风格与《张猛龙碑》较为接近，为北魏墓志前期厚重盛大书风的又一种表现。与《元桢墓志》相比，其意态已明显向工稳方向发展。

太尉领司州牧骠骑大将军顿丘郡开国公穆文献公穆亮墓志铭

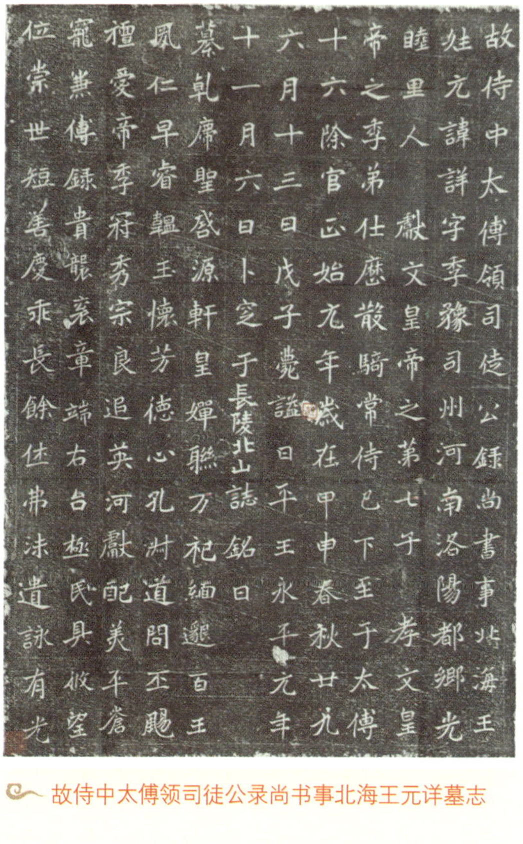

故侍中太傅领司徒公录尚书事北海王元详墓志

故侍中太傅领司徒公录尚书事北海王元详墓志

北魏永平元年（508 年）十一月六日刻立。1920 年河南洛阳城北十八里后海资北平冢出土，曾归武进陶湘，现存上海博物馆。志高 68.6 厘米，宽 48.5 厘米。正书 12 行，行 16 字。书法秀丽。

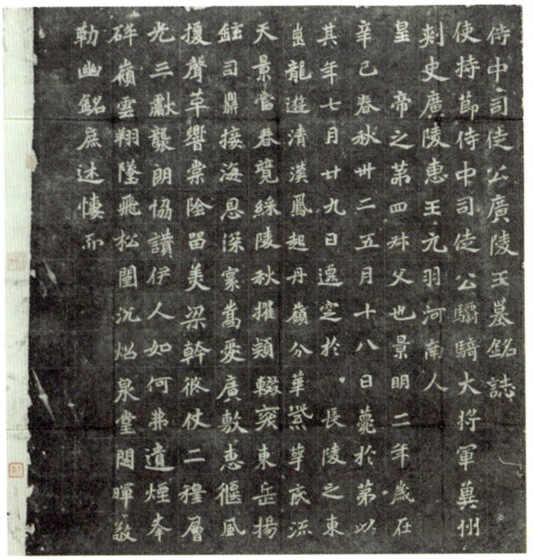

侍中司徒公廣陵王墓銘誌
使持節侍中司徒公驃騎大將軍冀州
刺史廣陵惠王元羽河南人
皇帝之第四叔父也景明二年歲在
辛巳春秋卅二五月十八日薨於第以
其年七月廿九日遷窆於長陵之東
崗龍遊清漢鳳起丹嶺分華紫萼底流
天景當春覽綠陵秋摧穎綴窔東岳揚
銘司鼎接海恩深寡篤愛廣敷惠僊風
擭贊草響棠陰留美梁幹彼杖二穆層
光三獻聲朗協讚伊人如何弗遺煙奔
碎嶺雲翔隆飛松闇沈焰泉堂閟暉敍
勒幽銘庶述懷而

侍中司徒公广陵王元羽墓志铭

侍中司徒公广陵王元羽墓志铭

北魏景明二年（501 年）七月廿九日刻立。1918 年河南洛阳陈庄村出土，现藏中国国家博物馆（一说2003 年出土，现藏中国国家图书馆）。志石长 55.2 厘米，宽 51.6 厘米，厚 16.4 厘米。字体优美，刻工精细，凝练端整，具北朝粗犷之风。

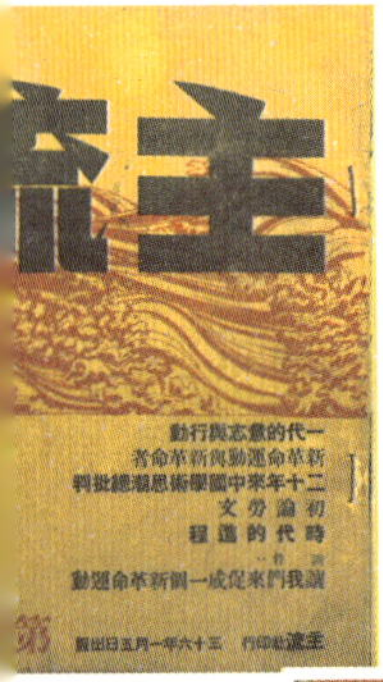

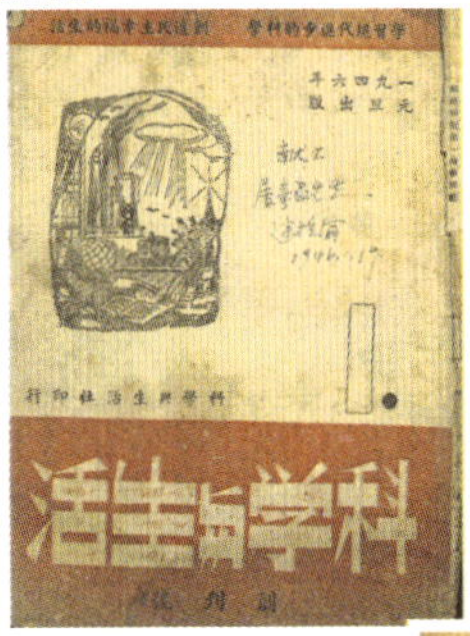
科学与生活

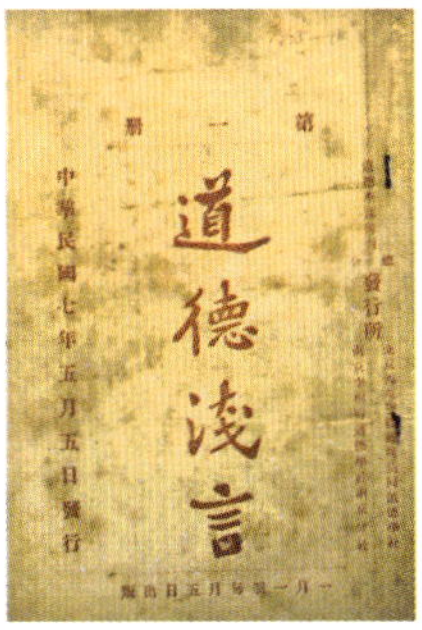
第一册
道德淺言
中華民國七年五月五日發行

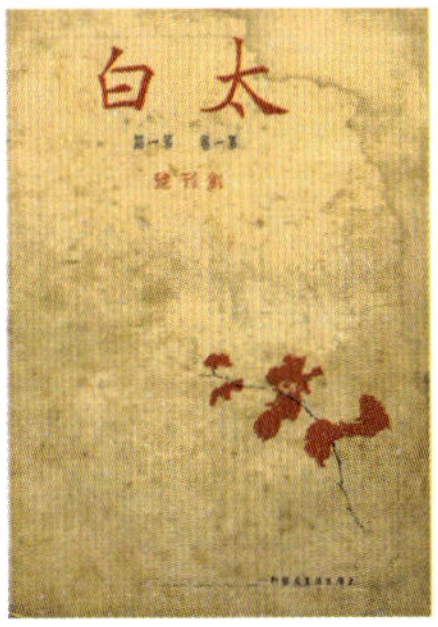
太白

13

第十三章 民国期刊创刊号

民国时期，由于古今文化冲突，中西文化互动，在当时的知识分子中产生了众多学术群体和文化流派，各色人等有了阐明自己立场、观点的要求。当时的期刊客观地记录了一个世纪以来，中华民族在政治、经济、思想、文化、科技、艺术、教育、军事等领域的发展变化，是研究当时古今文化演进、中西文化交融的珍贵文献资料，也成了当今热卖的艺术收藏投资品种。而创刊号尤为珍贵，已经成为了众多收藏爱好者寻求的对象。创刊号蕴含着大量丰富密集的信息，具象地表现了中国期刊史繁荣的历史轨迹，高度浓缩了特定时期的社会历史，是期刊史研究不可或缺的珍贵史料。创刊号作为刊物的第一期，从办刊宗旨、内容风格，到栏目设置，再到装帧印刷，每个细节都经过了充分酝酿，深思熟虑，承载了创办者的激情与梦想，凝结着创办者的智慧与心血，可以说每一个刊物的创刊号都是其最精华的部分。同时，创刊号所包含的文艺作品、历史图片等信息具有鲜明的时代特征，为我们研究历史、还原历史提供了珍贵的第一手资料。

金陵图书馆收藏的民国创刊号涉及诸多领域。在军事方面，有 1948 年 5 月 10 日创刊、陆养浩担任主编的《海建》月刊。这是一本海事杂志，16 开本，只有 44 页。经济方面有《四川经济季刊》，是 1943 年 12 月 15 日施复亮领导四川省银行经济研究处编辑出版的。该刊的出版发行，根本目的是为地下党做掩护工作。政治方面有《主流》，1947 年 1 月创刊，南京主流社出版，是一本自由主义的政论性期刊。1948 年 12 月停刊。医药方面有《针灸杂志》《中国医药月刊》《浙江医药月刊》《上海国医学院院刊》等。

这些历经几十年甚至百年岁月洗礼之后的期刊，无论内容还是形式上，依然各具特色，至今仍饱含进步思想，极具积极的历史意义，如林语堂的《宇宙风》《论语》触及时弊、幽默中含讽刺；陈望道的《太白》首创“科学小品”新文体，专登匕首式的杂感；董德懋、周铉章主编的《中国医药月刊》，以发扬东方文化，研究国医学术为宗旨等。

民国期刊创刊号既是期刊的名片，也是历史和时代的一个侧影。这些意趣积极的期刊，从一个侧面反映了当时社会在政治经济、思想文化、艺术教育等诸多领域的发展情况，对于历史研究也具有一定的研究价值。

馆藏民国时期期刊创刊号

《科学与生活》

1946 年元旦，蒋一苇主编《科学与生活》杂志并兼该杂志社副社长，他与郭沫若、严希纯等老一辈科学家一起，提出以“科学中国化、科学民主化、科学生产化”为宗旨，开展一个“新科学运动”，后因内战起，时局恶化，《科学与生活》被迫于当年停刊。

《太白》

1934 年 9 月 20 日，陈望道创办并主编《太白》半月刊，首创“科学小品”新文体，开辟“掂斤簸两”新栏目，专登匕首式的杂感，并首倡采用民间的“手头字”。创刊号第一篇《不知肉味和不知水味》的作者公汗即是鲁迅，可见该刊当时的影响和进步意义。该刊 1935 年 9 月 5 日停刊，共出版了 24 期。

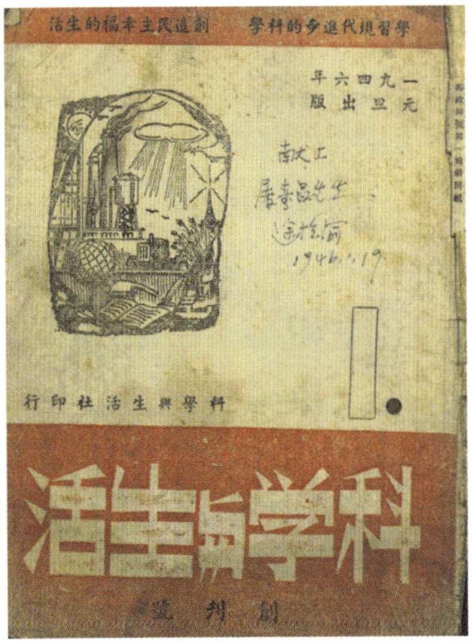

《科学与生活》

《太白》

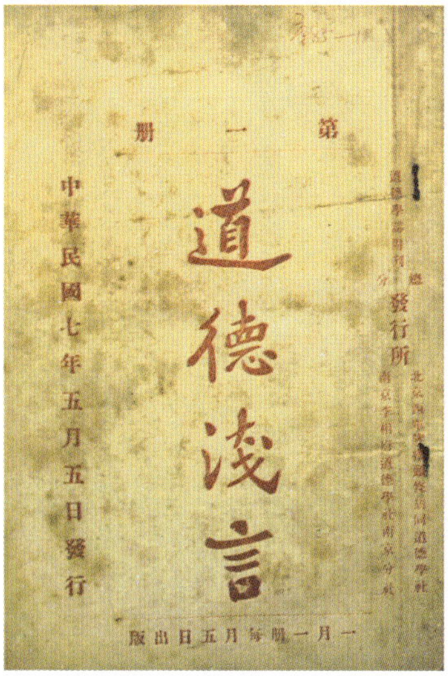

《道德浅言》

《道德浅言》

1918 年 1 月 10 日，道德学社南京分社成立，江苏督军李纯任社长，江宁镇守使王廷桢任总干事，并出版《道德浅言》月刊，1919 年停刊。

《小说世界》

周刊，叶劲风主编。1923 年 1 月 5 日创刊于上海，商务印书馆出版，主要刊载鸳鸯蝴蝶派的作品。设有小说、笔记、野史、奇迹志异、音乐等 25 个栏目。1928 年第 17 卷第一期起改为季刊，由胡怀琛主编。1929 年 12 月出至第 18 卷第四期停刊，共出 264 期。

《海建》

1948 年 5 月 10 日，《海建》月刊创刊，陆养浩担任主编，上海中国建设出版社发行。是一本综合刊物，不设栏目。有陆养浩、胡时渊、张乃刚、李允成、周易之、黄肇曾等人撰文，仅出 1 期。

《小说世界》

《海建》

《文摘月报》

1941 年 3 月 10 日，《文摘月报》创刊，陶涤亚主编，办报宗旨是为抗战进行宣传。《文摘月报》的前身是《半月文摘》，抗战期间先后易名为《星期文摘》和《文摘月报》。

《主流》

1947 年 1 月，《主流》月刊创刊，南京主流社出版，是一本自由主义的政论性期刊。1948 年 12 月停刊。

《针灸杂志》

1933 年 10 月 10 日创刊于江苏无锡，承澹安主编。我国最早出版的针灸专业杂志。栏目分为论文、专载、杂著、医案、问答、医讯，介绍社员成功的治疗经验。行销各地以及日本、朝鲜。

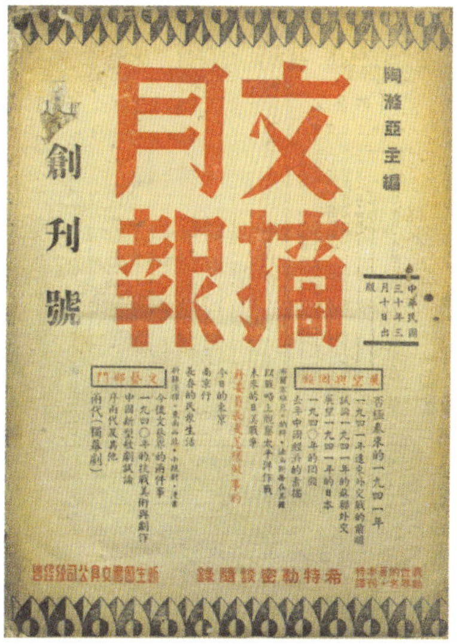

《文摘月报》

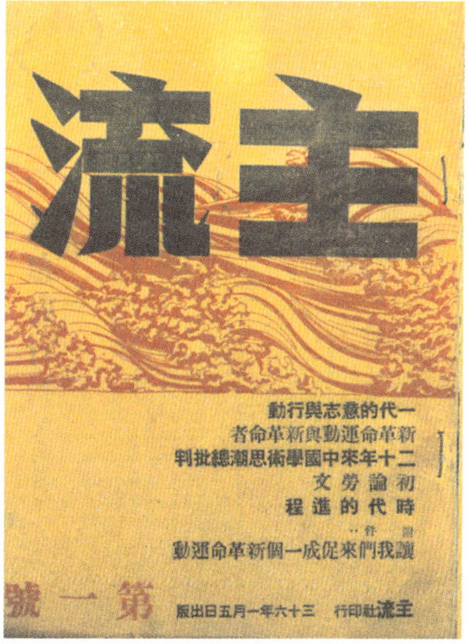

《主流》

《针灸杂志》

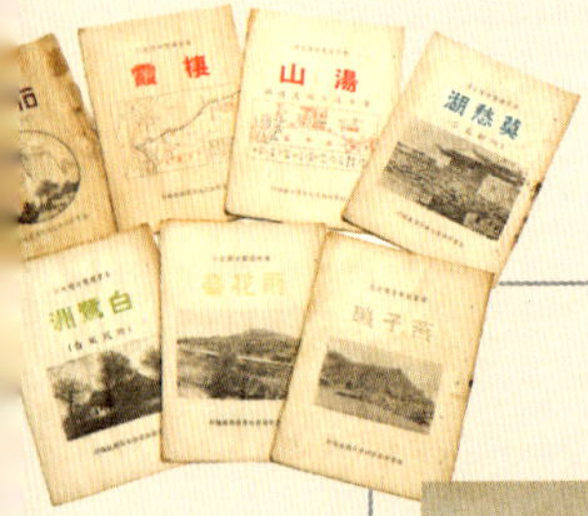

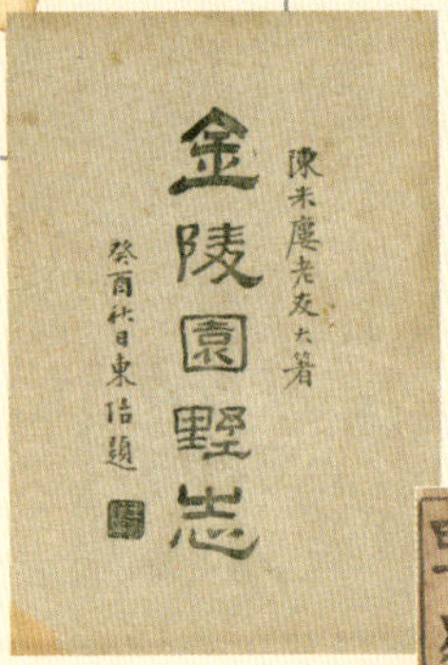
金陵園墅志

白下愚園前後七十景

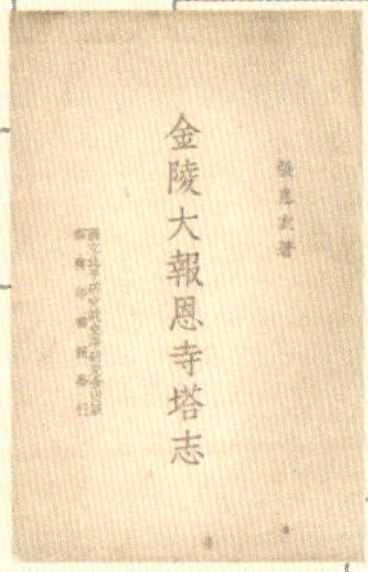
金陵大報恩寺塔志

14

第十四章

民国时期南京文献

金陵图书馆所征集收藏的南京文献，属于地方文献的范畴。地方文献是综合反映一个地区政治、经济、文化、教育、历史、地理、风土人情、人物传记、物产资源、名胜古迹等重要内容的文献资源。南京文献的收集和保存工作是金陵图书馆文献资源建设的一项重要任务。金陵图书馆一直把地方文献纳入重点打造的文献资源建设体系，经过不断建设与发展，形成了独具特色的涵盖地方志、史料、统计资料、年鉴、文集、名录、资料汇编等各种类型的与南京有关的地方文献收藏体系，而其中民国时期的南京文献是一大馆藏特色。而今，南京文献已成为金陵图书馆对外服务的重要窗口之一。

馆藏民国时期南京文献

《金陵胜迹志》，胡祥翰辑，民国 15 年（1926 年）铅印本

胡祥翰撰写的《金陵胜迹志》专记金陵名胜古迹，内容分城郭、山水、寺观、祠宇、园野、陵墓共六门十卷，开创了撰写名胜古迹志的新体例，采用了实地考察与文献相结合的新方法，保存了相当多的珍贵史料，对于研究 20 世纪 20 年代南京的历史、人物、都城、寺庙、园林、墓葬和风土人情，都具有一定的参考价值。

《金陵后湖志：五洲公园》，王曼犀编，民国 22 年（1933 年）铅印本

后湖即南京玄武湖。湖中亘五洲：曰菱、曰志、曰长、曰新、曰老。亦称为“五洲公园”。全书分为后湖汇录、后湖记、湖神庙图说、湖神庙图跋语、曾文正公遗像、后湖图题咏、近人诗钞杂选、湖神庙内匾额杂志、后湖志杂考、书后等十六部分，是有关南京玄武湖的一部重要方志文献。

《金陵大报恩寺塔志》，张惠衣著，民国26年（1937年）铅印本

南京报恩寺塔为近世东南最壮丽之建筑。民间歌谣有“金陵宝塔”之曲，低徊重叠，九复其词，叙其庄严宝相，风铎檐灯，穷极富丽仙逸之致。《金陵大报恩寺塔志》网罗中外有关大报恩寺塔的资料，内容涉及历史沿革、建筑规模等，是研究、重建“中世纪世界七大奇观之一”——大报恩寺塔最为全面、翔实的参考资料。

《金陵胜迹志》

《金陵后湖志：五洲公园》

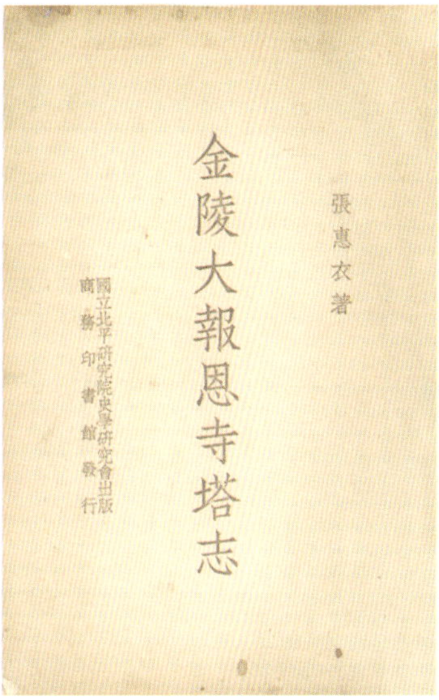

《金陵大报恩寺塔志》

《金陵园墅志》，陈诒绂著，民国22年（1933年）铅印本

陈诒绂，字稻孙。因念六朝古都南京园墅为全国之首，遭兵焚毁坏亦为全国之首，自辛亥革命后二十春秋，被兵殆及十次，不幸何如，园墅之变迁兴废何如，如不记之，则后人愈难得知，遂将搜集甚富之金陵掌故辑成《金陵园墅志》，此乃南京园林专业志之首。是志三卷，上卷列述历代金陵园墅地址、建筑、姓氏、台榭位置，中卷载园墅游记，下卷为园墅诗集，卢重庆撰序，民国22年（1933年）11月出版。填补了南京园林史上的一个空白。

《白下愚园集》，胡光国辑，清光绪间（1875—1908）刻本

《白下愚园题景七十咏》，胡恩燮、胡光国撰，民国7年（1918年）铅印本

愚园又名“胡家花园”，晚清金陵文化名园之一，位于南京城内西南隅，前临鸣羊街、后依花露岗，南北约240米，东西约100米，占地约40亩。整个花园最大的特色就是以水石取胜。它不仅有36景，而且充溢着浓郁的文化气息。政要中有李鸿章、张之洞、沈葆

桢、刘铭传、彭玉麟等，名士中有俞樾、薛时雨、莫友芝、赵烈文、温葆深、黄思永诸辈在游园赏景、举杯捧茗之际留下不少诗词文赋以及门额楹联。作者把这些作品辑为《白下愚园集》。该书具有重要的历史文化价值。

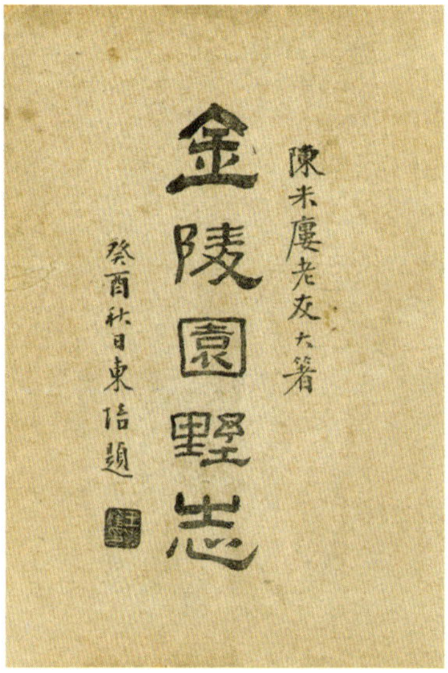

《金陵园墅志》

《白下愚园集前后七十景》

部分馆藏的民国时期南京文献。

部分馆藏的民国时期南京文献

后　记

花了一年多的工夫，这部书稿总算完成了。

2014 年的年初，当天津大学出版社把关于“21 世纪中国城市图书馆丛书”的策划提出来时，我立即感到这是一件很有吸引力的工作。

首先，深入钻研南京的独特历史和我所供职的金陵图书馆的历史，正是我一直提倡的。我认为，任何研究如果脱离了历史，就会失去根基，为此，真的需要编写这样一本书，正好将多年来对南京的历史和金陵图书馆的历史的了解和看法整理一下，并有机地结合起来进行研究，是一个有意义的编著实践。

其次，这部书稿的一大特点就是图文并举，特别是馆藏资源部分，更是以图为主，这一点也很使人心动。据我所知，国内还没有一部以特定图书馆为研究对象的著作，带有这样丰富而精美的图片。对资料性极强的著作而言，配以特定图片，尤其是有很多馆藏资源图片是首次刊出的，将使所叙述的史料变得生动、直观、亲切，使人仿佛身临其境，乐而忘返。但是，以图为主的出版物，其成本会有所增加，一般出版社不愿作此项投资，这可能也是图片型研究著作问世较少的原因。因此，天津大学出版社的这一有魄力的策划就显得极为难能可贵。

一个城市图书馆的历史，从某种意义上讲，反映了这个城市的文明史。所以，研究城市图书馆的历史，不能不涉及这个城市的历史。但是，当前对城市图书馆的研究，能结合城市文明发展进行研究的著作实属凤毛麟角，而且尚未受到图书馆学术界和史学界应有的重视。

城市图书馆依附于城市，城市发展的历史渊源、文化个性、经济特色、发展目标直接影响和决定着城市图书馆的可持续发展的功能定位。因此，要确定城市图书馆的功能必须先梳理城市的目标与定位，要以史为鉴，并以此为基础和前提，演绎、归纳、推导出未来城市图书馆的功能、愿景和发展方向。

这部极具资料性的著作的出版，首先得感谢江苏省文联主席、教育部原副部长、江苏省人民政府原副省长王湛先生拨冗为本书作序。这为本书的内容资料增添了无比的文化积淀和学术价值。

还要特别感谢江苏省图书馆学会副理事长、金陵图书馆原馆长严峰研究员，没有他提供的丰富资料，没有他细心地反复审稿，还不知道要拖到何年何月才能完稿。

还要感谢金陵图书馆的领导和同人的重视和配合，他们为这部著作的顺利出版提供了至关重要的鼎力支持。

还要感谢纪景超、李铮和王亦淇三位副主编，没有他们在百忙之中的倾心投入，花费了很多精力，拍摄照片，从尘封多年的档案中搜集和扫描各种图片资料，编制索引以及仔细校对，这部书稿的水平和质量也是要打折扣的。

本书所采用的资料和观点引用了之前众多学者和专家的研究成果，在此一并致以谢忱。

本书如能在时间的检验中越发显得更具资料价值和研究价值，那编者的辛勤劳动就是值得的。由于编者编著水平和能力所限，本书错误和不当之处一定很多，希望读者和专家批评指正。

潘　洁

2015 年 5 月于南京

金陵圖書

History

我們的身體
機和炸彈，當
與敵人兵艦陣
地同歸於盡！

01

Chapter 1

Nanjing: A Heroic City with Historical Vicissitude

Nanjing has a long history and it is one of the first batch of National Famous Historical and Cultural Cities and a major tourist city nationwide. It has a nearly 6, 000-year history of civilization, a nearly 2, 600-year history of city construction and a nearly 500-year history of capital construction. Nanjing is one of China's Four Great Ancient Capitals, and is named "The Ancient Capital of Six Dynasties " or "The Capital of Ten Empires", making it an important birthplace of Chinese civilization.

A Good Place with the Wonderful Scenery

1 million to 1. 2 million years ago, there were ancient human activities in the Nanjing area; 350, 000 to 600, 000 years ago, Homo erectus lived in the Nanjing area. In the Leigong Mountain of Tangshan Town, there is a huge Karst care group accounting for a total area of tens of thousands of square meters, where complete hominid skulls were unearthed. Archaeologists have successively found a dozen kinds of animal fossils here. According to scientific identification, the Nanjing erectus fossils unearthed in Paleolithic cultural relic area of Tangshan appeared about 600, 000 years ago, so the history of human activity in Nanjing has been moved forward for more than 200, 000 years. This also confirmed the Yangtze River basin as one of the Chinese nation's birthplaces.

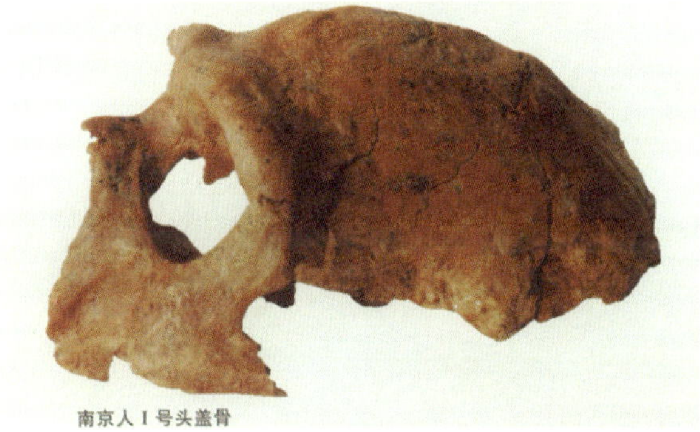
南京人 I 号头盖骨

About 7, 000 to 8, 000 years ago, Neolithic primitive villages emerged in Nanjing, represented by the Beiyinyangying Culture. More than 200 Neolithic sites 6, 000 years ago have been found in Beiyinyangying in the city center and Taowuzan Temple. A large number of pottery and life appliances made of stone and bone were unearthed there. 3, 000 years ago (around the period of the Shang and Zhou Dynasties), there were intensive primitive tribes in the Qinhuai River basin called the Hushu culture. During the Warring States period, on the basis of these settlements the earliest cities in Nanjing came into being. 3, 100 years ago, Nanjing was the fief of Zhou Zhang in the Western Zhou Dynasty. In 571 BC, Chu State set up Tangyi in the place which is the Liuhe District today, and appointed an official there, which was the earliest recorded regional construction in Nanjing history. At the end of the Spring and Autumn period, the emperor of Wu State built Ye City in the place which is the Chaotiangong today, and set up handicraft workshops offering bronze smelting and casting services. In the fourth year of Emperor Zhou Yuan, Fan Li built Yue City which is now Changganli outside Zhonghuamen, dating back more than 2, 400 years.

The Stone City is a famous relic in Nanjing constructed during the Six Dynasties and the alias of Nanjing—Stone City—came from this. According to the geological research, the rock stratum here can date back to 100 to 70 million years ago. Under the city wall from Qingliangmen to Caochangmen, there is a prominent 6-meter-long and 3-meter-wide oval stone wall. Due to long years of weathering, the wall is full of bumps and potholes, and in the middle part there are purple-and-black rocks, resembling a ferocious face, so it is also known as "Grimace City". The Stone City is about 3, 000 meters in length, and was built in 333 BC. In 212 AD, Sun Quan of Wu State built a city in Jinling town relic of Stone Mountain, guarding the important strategic places of Yangtze River, so it was also called Shicheng Huju.

In 333 BC, Emperor Xiong Shang built Jinling in the Stone City, which is the origin of the name Jinling. In 229 AD, Sun Quan, the emperor of Wu State built the capital here, changing Moling into Jianye. The Wu capital was along the central axis of today's Taiping Road. The south is Qinhuai; the north is the Hou lake; and in total the perimeter is about 8. 5 kilometers. Thereafter, the Eastern Jin Dynasty, Song, Qi, Liang and Chen States of the Southern Dynasty all set the capital here. So Nanjing is called "Ancient Capital of the Six Dynasties". Today's Nanjing Library retains the Jiankang City site of the Six Dynasties. The Jiankang City in the Six Dynasties was the world's largest city, with a population of over one million, which was the world's first city with a population of over a million. The city enjoyed a

high level of economic development and cultural prosperity. Jiankang City during the Six Dynasties and the city of Rome were known as the "two world centers of classical civilization". The culture of the Southern Dynasty represented by Jiankang City had a very profound impact on history.

Wu of the Three Kingdoms period, Eastern Jin, and Song, Qi, Liang and Chen of the Southern Dynasty period all set up their capital in Jiankang City (now Nanjing), thus this period was called the Six Dynasties period. The Six Dynasties' sovereignty was in the south of our country. According to historical records, the palace and city construction in Nanjing during the Six Dynasties was exquisite, but after the Chen was destroyed by the Sui Dynasty, the beautiful palace was ruined, and after more than 1, 500 years, the ancient capital of Nanjing basically exists only in literature.

In early 2003, the historical relics and walls of the Six Dynasties' palace "Tai City", which were part of the Six Dynasties' palace, were found around the Nanjing new library construction site. With the annihilation of the palace as the theme, this 300 square-meter "Museum of Heritage" display area opens freely to the readers, with a glass floor to protect the imperial city relics of Liang during the Six Dynasties period.

The Ancient Capital of Six Dynasties — Jiankang City, was rather luxurious, and the temples were magnificent. The stone inscription of the Southern Dynasty was vivid in style, magnificent and huge shaped, making it Chinese ancient art treasure. "Bixie" is a mythical creature from ancient legends, with the head of a lion, the body of a tiger, and its mouth is big and full of sharp teeth. It also has two wings and a long tail. "Bixie" is a symbol of dignity and justice, and it can avoid the disaster. The "Bixie" stone inscriptions during the Southern Dynasty are very famous, with many "Bixies" in Nanjing today being relics of the

Southern Dynasty, so the "Bixie" stone has been selected as the image of Nanjing.

With Jiankang City as the capital, the Southern Dynasty focused on manners and literature, and could not withstand the warrior army sent from the Northern Dynasty. In 581 AD, Yang Jian of the Northern Dynasty overthrew the Zhou State and established the Sui Dynasty. In February, 589, the Sui's army unified the country and established the Sui Dynasty. At this point, the Six Dynasties in the south came to an end, and Nanjing ended its 360 years of history as the capital city. The Sui Dynasty set up Chang'an City as its capital. As Nanjing was the capital of the enemy, the emperor of Sui ordered his army to "wipe out" the palaces and the city to change them into arable land.

During the Sui and Tang Dynasties, the central government feared the national impact of the Jinling area's economic and cultural heritage, therefore it used various ways to deliberately suppress the socio-economic and cultural development of Jinling, and the administrative organizational system level was decreased again and again. During the Tang Dynasty, it was even decreased to a county belonging to Runzhou for 130 years. But the social and cultural level of the Jinling area didn't decrease because of administrative demotion and recession, and many cultural celebrities still came here. Great poets like Li Bai, Liu Yuxi, Du Mu, and Li Shangyin lived and toured here. Li Bai, in his famous poem *On Jinling Phoenix Platform*, recalled the ancient culture of Nanjing.

During the Five Dynasties period after the Sui and Tang Dynasties, the wars in the north central region continued on and on. The Southern Tang State (occupying the south of the Huaihe River) again set the capital city in Jinling and maintained a stable equilibrium, therefore, for a long time, there was no war in that part of today's Jiangsu. The relatively stable social life brought flourishing cultural activities to the bustling city of Jinling. Merchants gathered on both sides of the Qinhuai River, and the poetry, calligraphy and painting style became the country's main cultural trend.

In 1277, the emperor of the Yuan Dynasty promoted the provisional capital Jiankang Fu into Jiankang Lu, and in 1329 Jiankang Lu was renamed Jiqing Lu, administering three counties—Shangyuan, Jiangning, Jurong and two states—Lishui and Liyang.

In March, 1356, Zhu Yuanzhang's army occupied Jiqing Lu and changed its name into Yingtian Fu. At the end of 1367, Zhu Yuanzhang became the emperor, and the new dynasty was named Ming. In 1368, the emperor set the capital in Yingtian Fu, and since then Jinling was renamed Nanjing. In fact, from 1366, the emperor began a vast wall construction that lasted for 21 years, and today most of the city wall still remains. In 1378, the Ming emperor designated Nanjing as its "capital", and it officially became the capital. After the next emperor's accession to the throne, he moved the capital to Beijing in 1421. Nanjing was former capital and the government unit still remained.

With the establishment of the Ming Dynasty, Nanjing became the capital of the unified Chinese empire for the first time, laying the basic pattern of the city of Nanjing today. After the mid-Ming Dynasty, with the economic and social prosperity and development , Nanjing continued to lead the country, so Nanjing became one of the important birthplaces of Chinese early capitalist economy.

The main entrance to the south of the Ming Palace is called Wu Gate, commonly known as the Wuchao Gate. Opposite to Yudao Street, there is Wu Gate, Donghua Gate, Xihua Gate and Wulong Brigdes and other original buildings of the Ming Palace. And stone wall of Yunlong birds and animals, stone lions, stone cylinders, and other fine Ming Dynasty stone works of art make up one of the outstanding cultural heritages of Nanjing. According to literature from that time, on the top of the city wall, there were five sets of colorful buildings with golden domes. The middle one was the main building, and two towers were on its left and right sides. There was also a bell tower and a drum tower. These buildings were connected with each other, commonly known as "Wufeng Lou". Six hundred years later, the upper structure made from brick and wood had been completely destroyed in previous wars, and the Wufeng Lou only appeared in literature. Only the huge foundation stone of the main part of Wu Gate can be appreciated by today's visitors.

In October 1911, the 1911 Revolution broke out, followed by the formation of the first republic state in modern Chinese history—the Provisional Government of the Republic of China. On 29 December, 1911, representatives of 17 provinces gathered in Nanjing and elected Sun Yat-sen as the provisional president, therefore establishing the Republic of China. On 1 January, 1912, the Provisional Government of the Republic of China was established in Nanjing, and Sun Yat-sen was sworn in as the provisional president. In 1927, the Northern Expeditionary Army won many battles. On 18 April, 1927, the national government was established in Nanjing, and Nanjing was the capital.

Sun Yat-sen once evaluated Nanjing: "Nanjing is the ancient capital of China, ahead of Beijing. It is in a beautiful and good region. There are mountains, rivers and plains, and it is hard to find another place like this in any other metropolis of the world."

A Spectacular History with the Great Integrity

As an ancient capital of the Six Dynasties or the Ten Empires, and as a famous historical and cultural city, a famous military city, Nanjing has left many military and historic sites and written a magnificent heroic epic. The special geographical location of Nanjing has allowed the city to enjoy infinite glories, but also to suffer great tragedies. Six massacres and six rises have made Nanjing's people valiant and strong.

From Fan Li constructing the city, to Sun Quan dominating the south and many soldiers creating the Three Kingdoms legends, Nanjing had gone through ups and downs, glories and catastrophes. The Northern Song Dynasty's famous statesman Wang Anshi (1021—1086) was born in Jiangxi, but had forged an indissoluble bond with Jinling. He spent his youth in Jinling, and came here twice for mourning. He also served as the Jiangning prefect three times, and he lived here for around 20 years. After he died he was buried at the foot of Mount Zhongshan.

The famous Southern Song Dynasty's general Yue Fei defeated the army of Jin at Niushou Hill in the southern suburbs of Nanjing. The General Hill was named after the national hero Yue Fei. At the ancient battlefield the Southern Song Dynasty was fighting against Jin, and in the spring of 1130, Yue Fei's army defeated Jin Wushu's and reclaimed Jiankang

City. The General Hill is located in the southern suburbs of Nanjing, connected with Niushou Hill and the Big Stone.

The Iron Heart Bridge in Nanjing is attached to the legend of the national hero Yang Bangyi. In 1129, when the Jin's army invaded Jiankang, the official Yang Bangyi was captured in desperate resistance. Legend has it that the Jin's army advised him to surrender, but he refused. Then the Jin's army killed him with a knife and removed his heart from his body, but there appeared a "iron heart". A bridge named "Iron Heart Bridge" was built and his pledge was engraved in it to commemorate him by later generations.

In December 1937, although Chinese troops were defeated in the Battle of Shanghai, they continued to protect the capital Nanjing. 150, 000 Chinese soldiers and 200, 000 Japanese soldiers fought in desperation here.

Guanghua Gate was formerly named Zhengyang Gate, which was one of the 13 inner city gates of Nanjing during the Ming Dynasty, located in the southeast of Nanjing old city walls. In the Ming Dynasty, outside the gates there was a moat. The Zhengyang Gate bridge was erected to cross the moat. In the 1930s, Zhengyang Gate was renamed Guanghua Gate, and was converted from a single doorway into three doorways.

Only the ruins of the Guanghua Gate remain now. In October 2006, the Guanghua Gate brick ruins during the Republic of China were found in a renovation program. It is a fortification based on the Ming Dynasty city wall, which was completely constructed from bricks of the Ming Dynasty. According to records, in the winter of 1937, the Japanese invaders attacked Nanjing, and the Guanghua Gate was one of the most tough battlefields against the Japanese invaders in China. On the dawn of December 9th, with successive bombardment of aircrafts, guns and tanks , the Japanese invaders attacked the Guanghua Gate. The towers and the 80-meter battlement were destroyed. At 5: 00 pm of December 10th, hundreds of Japanese invaders dashed into the Guanghua Gate. When the news spread to Japan, the whole nation was ecstatic. The Chinese army used cluster grenades, machine guns, rifles and other light weapons to beat back the Japanese invaders. At the expense of heavy casualties, the Chinese soldiers recaptured the Ganghua Gate within a few hours. On December 12th, the Guanghua Gate was again attacked by the Japanese. On December 13th, Nanjing was occupied and 50, 000 Japanese soldiers marched into the city, and then the six-week Nanjing Massacre that shocked the world took place. The Guanghua Gate brick ruins of the Republic of China are an important witness of this terrible history.

Outside the Taiping Gate of Nanjing, there is a stone memorial archway — "Anti-Japanese Aviation Martyrs Cemetery" along the road at the foot of the Zijin Mountain. The martyrs cemetery was founded in 1932, and there have been thousands of anti-Japanese

heroes buried here. The martyrs cemetery is located on Wangjiawan, the north slope of Zijin Mountain. The Yangtze River is to the north of it, and it is surrounded by pines and cypresses, solemn and beautiful.

It is the only aviation martyrs cemetery in China, and is also the resting place of collective aviation martyrs cemetery of the soldiers from the United States, the Soviet Union, Korea and other countries to assist China. The first batch of people to enter the cemetery were the Chinese pilots who lost their lives in the "1. 28 Battle of Shanghai". After August 1937, a number of anti-Japanese martyrs were buried here. According to statistics, from 1938 to May 1940, the Soviet Volunteer Air Force shot down 81 Japanese planes, and bombed nearly one hundred enemy planes and 14 enemy ships. From December 1941 to September 1945, the American Volunteer Air Force bombed more than 2, 600 Japanese planes and 44 enemy ships and killed more than 66, 700 Japanese soldiers. On the Sino-US joint air route called Tuofeng, in more than three years, there were 2, 000 flights transporting 730, 000 tons materials and 33, 477 people. The Chinese Air Force and the volunteer troops from the

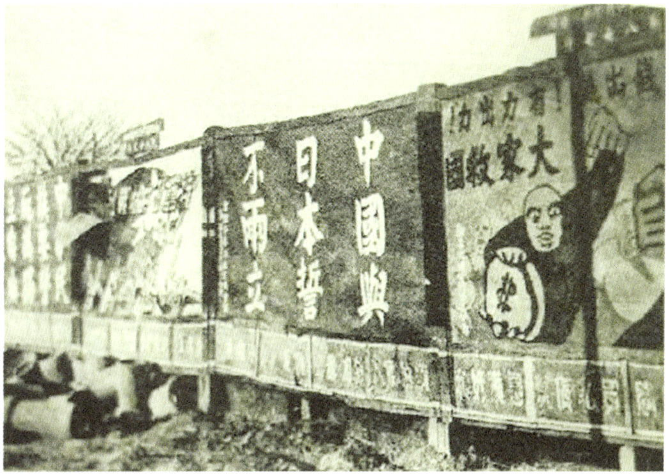

Soviet Union and the United States also made a huge sacrifice, leaving their names on the Nanjing Anti-Japanese Aviation Martyrs Monument. Among them, there are 880 Chinese martyrs, 236 Soviet martyrs, 2, 186 American martyrs, and 2 Korean martyrs, and there are more than 570 unknown Chinese and foreign aviation martyrs. The Anti-Japanese Aviation Martyrs Cemetery was severely damaged during the Japanese occupation and the "Cultural Revolution". In 1985, according to the original design drawings, the country repaired the cemetery. In 2002, it became a cultural relics protection unit in Jiangsu Province.

A Prosperous Culture with the Ancient and Modern Books

From 211 to 589, Nanjing had always been an important city in southeastern China, with the name of "The Ancient Capital of Six Dynasties", and its literature collection prospered at the time.

In the East Han Dynasty, the place for storing archives and books and for proofreading and writing was called "Dong Guan". In 222, Sun Quan was anointed the emperor of Wu State, and in 229, he claimed to be the emperor in Hubei, and then returned to Nanjing and named the capital "Jianye". The history of Nanjing as "The Ancient Capital of Six Dynasties" thus began. Sun Quan imitated the Han system and set up a book collection place called "Dong Guan". Sunlinggang in front of Ming XiaoLing Mausoleum was the tomb of Sun Quan.

In 317, as Sima Rui proclaimed himself the emperor in Jiankang, the palace had a little collection of books, which was managed by the office called "Mige". In order to construct schools and manage the country, the emperor ordered the local governments to collect books. The government borrowed and copied the books from private collections in order to enrich Mige's possession. The books of private collectors like Zhang Shangwen, Yin Yun, Xi

Jianzhi, Huan Shixiu and so on, were all borrowed to copy, and the collection of Mige was therefore increased. Then Li Chong organized the collections of the government, and compiled a directory of the Eastern Jin Dynasty goverment's collection called *Four Branches of Literature*, also known as *Jin Yuan Di Bibliography*. Although there were only 3, 014 volumes, the directory divided the Five Classics as Part A, historical records as Part B, philosophical writings as Part C, Poetry as Part D, that is to say, Confucian classics, historical records, philosophical writings and miscellaneous works became the basis for the method of sorting books in ancient China.

From 502 to 557, besides Mige at the palace, Wende Dian, Hualin Yuan and Dong Gong were added to conserve books. The agency in charge of books was called "Secretary Department", setting the positions of Jian and Cheng, one for each, and four secretaries. There was also one Zhuzuo Lang and eight Zuo Langs. At that time, the number of items in the Liang palace collection reached 30, 000 volumes. From 502 to 519, the emperor issued an edict to collect books from the common folks. In order to preserve the books, Emperor Wu decided to add copies. In the early time of Tianjian period, the emperor made Zhang Shuai and other people copy the important literature of Part B, and then, in 503, copy the books of Part A. In 508, Part C and Part D were also copied. The Secretary Ren Fang tried to collect books. He displayed the books in Wende Dian at a total of 23, 106 volumes, and then exclusively collected Buddhist books in Hualin Yuan. The emperor approved Secretary Wang Tai's request, allowing him to proofread the official book collections and organize the books. In the same year, Ren Fang served as secretary of books, managing the work of organizing the official books. He ordered that the officers should collect rare books from far area. Liu Xiaobiao, Yin Jun and He Zong were involved, and with their joint efforts, the collection of Mige took on a new look. In 505, the emperor set up "Jiya Guan" to promote schooling and set up "Shilin Guan" to collect more students. And in the two places, books were collected for the students to read. Zhu Yi, Kong Ziqu, He Chen and other scholars were sent there to teach. The emperor also visited the place to teach and learn, which became a favorite tale.

In 975, Zhao Kuangyin, an emperor of the Song Dynasty, beat the Southern Tang Dynasty, and learned that the emperor of the Southern Tang Dynasty had collected a large number of books, including the manuscripts of Wang Xizhi. Then the emperor of Song commanded an official Lü Mianxiang to Jinling to collect the books from the palace of the Southern Tang. In the next spring, over 20, 000 books were collected and sent to the Song palace. During the Song and Yuan Dynasties, Jinling still maintained the urban scale of the Southern Tang period, and it had always been the economic center of Southeast China.

In 1368, Xu Da and his army occupied Dadu (now Beijing), collecting books, ceremonial vessels, instruments, and other items. He also carried the old copies of Song and Yuan engravings and other books in Yuankuizhang Ge and Chongwen Ge to Jinling and sent them to Nanjing Guozixue, called Nanjian. The books printed by Nanjian according to those copies were called "San Chao Ben" by the later generations, among which the *Seventeen History Records* was the most famous one. In 1370, the emperor of Ming imitated the old system of the Tang, Song and Yuan Dynasties and set Hongwen Guan and Mishu Jian to collect and proofread books and teach students exclusively. In 1382, the emperor renamed Nanjing Guozixue as Nanjing Guozijian, and it continued to collect books, engrave books, and store books and stone engravings. When the Song Dynasty came to an end, most of the books of the Song Dynasty were sent to Hangzhou West Lake Library, therefore, many of the versions in the West Lake Library are actually relics of the Song and Yuan Dynasties. In 1395, the emperor ordered the correction of the Nanjing Guozijian Confucian classics engraved version, and then published them. At that time, the number of students in the Guozijian was up to nearly ten thousand, and there were a number of foreign students from Japan, Korea and other countries among them.

In 1405, Pavilion of Imperial Library (Wenyuan Ge) was built in Nanjing, collecting the precious literature and confidential documents, handwritings and printings of emperors, *Shilu*, *Baoxun*, *Yudie* and other important books. Books and literature that Xu Da had got from the capital of the Yuan Dynasty and many precious books collected from the whole country were preserved in the pavilion. *Yongle Encyclopedia* (or *Yongle Dadian*) was also preserved there . According to Deng Zhicheng's *Gu Dong Suo Ji Quan Bian*, "Zheng He printed eleven copies of *Da Zang Zun Jing* and followed the order of the emperor to give them to Nanjing Linggu Temple, Tianjie Temple, Jinghai Temple, Jiming Temple, Niushou Foku Temple, Zhenjiang Jinshan Temple, Fujian Nanshan Sanfengta Temple, Beijing Huanghou Temple and Yunnan Wuhua Temple, etc." In the epilogue of the seventh volume of *You Po Sai Jie Jing*, Zheng He wrote, "I was lucky to get the favor of the emperor and led officers to take the ship to visit other countries. After the distant and hard voyage, I returned home safely and thought that I had the blessing of the Buddha. I wished to express my gratitude, and therefore printed *Da Zang Zun Jing* and sent them to famous mountains and temples for people to read." In *Shi Yin Da Zang Jing Fa Yuan Wen* written by Zheng He in May, 1420, he said, "I printed *Da Zang Zun Jing* and gave it to Yunnan Wuhua Temple".

In 1907, the general officer of Jiangsu, Duan Fang, set up Jiangnan Library and recommended Miao Quansun to manage the library. At that time, the owner of the Baqianjuan Building, Ding Bing died, and his son Ding Lizhong failed in business and lost millions, therefore, he intended to sell the family property and book collection to compensate for his losses. Duan Fang heard that the books of Baqianjuan Building would be sold. Fearing that the rare books would be sold to other countries, he contacted Miao Quansun and asked him to go to Hangzhou and negotiate with Ding Xiufu (Ding Shen's son, Ding Bing's nephew). At the price of 75,000 yuan, Miao successfully purchased these precious books, and moved them to Jiangnan Library, the earliest public library in our country. The library's collections were expanded. In October 1910, Jiangnan Library was set up.

Because of the special historical and cultural background and political status of Nanjing, the tradition of collecting books can stretch back a long way. The history of private collections in Nanjing reflects not only contemporary collection activities, but also the two thousand years of Chinese folk book collection history.

A Victorious City with the Glorious Image

Nanjing has a long history and a lot of cultural resources, but many of the core essences in the profound culture are ignored. If you reexamine Nanjing from a macro view, placing it in China's river of history, then you can see that it carries more responsibility for the cultural prosperity and the revival of Chinese civilization. At the same time, from a broader historical perspective, when different dynasties set their capitals in Nanjing, there were so many culture styles and culture celebrities that created the history.

On July 3rd 2003, the 27th Session of the UNESCO World Heritage Committee decided to list Ming Xiaoling Mausoleum as a World Heritage Site. From 1356 to 1368, Zhu Yuanzhang successfully defeated the Yuan Dynasty and established the Ming Dynasty, creating a new era of Chinese history. Then Jinling was renamed Nanjing and Daliang was renamed Beijing. Since then ancient Jinling has been known as Nanjing. Ming Xiaoling Mausoleum is the tomb of the first emperor of the Ming Dynasty Zhu Yuanzhang and his empress. Because the empress was called "Xiaoci", the tomb was then named Xiaoling. Ming Xiaoling Mausoleum is located at the foot of the southern slope of Nanjing Zijin Mountain; Sun Yat-sen Mausoleum is to the east of it; and Meihua Mountain is to the south of it. It is the largest imperial mausoleum in Nanjing, also the largest ancient China's imperial mausoleum. Ming Xiaoling Mausoleum, as the first mausoleum of the Ming Dynasty, represents the highest achievement in the architecture and stone sculpture of early Ming Dynasty, and directly influenced the imperial mausoleum construction in the Ming and Qing Dynasties. Thus it has a special status in the history of the development of China's mausoleums, and is known as "the First Ming and Qing Royal Mausoleum".

Zheng He (1371-1433, Hui ethnic group, original name Ma He, nickname Sanbao), was the pioneer of developing maritime technology and China's "Marine Silk Road". He took 28 years and seven voyages to go to South and West Asia, opening and expanding maritime traffic between China and Southeast Asia, East Africa, Central Asia and other countries and regions. On July 11, 1405, receiving the emperor Zhu Di's order, the 34-year-old Zheng He set off from Nanjing Longjiang Port leading 27, 800 people on his first voyage. He returned on October 2, 1407. From 1407 to 1431, he had a total of seven voyages according to the emperor's orders. Zheng He's seven expeditions to South and West Asia were the earliest and the largest in scale and number of people, and the most technologically advanced maritime activities in the ancient sailing history.

Located in Zhou Fang Village, Guli Township, Jiangning District of Nanjing, Zheng He Tomb is at the southern foot of the Niushou Mountain, surrounded by beautiful scenery. Zheng He and Nanjing have innumerable links. Nanjing is the place of departure of Zheng He's seven expeditions to South and West Asia. The historical relics related to Zheng He can be seen everywhere in Nanjing.

The Ming Dynasty Treasure Shipyard was located in the place where the Old Shipyard is today. 600 years ago, this area was covered with reeds and open views. Therefore, it was selected to be the site to build the Treasure Shipyard. The Treasure Shipyard covered more than 1, 000 mu at that time. According to the historical records, the large ships were "all built in the Treasure Shipyard", which was the world's largest royal shipyard. Since the Ming and Qing Dynasties, the shipyard has been gradually abandoned, and after the changes over the centuries there are only three ruins of the ancient docks remaining, namely No. 4, No. 5 and

No. 6 docks.

During the Ming Dynasty, Nanjing was the political hub of the country, and it was here that Zhu Di, an emperor of the Ming Dynasty, decided to send Zheng He to South and West Asia, which shocked the world and led to a great voyage of exploration. Mafu Street is the former residence of Zheng He, and his garden is now Zheng He Park. And the Jingjue Temple nearby was first constructed in 1388, and destroyed in a fire in 1430. At that time, it was the eve of Zheng He's seventh voyage, and the emperor approved Zheng He's request to rebuild the temple.

Stepping out of the Yijiang Gate and heading north, the Tianfei Palace and Jinghai Temple Monument can be seen. The Tianfei Palace was built in the northern part of Nanjing in 1407, known as the Longjiang Tianfei Palace. After Zheng He's first voyage, he attributed the peace of the sea to the blessing of the Tianfei Goddess, therefore he petitioned the court to build a monument. Before and after the next six voyages, Zheng He would go to worship Goddess Matsu in the Longjiang Tianfei Palace. On March 23rd of the lunar calendar (the birthday of Goddess Matsu) every year, there is a temple fair folk custom that continues to morden time. The Jinghai Temple was built to reward Zheng He's contribution, and inside the temple, treasures brought back from overseas were displayed. At that time, the Jinghai Temple was known as "the first of Jinling Temples", and after many vicissitudes, the existing buildings are the main hall, the main room, the wing-rooms, and a large courtyard covering an area of over 600 square meters. In 1416, the emperor Yongle built the Tianfei Palace Monument, which was 5.48 meters in height, 1.72 meters in width, and 0.58 meters in thickness. It is the largest remaining monument relevant to Zheng He.

On June 5, 1910, the grand Nanyang Commodity Exposition in Nanjing was held, and stirred both China and the world. This was the first time for China to officially hold a big international fair in modern ages, and it lasted six months. There were more than 300,000 visitors, and it also attracted the participation from the United States, Britain, Japan, Germany and many Southeast Asian countries. The number of exhibits was known to be around one million, and it was called "the unprecedented, magnificent exhibition in the history of China". The Nanyang Commodity Exposition learned from the experiences of the St. Louis World's Fair Expo, the Belgium Fair and the Italian Milan Fair. In addition to the domestic provinces which all set up the exhibition pavilions, the South Sea Lslands like Surabaya, Java, Jakarta, Singapore and other regions also came to participate in the exhibition.

The main venue of the Nanyang Commodity Exposition was located in Dingjia Qiao and Sanpai Lou area, covering 700 mu. The main venue was in the shape of oval, and in the middle of the main venue, there was a multi-storey square hall serving as the office, conference hall and reception center. More than a dozen pavilions around the hall were built for local exhibits, and in the peripheral area there were provincial exhibition pavilions and professional exhibition pavilions, most of which were named after the provinces and places responsible for them, totalling 34 exhibition pavilions. The branch pavilions of Liangjiang Area were focused on education, technology, agriculture, machinery, transportation, art, health, weapon and so on. In addition, Jinan Pavilion for exhibits of overseas Chinese and other countries were also on display there. In the No. 1, No. 2, and No. 3 exhibition pavilion, the exhibits from Europe, the US and Japan were on display. At the Nanyang Commodity Exposition, there were in total one million items on display, which were classified into 24 sectors and 444 categories, namely agricultural products, handicrafts, aquatic products, arts and crafts, livestock products, education products, pharmaceutical products, machinery products, and so on. Among them, there were not only traditional products in the area of agriculture, mining, fishery, fur, herb, porcelain, silver, jade, embroidery and so forth, but also other products of post-industrial revolution era such as textiles, suitcases, glass, cement, rice mills, water pumps, lathes, drills and so on, which provided moments of novelty. Among the items of the exhibition, 66 items were selected for the first prize award, 214 for the second prize award, 426 for the third prize award, 1, 218 for the fourth prize award, 3, 345 for the fifth prize award, a total of 5, 269 awards.

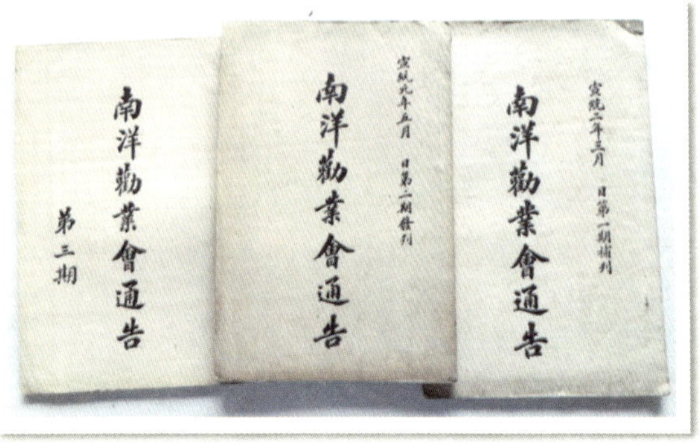

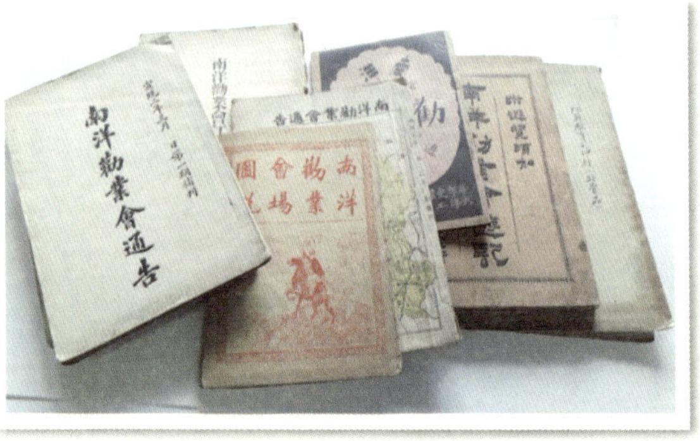

The main entrance of the Nanyang Commodity Exposition was at Dingjia Qiao, and on it there were the words "Nanyang Commodity Exposition" decorated with lanterns. There were fountains after entrance, and in the night, the lights shined to create a beautiful scene. In the venue, the exhibition pavilions had their own characteristics: some were featured with gardens; some were famous for their palaces; some were small and exquisite; some were grand and magnificent. In terms of the building style, there were Chinese and Western styles. In the venue, there were carriages and rickshaws for visitors. Outside the venue, there were railways and small trains, with each carriage carrying 20 to 30 people. There would be a train each hour, and for only 10 copper coins, the visitors could enjoy a comfortable expo experience in the train. The medium and small trains in Nanjing that were dismantled after 1949 had originated from the city road construction during the Nanyang Commodity Exposition.

In addition to the various exhibition pavilions, there were many auxiliary buildings: in terms of conference organs, there were meeting rooms, offices, publishing offices, a reviewing chamber, and a police station; in terms of entertainment facilities, there were memorial arches, a music hall, monuments, fountains, etc.; in terms of purchasing facilities, there were workshop facilities, a clubhouse, and shops; in terms of transport facilities, there was a post office, a telephone office, a light railway; and aside from these there was also a temporary hospital. The venue was also open to visitors at night, and it was the first time that electric lights were shown on a large scale in the ancient city of Nanjing. All the doors of the exhibition halls and both sides of the road were decorated with lights. At night, the area was brilliantly illuminated.

The planning and organization of the Nanyang Commodity Exposition lasted over two years, and played an important role in promoting the overall economic and social development of Nanjing. The urban infrastructure such as roads, lights, telephone network, hotels, restaurants, shopping malls, railways and other necessities developed dramatically, and the city took on a new look.

Many important figures in modern Chinese history, such as Yuan Shikai, Zhang Jian, Zhang Boling, Zheng Xiaoxu, Yu Qiaqing, Zhang Yuanji, Xiong Xiling, Zhang Jingjiang, et al., had participated in the preparatory work of the Nanyang Commodity Exposition.

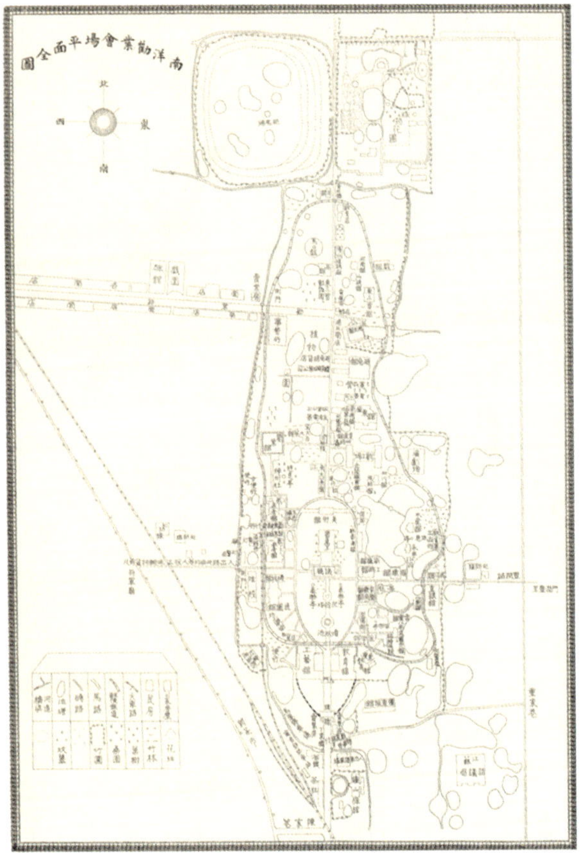

As the first large-scale international fair held in China in the early 20th century, the Nanyang Commodity Exposition was a glorious event in the modern history of Nanjing.

Nanjing has witnessed heroic resistance and victorious counterattacks. Nanjing's history experienced a lot of tragedies, but the tragedies were the suffering of the nation and the people. Nanjing shouldered the pains for the nation and the people, which has led to more admiration and reverence for Nanjing. In 1945, the hard-fought and long lasting Anti-Japanese War resulted in victory for the Chinese forces. The National Government returned to Nanjing, which should be highlighted.

With the support of the world's Anti-Fascist Allied powers, in China, the first Anti-Fascist battlefield in the world, the whole nation's united resistance heavily struck the Japanese invaders. On August 15, 1945, the Emperor of Japan announced he would accept the Potsdam Declaration, and the unconditional surrender it demanded. By then, World War II had ended with the victory of the Anti-Fascist Allies and the break down of the Fascist Axis countries. The Chinese people won a great victory in the Anti-Japanese War!

On September 9, 1945, in the Chinese army headquarters on Nanjing's Huangpu Road, the Japanese invading army commander Okamura Yasuji signed the document about Japanese surrender to China. After that, He Yingqin made a speech: "To inform our people and the world's people, the Japanese surrender in China was successfully completed in Nanjing at 9:00 am on 9th, which is the most significant day in Chinese history, ending the eight-year war. China will embark on a road of construction of peace and create a renaissance of the Chinese people."

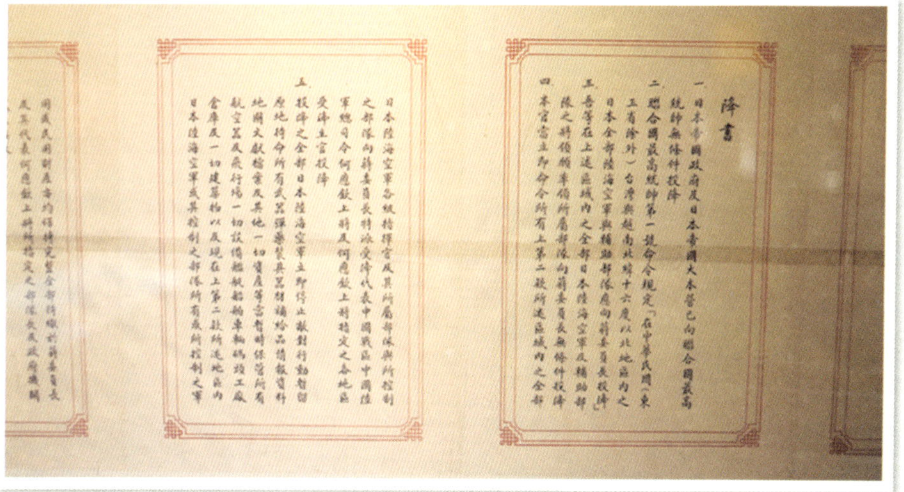

The Chinese victory not only ensured the survival of the Chinese people, but also made a great contribution to the victory of the global Anti-Fascist War, and therefore to human progress. China adhered to the concept of long-term resistance, crushing Japan's strategic intent. Japan launched the war of aggression in accordance with an initial strike which required the rapid demise of China. It then planned on utilising China's abundant resources as a "depot base" to invade the Soviet Union in the north and fight the British and Americans in the south. But China's protracted war of resistance delayed the majority of the Japanese army, so Japanese troops for combat in Southeast Asia were limited, reducing the pressure on the Allies in the Pacific. After the Pacific War broke out, Japan was in trouble on two fronts, so the Japanese attempt against the Soviet Union was never put into practice.

On May 1st, 1946, the National Government officially announced that the government would return to Nanjing on May 5th. On May 5th, Nanjing was decorated with flags everywhere. It was constantly broadcast that: "The eight-year war relied on the consistent support of national policy and people. Our people have made many bloody sacrifices, and obtained the final victory and the cancellation of all unequal treaties, washing clean centuries of ethnic Chinese humiliation. Let's maintain this sincere cooperation between citizens, the state and the nation, and hold onto our final victory. Only in this way can we comfort the soldiers and civilians who have sacrificed in the eight-year war. ... But recalling the date of December 13th, 1937, when Nanjing was occupied and the compatriots were massacred, we should never forget the past eight years when we suffered such horrific aggression and we should build self-reliance. I hope that all our compatriots will work together and make China a peaceful country, which will never suffer from an occupation along the lines of the past eight years."

The Chinese people made tremendous national sacrifices in the war, making an indelible contribution to combatting and eliminating Fascism, and to maintaining world peace and human dignity. China's Anti-Japanese War occupies a lofty position and played a great role in the world's Anti-Fascist War.

Throughout history Nanjing has repeatedly played a crucial role: The protection of the "blood" of Chinese culture, the foundation of the Sui and Tang Dynasties, the opening of the first page of China's modern history, the end of autocratic monarchy, Sun Yat-sen's assumption of the Provisional President of the Republic of China, and the World War II surrender ceremony. Historically, the city has raised many Chinese and even world-class politicians, reformers, writers, scientists, theorists, historians, navigators, painters, strategists, et al., such as the calligrapher Wang Xizhi, the "Painting Saint" Gu Kaizhi, the "Poetic Genius" Li Bai and Li Yu, the mathematician Zu Chongzhi, the reformer Wang Anshi, and the democratic revolutionary pioneer Sun Yat-sen.

In more than 100 years from the 1840 Opium War to 1949, Nanjing was China's modern political center. Many of China's important events either happened in Nanjing or were related to Nanjing. The Presidential Palace site has a history of more than 160 years and is currently China's largest modern historical museum. In October 1928, the National Government implemented the five-chamber national government political system. The Eastern Yard (East Garden) of the National Government was used as the Executive Council Office, and the Western Yard (West Garden) of the National Government was used as the General Staff Headquarters.

In the historical process of China's entire civilization, the rise of Nanjing in 211 should be a major historic event. The rise of Nanjing opened a new era in the cultural sector of the Yangtze River and even in the country's social and economic development.

Nanjing, as a new political center, transferred the political center out of China's Yellow River cultural sector, Xi'an-Luoyang, and opened a new era of urban civilization of Nanjing-Beijing, and Dongjing-Hangzhou.

As a beautiful place, Nanjing has a geographical advantage. It has a full-scale view of the Yangtze River and leads the southeast part of China, near the coastal area and the Huai he River. The history shows that in the 581 years from 1368 to 1949, the interaction of the two ancient capitals, Nanjing and Beijing, led the entire Chinese political structure and national destiny, which fully reflects the unique position of the city of Nanjing and its extraordinary advantage.

02

Chapter 2

Nanjing Librarianship Shattered by the War

In August 1937, the Japanese began to bomb more than 60 cities such as Shanghai and Nanjing in China, and consciously targeted the universities and other educational and cultural facilities. Almost all the cultural institutions and schools were attacked by Japanese planes. Among them, 75% were completely destroyed. Shanghai Oriental Library, which had a collection of 468, 000 books, was the largest library in modern China, as well as the cultural treasure of East Asia, but it was totally destroyed by the Japanese bombing. On December 13th, 1937, the Japanese invaders occupied Nanjing. In the shocking massacre in Nanjing, Japanese troops not only brutally killed people and looted property, but also ignored international laws. With great ferocity of greed, they planned to loot Nanjing's extremely rich and precious relics, academic specimens, books, historical heritage items and cultural books. It is difficult to ascertain the exact number of items that were looted. The cultural catastrophe is called the Nanjing "cultural massacre" by Chinese and foreigners alike.

Precious Cultural Relics and Academic Specimens Being Looted

From the moment the Japanese set foot on Chinese territory, they bombed Chinese cultural institutions, and looted Chinese relics. The bombing, burning, and looting to undermine China's cultural heritage did not stop until the Japanese surrendered. The losses of Chinese public and private relics during the war were astonishing.

After the Japanese occupation of Nanjing, the invaders plundered rampantly. To support the needs of the war, the Japanese plundered copper, iron and other strategic materials, and Nanjing's "big iron tripod" was stolen and shipped to Japan. The Japanese aggressors particularly paid attention to China's antiquities and paintings, etc., therefore after the invasion of Nanjing, the invaders plundered many cultural treasures. During the Japanese occupation, three of the 500 iron Luohans in the Pude Temple were also stolen and shipped to Japan. In February 1938, the International Relief Committee commissioned S. C. Smythe, a professor of sociology in the University of Nanking, to chair the Nanjing war disaster investigation, which lasted for three months. The results showed that among the losses of Nanjing households, 52% were because of arson, 33% were due to Japanese robbery; and that 63% of the city losses were due to the robbery: "It is worth noting that most of the houses in the city, even before the burning, have been thoroughly robbed , and the 11% survivors that were not destroyed, without exception, were broken into by soldiers."

The Japanese troops destroyed hundreds of ancient buildings in Nanjing, especially the astronomical instruments made in the Ming and Qing Dynasties in the Zijin Mountain Observatory, among which three pieces were from the Ming Dynasty and two pieces were from the Qing Dynasty. In 1439, an armillary sphere, an abridged armilla and a gnomon were successfully produced. The armillary sphere was a tool for measuring the stars' movement and position in the sky; the abridged armilla was an improved instrument over an armillary sphere, with simpler operation and higher measurement accuracy; and the gnomon was used to measure the changes of the sun's shadow length throughout the year to determine the exact date in a year and to give guidance for agricultural production. The armillary sphere, abridged armilla and gnomon were well-preserved until the Qing Dynasty.

In 1900 when the Eight-power Allied Forces invaded Beijing, the German army grabbed the armillary sphere made in the Ming Dynasty and the four astronomical instruments made in the Qing Dynasty. After World War I, as a victorious nation, China retrieved the astronomical instruments from Germany. After the September 18th Incident in 1931, the Japanese troops invaded the north of China. In order to protect the precious cultural relics, the Academia Sinica moved the astronomical instruments of the Ming and Qing Dynasties in the Peking Ancient Observatory to Nanjing Zijin Mountain Observatory. After the Japanese occupied Nanjing, the astronomical instruments mentioned above were looted by the Japanese and badly damaged. Many parts of the instruments were lost or destroyed.

On January 22nd, 1938, the Occupied Area Books and Documents Council controlled by the Japanese Intelligence Agency sent staff to Nanjing and set up an "Academic Information Accepted Committee," also known as the "Specimen Management Department", which was dedicated to cataloguing the looted antiques and academic specimens.

In the 1930s, the Nanjing National Government prepared to build the National Museum. The various precious relics collected from the nation were successively displayed in the Central Museum in the east of Nanjing. 1, 679 items were grabbed by the Japanese after their occupation of Nanjing. Among them, there was one stone Buddha from the Southern Qi Dynasty, four Buddhist murals from Zhaocheng County in Shanxi, eight polychrome items, and 20 polychrome bowls from the Qing Dynasty and couplets, calligraphy, ancient clothes and other precious cultural treasures.

Many high-value parts of ancient buildings in Nanjing were also plundered by the Japanese army. For example, on the main hall roof of Chaotian Palace "Kiss Owls" were installed at both ends, which were also known as owl's tail. This architectural item can date back to the Eastern Jin Dynasty, and spread to Japan during the Tang Dynasty, and was therefore considered to be a national treasure in Japan. After the Japanese invasion of Nanjing, the Japanese dismantled the "Kiss Owls" and sent them to Japan.

Before the occupation of Nanjing, the Palace Museum in Peiping had moved part of their antique collections to Nanjing on five separate occasions. The National Government removed 16, 681 boxes of artifacts, but there were 2, 953 boxes that were not moved out. They were hidden in the Palace Museum Nanjing Branch (Chaotian Palace) and the National Gallery. After the Japanese occupied the city, the antiques were guarded by Japanese soldiers. Then,

1, 503 boxes of antiques were carried to the the Specimen Management Department, and another 1, 000 boxes were moved to the Qiantian military depot. Most of the antiques were precious national treasures, including a variety of exquisite handicrafts received as tributes from Western countries during the Qing Dynasty. The Japanese troops robbed or damaged most of them.

Nanjing local government and the research institutions had a very rich and diverse collection of academic specimens. From February to June in 1938, the Japanese took more than 100, 000 academic specimens and more than 1, 500 boxes of archaeological materials to the Specimen Management Department, and the most valuable ones were shipped to Japan.

Many Books and Important Classics Being Plundered

In early December 1937, the Japanese set up the "Occupied Area Books and Documents Council", particularly plundering books and documents in Nanjing and other places. Nanjing was China's key cultural city, and also the capital of China at that time. There were a huge number of libraries, museums, memorials, and various types of public and private collections of books, and a amazing number of cultural relics. Only a small percentage of them were transported to other places before Nanjing was invaded, and most of the antiques were plundered by the Japanese troops. The Central Library, the Chinese Culture Library, the National Central University Library, the Nanjing Municipal Library, and the libraries of the National Government and the central ministries, authorities and research institutions, were all plundered by the Japanese troops.

The Central Library was built in 1933, and by 1937 it had a collection of 150, 000 books. Because of the Japanese invasion, 263 boxes of important books were selected and planned to be moved, but in the end only 130 boxes were moved. In 1938, the books were shipped via Hankou, Changsha, Yueyang and then to Chongqing, Sichuan. In March of the following year the books were moved to Baisha town, Jiangjin, with only 120 boxes of books, about 10, 000 in total. 40, 000 books were stored in the warehouse in the Nanjing Chaotian Palace, but after the war only 30, 000 remained. The books stored in libraries seriously reduced in number because of the Japanese plunder. The Central Library had more than 350, 000 rare books, which were stored in the Hong Kong Feng Pingshan Library. After the Japanese occupation of Hong Kong, the books were removed to Japan by a Japanese called Zhutengfengzhi, and stored in several libraries in Japan (the books were recovered in 1946). The engraved tablets that collected by the library were all lost, totalling more than 150 kinds of over 70, 000 items.

The Chinese Culture Library was located at the foothill of the Nanjing Qingliang Mountain. During the Qing Dynasy, it was called Xiyin Academy. The word "Xiyin" means cherishing the time. In the Qing Dynasty, the Liangjiang governor Duan Fang built two library buildings at the site of Xiyin Academy, which later became Jiangnan Library. In 1937, this library had a collection of more than 240, 000 books. When Nanjing was bombed by the Japanese, the staff selected rare books from the Song and Yuan Dynasties, packing them into 110 boxes and hiding them in the basement of the Palace Museum Nanjing Branch at the Chaotian Palace. The Japanese offered many rewards for seeking these rare books. In February 1940, the basement was dug by the Japanese and the books were moved away. After the victory of Anti-Japanese War, when the National Government recovered the plundered books, 1, 643 rare books had lost. The Chinese Culture Library owned a Qing Dynasty collection of 6, 484 files from the Jiangnan area, more than 60 large baskets of incomplete files, and 1, 894 volumes and 19 bundles of daily newspapers. All the literature mentioned above was burned or sold by the Japanese troops. A collection of more than 30, 000 book series and local history books, which had been transported to northern Jiangsu's Xinghua Luohan Temple, were also burned and plundered by the Japanese army. According to the post-war survey, during the war, the Chinses Culture Library had a total loss of 167, 923 books, and 141 copies of ancient literature had been looted by the Japanese, including 30 kinds of Yuan Dynasty editions.

The Library of University of Nanking was well-known for numerous chorography collections, including plenty of precous books on ancient agriculture, animals and plants. Among them, there were books from the Song, Yuan, and Ming Dynasties, and also Japanese and Korean editions, most of which were stolen by the Japanese. According to the post-war statistics, this library had a total loss of 21, 353 Chinese books, 4, 373 Western books and 73, 928 Chinese and Western bound volumes of magazine.

The Jinling Women's College of Art and Science Library originally had a collection of over 100, 000 books. All the books were plundered by the Japanese except those thousands of books taken by the staff when the college was moved to the west in a hurry. According to the survey, 1, 700 important books were robbed, including *Records of the Historian* and more than 30 types of other books. Besides, there were also 30 kinds of monuments plundered by the Japanese. Only about 20, 000 books were recovered after the war.

The loss of the scientific research and cultural institutions was also shocking: The Social Science Institute of Academia Sinica had a total loss of 33, 319 Chinese books and 7, 923 Western books; The Central Institute of Geological Survey had a total loss of 40, 571 books; The Zhongshan Culture and Education Pavilion had a total loss of 58, 735 Chinese and Japanese books, and 2, 654 Western books.

Civil Service Department and other ministries suffered heavy losses. According to the letter from the Secretariat of the National Government Examination Department on November 1st, 1946, "Before the war, the book collection was more than 100, 000 books, and after the war the number of books was less than 1/5 of the original number. So you can imagine the big loss we suffered." So, the Examination Department had a loss of more than 80, 000 books. The Interior Ministry Library lost 92, 146 books. The books of the National Institute for Compilation and Translation were either destroyed or burned.

On December 13th 1937, the Nanjing Municipal Library, which was located in Confucius Temple, suffered huge losses. The war ruined most of the books (200, 000 books in total), including the *Gentry*, which had important reference value in verifying bureaucracy changes, experience and so forth.

According to the records of Nanjing Municipal Archives, in addition to the public collection, a lot of folk and private books were also plundered by the Japanese troops. For instance, the herbalist doctor, Shi Xiaoxuan, had a variety of collections, including more than ten copies of precious medical books of the Song Dynasty. After Nanjing was occupied, 4 large boxes of valuable books and more than 2, 000 antique paintings were plundered by the Japanese troops. Lu Jiye, the Editorial Board Secretary of the National Institute for Compilation & Translation University, also had a large book collection, which was also burned down during the war.

According to the Japanese newspaper *Red Flag* in 1986, "On March 6th 1938, spies of the Books and Documents Council came to Nanjing for the second time. Under the assistance of the Japanese troops, from March 14th, they spent nearly a month moving all the books of all departments and units in Nanjing to a three-storey building on No. 942 Zhujiang Road, piling the books into more than 200 book mountains. The transport of the books needed 367 Japanese soldiers, more than 2, 830 Chinese workers, and 310 trucks. Among books plundered by the Japanese, there were many priceless, rare books, including over 4, 000 kinds of books of the Song Dynasty, more than 3, 000 copies of the *Qing Dynasty Emperors' Record*, 10 sets of complete *Ancient and Modern Book Collection*. These precious books were not returned even after the war.

According to Japanese expert Matsumoto Gang's statistics, after Japanese troops occupied Nanjing, they plundered more than 844, 000 books from all kinds of public institutions, and more than 53, 000 books from private collections, in total 890, 000 books, which were more than the collection of the Tokyo Imperial Library. Although the statistics might not be complete, the number was already astonishing. The accurate number of books lost during the Japanese occupation of Nanjing might become a historical mystery.

南京市

名稱	立別	性質	地址	備考
江蘇省立國學圖書館	省立	專門	龍蟠里	
南京市立圖書館	市立	普通	復成倉	保護偽[illegible]前南京市政府[illegible]書
中央圖書館	國立	普通	成賢街	籌備中
居士林圖書館	私立	專門	石觀音後	
石城圖書館				
中央教育館圖書館	國立	專門	朝天宮	籌備期中通信處教育部社會司
南京市立民衆圖書館	市立	通俗	夫子廟	係前第一通俗圖書館改組
南京市立民衆科學館圖書部	市立	專門	奇望街	係前第一通俗教育館改組
南京市立歷史博物館圖書部	市立	通俗	復成橋第一公園	係前第二通俗教育館改組
江蘇省立南京民衆教育館圖書部	省立	通俗	大中橋	
江寧縣立民衆教育館圖書部	縣立	通俗	府西街	
中央研究院社會科學研究所圖書館	國立	專門	雞鳴寺下	（機關）
中央研究院氣象研究所圖書館	國立	專門	北極閣	（機關）
國立中央大學圖書館	國立	學校	四牌樓	
國立中央大學農學院圖書館	國立	學校	三牌樓	
中央軍官學校圖書館	公立	學校	炮標	
中央政治學校圖書館	公立	學校	紅紙廊	
遺族學校圖書館	公立	學校	中山陵園	
文化學院圖書館	私立	學校	漢西門	
金陵女子學院圖書館	私立	學校	東瓜市	
曉莊師範學校圖書館	私立	學校	神策門外	（停頓中）
安徽公學圖書館	私立	學校	中正街	
南京青年會學校圖書館	私立	學校	府東街	
中區實驗學校圖書館	市立	學校	府西街	
國立中央大學實驗學校圖書館	國立	學校	大石橋	
金陵大學圖書館	私立	學校	鼓樓	
江蘇省立南京中學圖書館	省立	學校	1.門帘橋 2.八府塘 3.棲霞山	
江蘇省立南京中學實驗小學校圖書館	省立	學校	1.門帘橋 2.八府塘 3.棲霞山	
江蘇省立南京女子中學圖書館	省立	學校	馬府街	
江蘇省立南京女子中學實驗小學校圖書館	省立	學校	中正街	

03

Chapter 3

Jinling Library with 88 Years of History

Jinling Library has a history of 88 years, with many ups and downs. The Japanese invasion of China, the political movements after the founding of the PRC, the economic hardships and the "Cultural Revolution" have had negative impacts on the development of the library again and again, and even the name of the library has changed several times. But in these 88 years, generations of librarians with selfless dedication, perseverance and hard work, have made the library glorious again and again in social and cultural services. In the new century, Jinling Library has become a public place for citizens to acquire document information resource services, carry out professional research, enjoy healthy reading, and receive lifelong education.

1927-1937 Nanjing Municipal Library

In September 1933, the library was officially renamed Nanjing Municipal Library. By the end of 1935, the collection of the library had reached about 100, 000 books, which were mainly social science and literature books. Among the traditional books, the *Gentry* accounted for a large percentage, which was a feature of the collection. The number of Western books was relatively small, being less than 500.

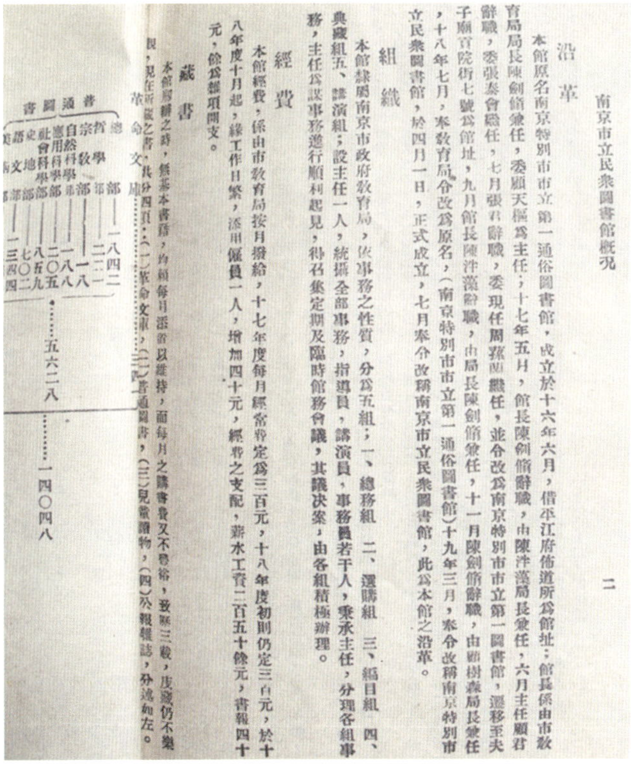

南京市立民衆圖書館概况　　二

沿革

本館原名南京特別市市立第一通俗圖書館，成立於十六年六月，借平江府佈道所爲館址；館長係由市教育局局長陳劍脩兼任，委顧天樞爲主任；十七年五月，館長陳劍脩辭職，由陳泮藻局長兼任，六月主任顧君辭職，委張泰會繼任，七月張君辭職，委現任周雍涵繼任，並令改爲南京特別市市立第一圖書館，遷移至夫子廟貢院街七號爲館址，九月館長陳泮藻辭職，由局長陳劍脩兼任，十一月陳劍脩辭職，由趙樹森局長兼任，十八年七月，奉教育局令改爲原名，（南京特別市市立第一通俗圖書館）十九年三月，奉令改稱南京特別市立民衆圖書館，於四月一日，正式成立，七月奉令改稱南京市立民衆圖書館，此爲本館之沿革。

組織

本館隸屬南京市政府教育局，依事務之性質，分爲五組；一、總務組　二、選購組　三、編目組　四、典藏組五、講演組；設主任一人，統攝全部事務，指導員，講演員，事務員若干人，秉承主任，分理各組事務，主任爲謀事務進行順利起見，得召集定期及臨時館務會議，其議決案，由各組積極辦理。

經費

本館經費，係由市教育局按月撥給，十七年度每月經常費定爲三百元，十八年度初則仍定三百元，於十八年度十月起，緣工作日繁，添用僱員一人，增加四十元，經費之支配，薪水工資二百五十餘元，書報四十元，餘爲雜項開支。

藏書

本館原創之時，係基本書籍，約賴每月添置以維持，而每月之購書費又不甚裕，致經三載，庋藏仍不樂觀，現在所藏之書，共分四項：（一）革命文庫，（二）普通圖書，（三）兒童讀物，（四）公報雜誌，分述如左。

革命文庫……三四

普通圖書
總部——一八四二
哲學部——一二二一
宗教部——一一八
自然科學部——一八八
應用科學部——一〇五
社會科學部——八九
史地部——七〇二
語文部——三四四
……五六二八

……一四〇四八

According to the *National Cultural Institution List Introduction* published in February, 1934, "On June 9th, 1927, the Nanjing Municipal Popular Library was founded at the the

original Pingjiang House site. In July, 1928, it was renamed the No. 1 Nanjing Municipal Library, with Ms. Zhou Lansun as the director. In August, 1929, the name of the library reverted to its original one. In April, 1930, the library's name changed again to Nanjing Special Municipal Public Library, and in July it was changed another time to Nanjing Municipal Public Library, whose address was altered to Pan Palace. In June, 1932, the Preparatory Office of the Nanjing Municipal Library and the Public Science Museum were merged into one, and Ouyang Ruihua was appointed as the director. On July 1, Nanjing Library was formally established. In September, 1933, it was renamed Nanjing Municipal Library."

According to *Nanjing Municipal Library*, published in 1936, there were more than 20, 000 types with a total number of 200, 000 books (including those having been booked and unregistered), and it set up more than 40 places for people to read newspapers in Nanjing. Meanwhile, the library began to plan to establish branch libraries for a large-scale development.

In December, 1937, the Japanese troops occupied Nanjing, and more than 200 thousand books in the Municipal Library, along with the library in Pan Palace, Confucius Temple were destroyed. After ten years of operation Nanjing Municipal Library was instantly gone.

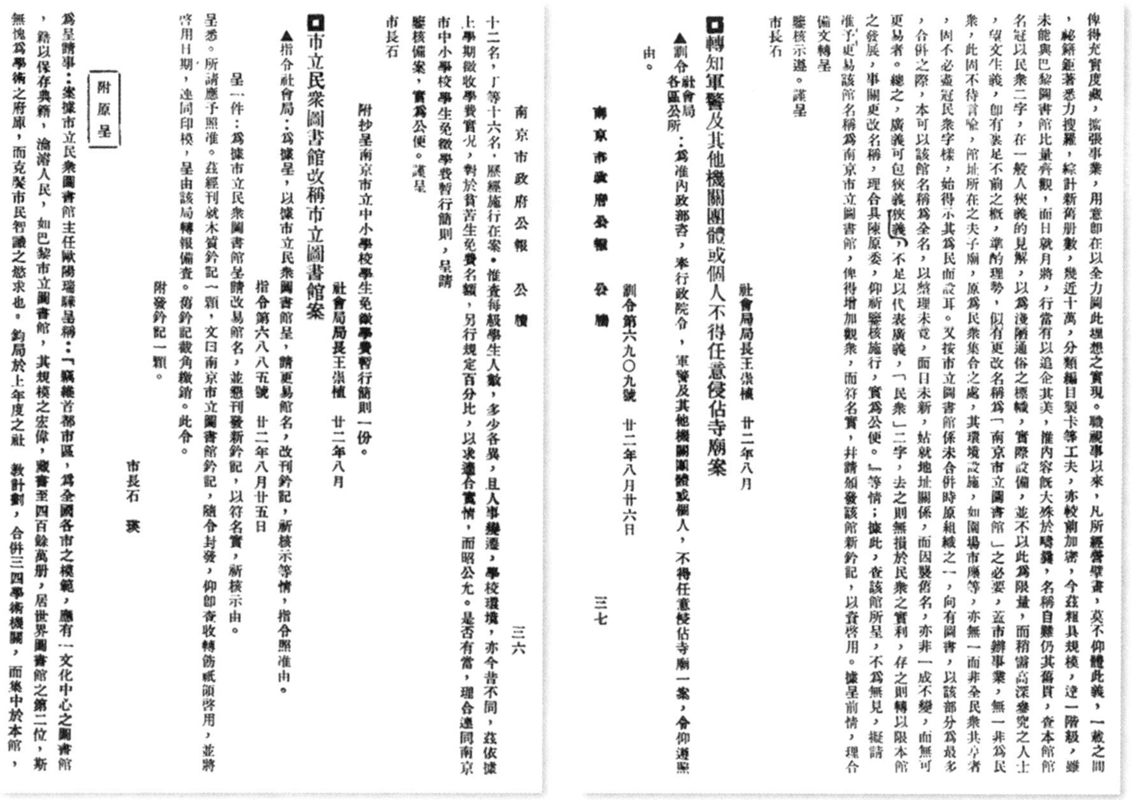
南京市政府公報　公牘　三六

十二名，丁等十六名，歷經施行在案。惟查每級學生人數，多少各異，且人事變遷，學校環境，亦今昔不同，茲依據上學期徵收學費實况，對於貧苦生免費名額，另行規定百分比，以求適合實情，而昭公允。是否有當，理合連同南京市中小學校學生免徵學費暫行簡則，呈請

鑒核備案，實爲公便。謹呈

市長石

附抄呈南京市立中小學校學生免徵學費暫行簡則一份。

社會局局長王崇植　廿二年八月

■市立民衆圖書館改稱市立圖書館案

▲指令社會局：爲據呈，以據市立民衆圖書館呈，請更易館名，改刊鈐記，祈核示等情，指令照准由。

指令第六八八五號　廿二年八月廿五日

呈一件：爲據市立民衆圖書館呈請改易館名，並懇刊發新鈐記，以符名實，祈核示由。

呈悉。所請應予照准。茲經刊就木質鈐記一顆，文曰南京市立圖書館鈐記，隨令封發，仰即查收轉飭祇領啓用，並將啓用日期，連同印模，呈由該局轉報備查。舊鈐記截角繳銷。此令。

附發鈐記一顆。

市長石　瑛

附原呈

爲呈請事：案據市立民衆圖書館主任歐陽瑞驊呈稱：「竊維首都市區，爲全國各市之模範，應有一文化中心之圖書館，藉以保存典籍，淪濬人民，如巴黎市立圖書館，其規模之宏偉，藏書至四百餘萬册，居世界圖書館之第二位，斯無愧爲學術之府庫，而克饜市民智識之慾求也。鈞局於上年度之社　教計劃，合併三四學術機關，而集中於本館，俾得充實度藏，擴張事業，用意即在以全力圖此理想之實現。職視事以來，凡所經營擘畫，莫不仰體此義，一載之間，祕籍鉅著悉力搜羅，綜計新舊册數，幾近十萬，分類編目製卡等工夫，亦較前加密，今茲粗具規模，達一階級，獨未能與巴黎圖書館比量齊觀，而日就月將，行當有以追企其美，惟內容既大殊於疇曩，名稱自難仍其舊貫，查本館館名冠以民衆二字，在一般人狹義的見解，以爲淺陋通俗之標幟，實際設備，並不以此爲限量，而稍需高深參究之人士，望文生義，卽有裹足不前之概，準酌理勢，似有更改名稱爲「南京市立圖書館」之必要，蓋市辦事業，無一非爲民衆，此固不待言喻，館址所在之夫子廟，原爲民衆集合之處，其環境設施，如圖場市廛等，亦無一而非全民衆共享者，固不必盡冠民衆字樣，始得示其爲民而設耳。又按市立圖書館係未合併時原組織之一，向有圖書，以該部分爲最多，合併之際，本可以該館名稱爲全名，以整理未竟，而日未新，姑就地址關係，而因襲舊名，亦非一成不變，而無可更易者。總之，廣義可包狹義，狹義不足以代表廣義，「民衆」二字，去之則無損於民衆之實利，存之則轉以限本館之發展，事關更改名稱，理合具陳原委，仰祈鑒核施行，實爲公便。」等情；據此，查該館所呈，不爲無見，擬請准予更易該館名稱爲南京市立圖書館，俾得增加觀衆，而符名實，並請頒發該館新鈐記，以資啓用。據呈前情，理合備文轉呈

鑒核示遵。謹呈

市長石

社會局局長王崇植　廿二年八月

■轉知軍警及其他機關團體或個人不得任意侵佔寺廟案

▲訓令社會局、各區公所：爲准內政部咨，奉行政院令，軍警及其他機關團體或個人，不得任意侵佔寺廟一案，令仰遵照由。

訓令第六九〇九號　廿二年八月廿六日

南京市政府公報　公牘　三七

In June 1932, Ouyang Ruihua was appointed director of the library by the Nanjing Special Municipal Government. Ouyang Ruihua (1879-1944) came from Mianyang (now Xiantao City), Hubei. He was a famous scholar of the Republic of China, and participated in the anti-Qing group "Science Tutoring". Then he became a member of the anti-Qing organization "Rizhihui", together with Song Jiaoren, Liu Jing'an, Zhang Nanxian and Dong Biwu. They actively engaged in the anti-feudalism struggle. Then he followed Sun Yat-sen to devote to the 1911 Revolution. He was good at writing, with many famous works like *Mongolian History*, *Yilin Yingtie* and so forth. The inscription at the old site of Rizhihui was composed by him and handwritten by Zhang Nanxian.

In July, 1938, Ouyang Ruihua moved to Wuhan with the National Government. He informed key members of Rizhihui, including Liang Zhonghan, Yin Ziheng, Zhang Nanxian and so on, stressing the contribution to the reform made by the members as a response to the various social misconceptions. They built a monument called the "Wuchang Rizhihui Monument" at the original site, and also built a pavilion and a stone memorial arch to record the events of Rizhihui. Today, the pavilion and the stone memorial arch are gone, and only the base remains. The "Wuchang Rizhihui Monument" is now in Hubei Provincial Museum.

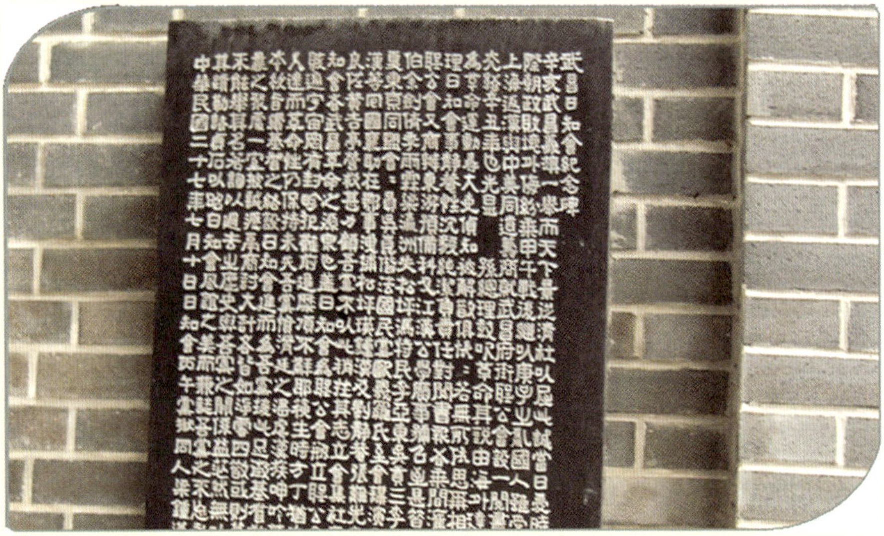

According to *Nanjing Municipal Library* written in 1936 by Fu Konglin (member of the School Board of Qionghai Private Middle School in 1923, former director of Nanjing Municipal Library, and former professor of Hainan University), Nanjing Municipal Library was founded in June, 1927.

"The organization structure: a chairman, in charge of three departments: General Affairs Department, Compiling and Collection Department, and Reading Department. General Affairs Department Managed official documents and correspondence, accounting, communication and other issues. The Compiling and Collection Department was in charge of purchase, introduction, cataloging, storage and borrowing issues. Reading Department managed the gathering and exhibition of books, magazines, instruments, samples, models and charts. Besides, the Book Purchase Review Committee was set to review the book list to be purchased.

"Funds: From 1932, the allocated funds have been 1, 344 yuan per month. It is still the same today.

"Collection: There were more than 20, 000 types for a total number of 200, 000 books (including those having been booked and unregistered), and the social science books accounted for most of them, with more than 10,000 books, followed by nearly 10,000 linguistics books. The history books ranked third, with about 9,500 books.

南京市立圖書館

南京市立圖書館

符孔遴

南京市立圖書館，成立於民國十六年六月。原名南京特別市第一通俗圖書館，館址在平江府偹道所。十七年七月，改稱南京市立第一圖書館，遷夫子廟貢院街。十八年八月，復原名，十九年四月，改稱南京特別市立民衆圖書館。七月，又改稱南京市立民衆圖書館，乃遷今址。二十一年六月，市府將市立圖書館籌備處及民衆科學館併入改稱今名。

組織：主任一人，下分總務，編藏，閱覽三部。總務，管理關於文牘，會計，庶務，交際及其他不屬於各部事宜。編藏部，管理關於圖書之選購，介紹，編目，保管及借閱事宜。閱覽部，管理關於圖書，雜誌，儀器，標本，模型及統計圖表之蒐集展覽事宜。另有圖書購置審查委員會，審查擬購之書目，委員由市府社會局聘任之。

經費：自二十一年度起，每月爲一三四四元。今仍之。

藏書：計有二萬餘種，（預約及未登記者在內）廿萬冊。以社會科學爲最多，約四千種一萬餘冊。語言學次之，約三千種一萬冊。史地又次之，約二千餘種九千五百冊。

屋宇：原以大成殿爲閱書室，東廡七間爲藏書室，二間爲出納室，西廡四間爲閱報室，二間爲兒童閱覽室，三間爲報紙雜誌室。餘分爲辦公室，會客室，寢室等。自二十四年七月後，爲適應目前需求計，逐漸更張。以西廡兒童閱覽室及閱報室太小，管理亦不便，因併入閱書室，俱移入大成殿。又以書籍日多，將西廡闢爲藏書室，并闢前左廊爲儲藏室。此不過就目前房室謀一比較妥善之方云耳，不能謂爲盡善也。

以今年度（廿五年）言之，閱覽人數，每日平均在六百人左右，星期日則超過千人以上，比前年度每日平均增至一倍之多。雖以大成殿之廣，以閱書，閱報，兒童閱書三室合併之故，常有擁擠之虞。現暫在大成殿前廣庭蓋高棚一座，遷一部分閱覽於此，空氣充足，光線明亮，甚合閱覽。然爲將來計，非將大成殿兩旁餘地增建房屋，東西二廡改建層樓或遷館址不可。未雨綢繆，此又不能不早爲之圖。

此外民衆閱報牌，本館已設四十餘處，現且設法擴張之。至於巡迴書庫及設分館，本館原有規定。上新河孝陵衛二分館已入預算內，除本年要實施外。若計劃如何擴張巡迴書庫至白鷺洲公園，釣魚台，廊東街倉巷，鼓樓，綏遠路，浦口東河沿，燕子磯，八區公所，此又須次第舉辦也。

一六

本會新出單行本

- 檔案處理中之重要問題……毛坤　三角
- 存素堂入藏圖書河渠之部目錄……朱啓鈐編　茅乃文補　三角
- 兒童圖書館經營與實際……李文裿　三角
- 中國方志編目條例草案…毛裕良…毛裕芳　二角
- 四部分類號碼表……張英敍　二角
- 元太祖成吉思汗生平史料目錄（附成吉思汗遺像插圖）……鄧衍林　二角

"Buildings: At the beginning, the Dacheng Hall was the reading room, 7 rooms in the eastern side hall served as the book collection rooms, 2 rooms served as the cashier's office; 4 rooms in the western side hall served as the newspaper reading rooms, 2 rooms served as the children's reading rooms, 3 rooms served as newspaper and magazine rooms. Other rooms served as offices, dormitories and so forth. Since July, 1935, to meet the current demand, the layout has been gradually changed. The children's reading room and the newspaper reading room in the western side hall were too small, and difficult to manage, so they were merged with the reading room in the Dacheng Hall. And the number of books is increasing, therefore, the western side hall has been changed into a book collection room.

"In this year (1936), the number of readers per day is around 600. On Sunday there are more than a thousand readers. Although the Dacheng Hall is quite large, as it serves as the reading room, the newspaper reading room and the children's reading room, it is crowded as well. Now, temporarily, a new shed will be built in front of the Dacheng Hall and a number of books will be moved here. Because this place is bright with enough light, it is suitable for reading. However, in terms of future development, more space is needed.

"Besides, the library has set up 40 places for newspaper reading, and they will also be expanded. As for the itineracy library and branch library, we had plans for that. The two branch libraries at Shangxinhe and Xiaolingwei have been taken into consideration. The itineracy libraries will be expanded to Bailuzhou Park, Diaoyu Tai, Langdong Street, the Drum Tower, Suiyuan Road, Pukou Dongheyan, Yanziji, and the eight district offices, which will be held in sequence."

The book *Nanjing in the Past 10 Years* was printed by Nanjing Municipal Government Secretariat in 1937, there was a report named *Nanjing Municipal Government Work Review from April 1935 to December 1936* written by Ma Chaojun, mayor of Nanjing City, in the education part of which, an idea of constructing the branch libraries and reading rooms of Nanjing Municipal Library was put forward: "To add a public educational site and a library reading place. The original public educational site included Baguazhou Peasant Educational Center and the Drum Tower Public Educational Center, and in April 1936, the Yanziji Peasant educational Center was established. As the Municipal Library is located in the south of the city, several branch libraries should be set up in different districts. The No. 1 District Branch Library has already been set up and others are still under construction."

As a magazine that had made comprehensive reports on the research and development of libraryies during the Republic of China, the *Chinese Library Association Journal* was published 21 volumes of 102 issues from 1925 to 1948.

In these 21 volumes there were about 4,000 to 5,000 articles, in which there were articles about Nanjing Municipal Library.

十年来之南京

馬超俊

民國二十六年六月一日

南京市政府秘書處編印

部，用以辦理鄉校教育電影現已擬訂辦法擬就燕子磯，上新河，孝陵衞分爲三巡迴區，每月晚間前往三區放映二十次，共有鄉校六十三所每校每月以能觀覽二次爲原則。其開辦費及經常費已呈請市政府撥款舉辦。

(巳)市立圖書館　該館創於十六年六月。分總務、編藏、閱覽、三部，現存圖書二十萬冊，報章雜誌二千餘種，五萬餘冊，裝訂成冊之報紙有六百餘冊，每日閱覽人數，在八百人以上，爲便利市民閱覽報章圖書起見，除在本市置閱報牌八十餘方外，並就各區區公所設立圖書閱覽分處該館設館長一人，職員六人，並設有圖書購置委員會聘委員九人，每月購置圖書須經購委會審查通過，方得購辦，全年經費爲一六，一二八元，。

(庚)體育狀況

(子)學校體育　本市學校林立學生衆多，對體育方面除指導其在校活動外，幷每年舉行全市中小學聯合運動會，以資提倡，自十八年起，曾舉行第一屆中小學聯合運動會，中途因淞滬戰爭停辦二年。現已繼續奉行至第六屆。但第一二三四屆僅舉行大會，各學校祇有少數學生直接參加，自二十五年第五屆大會起，爲使各校普遍參加計，按學校所在地劃分爲九區，飭各校事先參加區運動會，在區會被選拔者，代表該區參加大會，本年第六屆大會又增劃二區共爲十一分區，至參加人數自第一屆所參加爲六百餘人起已增至爲一萬餘人，又因兒童之健康訓練與體育教師之關係最爲密切，故於上年利用暑期舉辦一次小學體育教師講習會，集全市小學體育教師分爲學術二科，施以相當訓練，本年暑期擬再繼續舉辦。

十年來之南京　三九

十年來之南京

第一章　史地概略

(一)南京之歷史

全國文化機關一覽

(每月閱覽及借書統計)閱覽者平均約一萬二千人。

(職員)(主任)歐陽瑞驊　館員六人。

(出版物)本館概況

三四四

●南京古物保存所 民國廿三年五月調查

(地址)南京午朝門(明故宮舊址)

(沿革)本所係民國四年由江蘇省創辦。至十七年收歸國有。直隸於教育部。定名爲南京故物保存所。

(組織)分古物、圖書、事務、三部。

(館舍狀況)房屋僅敷暫設六個陳列室。

(物品種類)陳列品有古物、(金石陶器)碑拓、書籍、字畫、四類。

(工作概況)除對於已有品物之鑒定、編目、保管、陳列、展覽、傳拓外。其於新出土之古物及各省市縣古物碑拓故跡名勝照片亦概調查徵集。以供學術上之研究。

(職員)(主任)舒楚石　職員共四人。

(地址)南京夫子廟

(沿革)本館創始於民國十六年六月。原名南京特別市立第一通俗圖書館。十七年秋、改稱南京市立第一圖書館。翌年八月、教育局增加社教設施。仍復原名。十九年夏、就本市社教整個之規畫。易名南京特別市立民衆圖書館。旋又稱南京市立民衆圖書館。二十一年六月、市府爲擴充本館計。以市立圖書館籌備處及民衆科學館合併爲一。二十二年秋、奉令改稱今名。

(組織)本館隸屬於南京市政府社會局。設主任一人。由局長委任之。館員若干人。辦理總務、編藏、閱覽三部事務。

(經費)二十二年度預算爲一六、一二八元。內購書費佔七、五〇〇元。

(館舍狀況)館舍係就夫子廟泮宮布置。正殿爲閱書室。可容三百人。東廡七間爲藏書室。二間爲出納處。西廡四間爲閱報室。二間爲兒童閱覽室。三間爲報誌儲藏室。餘屋爲各辦公室。惟本館閱書室面積雖大。而光線缺乏。加之圖書日增。漸無庋藏之所。擬呈請府局酌量改建。

(藏書統計)計有萬餘種。約五萬冊。以社會科學、語文、二類爲最富。而尤注重於歷代縉紳錄之搜羅。惟西文部書籍則不滿五百冊。公報雜誌共計五萬餘冊。

(分類及編目檢字)變通杜威十進分類法。並參照各圖書館學家所訂分類法自行編次。

全國文化機關一覽　三四三

全國文化機關一覽　三四二

及一切設備燼付一炬。不得已乃暫假公共租界培成女學爲臨時校舍。至是年秋江灣校舍修建工竣。始復遷回。

(組織)院長一人。主持全校校務。其上有校董會。其下設教務長一人。統轄註冊、教務、文牘、三課。事務長一人。會計、庶務、衛生、講義、四課屬之。各科設科主任一人。各系設系主任一人。又訓育主任一人。訓育員若干人。體育主任一人。指導員若干人。

(學制)分文、法、二科。文科分國學系、英文系。法科分法律系、政治系、商學系、經濟系。

(畢業年限)均爲四年。

(職員)(院長)何世楨　(教務長)何世枚　教職員共八七人。

(經費)由現院長擔任。確數未詳。

(學生人數)二十三年春季本科學生計七二七名。

(畢業人數)至二十二年底止。本科歷屆畢業生計八四五名。

(出版物)本院一覽　持志半月刊　持志年刊

●南京市立圖書館 民國廿三年二月調查

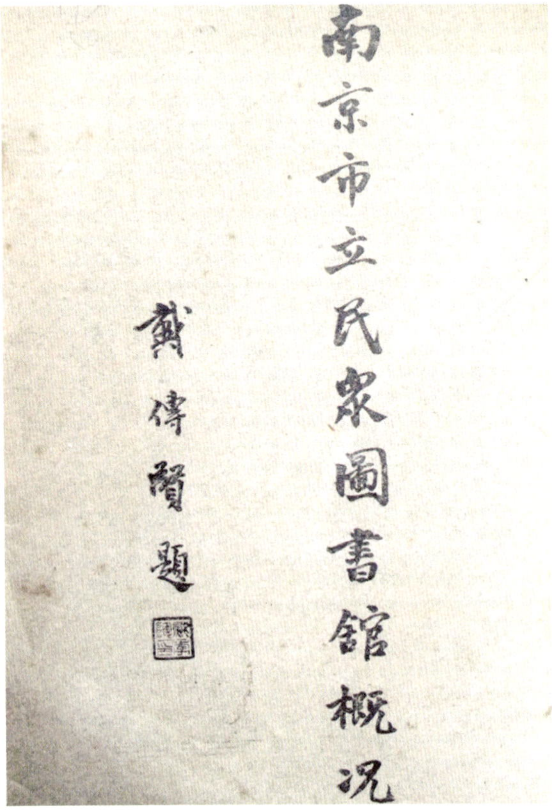

Jinling Library still treasures the book collection in the period of the Nanjing Municipal Library, which has precious historical value. Among them, the *Nanjing Special Municipal Library Book Catalog*, *Overview of Nanjing Municipal People's Library*, *Nanjing in the Past* 10 *Years*, *Nanjing Government Gazette* and other precious documents related to the library's history are vital collection materials in Nanjing Municipal Library.

1958-2009 Reconstruction and Opening of Nanjing Municipal Library

In the 1950s, the re-establishment of Nanjing Municipal Public Library was put on the agenda. The Nanjing Municipal Government believed that Nanjing was the capital of six dynasties with rich cultural heritage. However "Nanjing Library" (namely Jiangsu Provincial Library) mainly provided science and culture services to the province. Nanjing citizens needed their own reading places.

In 1958, the Nanjing Municipal Government decided to build a new library. In July 1958, the Nanjing Municipal People's Congress passed the proposal for its construction, and the Municipal Department of Cultural Affairs assigned four people for the preparation. The Municipal Department of Cultural Affairs drafted the *Report on the Establishment of the Preparatory Office of the Municipal Library*, which was approved by the Municipal People's Government, and in March 1959 the Preparatory Office of the Municipal Library was established. In September 1961, because of socio-economic and other reasons, the Preparatory Office of the Municipal Library was revoked, and the preparatory work was suspended. During the construction of the Municipal Library, the number of librarians had reached more than 20, and the temporary library had several relocations. Although there were various environmental constraints and difficulties in the "Cultural Revolution", the librarians always insisted on carrying out a variety of basic cultural services in multiple transition premises, sending books to the grassroots readers, and the countryside.

In the early 1970s, the construction of Nanjing Municipal Library was again put on the agenda. In March 1971, the Nanjing Municipal Library preparatory work was restored. In 1973, there were 18 employees. More than 4,000 new books were purchased, and 100,000 books were transferred from the archives, the Municipal Cultural Books Arrangement Group, and Nanjing Library, reaching 181,347 volumes in total. The library made 214 shelves, desks and chairs, and the new library building project was listed in the 1974 Nanjing Infrastructure Project.

On November 15th, 1975, the Nanjing municipal administrative departments officially confirmed that the new library would be built on the west of Great Hall of the People (which is the Republic Architecture "National Assembly" site) on Yangtze River Road. In 1977, construction of the foundations began. In January 1980, the Preparatory Office of Nanjing Library was renamed "Nanjing Municipal People's Library". In May, the library building was completed. The new library address was No. 262 Yangtze River Road, and it was an I-shaped building. The front four floors constituted the main reading building, and the back 6 floors were for book collection. These two parts were connected by a 2-floor hall. The total area of the library was 7, 300 m^2. Together with steel shelves, wooden desks and other equipment, the total investment was 100 million ynan. In October 1980, the new library was open to the public. At first, it was called Nanjing Municipal People's Library, and in October 1984 it was renamed Jinling Library.

Jinling Library is located in the central area with convenient transportation. Within a radius of two kilometers are Zhujiang Road, Daxing Palace, Xinjiekou, the Drum Tower and other downtown locations. The first circulation counter, the second circulation countet, the comprehensive reference room, the periodicals reading room, the local literature reading room, the advertising and cultural centre, the electronic publications reading room, the international exchange materials reading room and the computer classrooms were all set up for the citizens. The library also carries out social counselling services such as The Law Consulting Square, Library Services Publicity Week and so on. Skill training, science and current affairs lectures, information and consulting activities are also held.

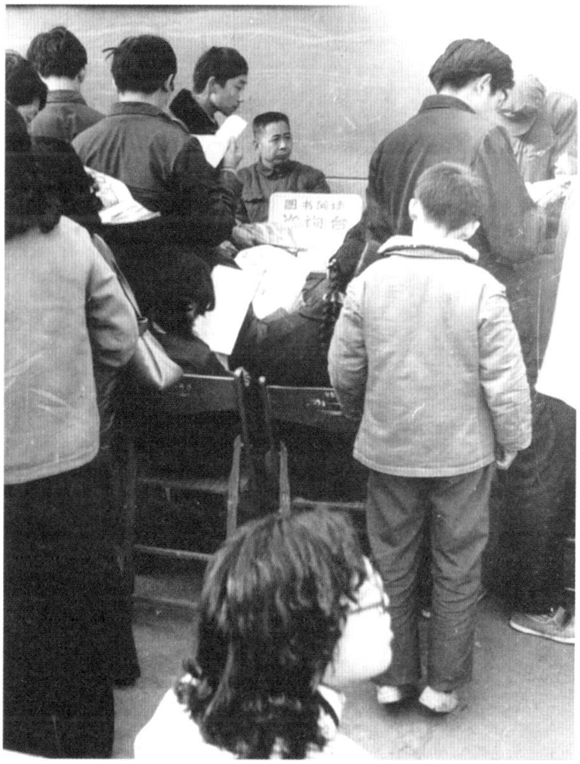

Jinling Library provided a variety of free social services, such as book and magazine lending, reference services, and public lectures. In the mid-1980s, there were some fee-based services in the domestic libraries. In the early 1990s, the library community also proposed to introduce the market mechanism, or to push libraries into the market, which had a great impact on libraries. But Jinling Library stuck to the public cultural service principle and never rebranded the readers as consumers. Lacking development funds, the library applied to the administrative department and meanwhile organized "the third industry" services.

Over the years, Jinling Library made great efforts to reform the traditional service model, and tried to do everything possible to "allow the readers to find their books", "allow the books to find their readers". Freeing the books from the warehouse so that the knowledge base could be changed into a knowledge fountain, which gradually formed Jinling Library's own unique features. To maximise the social function was the social effect sought by Jingling Library.

"Providing Books for Readers, Providing Readers with Books", Opening Service to Look for New Ways to Expand Access

The vast literature in the library recorded the accumulated experience of human beings' transformation of nature and construction of society, and also recorded the fruits of human ingenuity. The word "book" has become a synonym for "knowledge". Therefore, libraries are called "palaces of knowledge" or "knowledge bases" and so on.

Most social and cultural activities of traditional libraries focus on window services, which restricts the growth potential of their own library activities. In order to change the knowledge base into the knowledge fountain, Jinling Library has adopted a series of measures to expand the social services.

(1) Stepping out of the walls and taking the library service to the readers. Jinling Library advocates to open up the library and develop its services with a deeper focus on the readers. The public that would like to acquire knowledge might not know much about the library and how to use it. Therefore, Jinling Library pays particular attention to introduce itself as a "knowledge palace" to the society. Jinling Library also tries to introduce the knowledge storage and dissemination functions of the library through the news media. From central to local newspapers, radio, television, every year the social activities of Jinling Library have been reported dozens or even hundreds of times. At the same time, for the needs of some specific readers, it offers a variety of door-to-door services. With the gradually increasing opening up of society, many businesses need to develop international connections, but their knowledge of the in-

ternational contracts is relatively deficient. Jinling Library sent *International Trade Contracts* and other books directly to those organisations. Through learning, these units effectively solved the specific problems of international business dealings. The users thus praised Jinling Library as "not only a palace of knowledge, but also a fountain of knowledge".

(2) Making every endeavour to expand open-shelf reading, and allowing readers to directly encounter the books. Jinling Library building was constructed in the late 1970s, when the design of the building was relatively traditional: the library collections were stored separately, which caused limitations to the mass circulation of the public reading books. Jinling Library took various measures to increase the accessibility of the books and documents. First, it opened the second circulation counter and moved some frequently-used books, such as books on electronic technology, economic management, application technology and books published within two years from the stack room to the reading room. The open-shelf reading led to the increased book circulation. Second, it opened periodical lending. In the era of traditional library services, the periodicals were limited to be read within the library. To further meet the readers' needs of literature, Jinling Library began to launch a lending service of popular and literary journals, followed by expansion to academic journals. Third, it opened storage to key readers. Some users undertake major research projects and their demands for professional literature are significant and specialised. Therefore, the library pays great attention to these readers' demands, providing special service, and the most popular one is allowing the researchers themselves to step into the stack room and choose books and giving preferential treatment on the lending amount and duration.

(3) Developing external circulation so that the books are closer to readers. In order to make the book collection effectively close to the public, Jinling Library has made considerable efforts to develop a variety of external circulation services. First, it has established external circulation stations, and set up library service stations in the relatively

remote rural areas such as rural schools, social welfare institutions or residential areas. Second, it has supported township, street-level grassroots libraries and allocated ten thousands of books to the township and street libraries , which has enriched the basic book collection of township and street libraries. Third, it has constructed libraries together with some external organisations. For instance, Jinling Library cooperated with the Zhouqiao brigade of the PLA for several years. Jinling Library offers hundreds of new books each year, and also provides counselling in professional management.

(4) Carring out "special literature lending, reading, consulting, and lectures" services. This is a service exploration by Jinling Library with bibliographic resources development as the core. There are all kinds of special literature services, special training and seminar services, and special

advisory services, which are all based on the specific topics, therefore, the literature can be developed further. For example, the "Advertising and Cultural Library" is a reading room specifically designed for the advertising and marketing industries planners and focuseds on collections and information about advertising art, design, photography, graphics, planning, marketing and other professional information. There are thousands of paper-based books, magazines, pictures, and hundreds of electronic publications. Readers can come to the library to read, and they can also borrow the books and magazines. What's more, the readers can receive counselling and advice over the telephone. The library also provides literature searching, information retrieval, service appointments, and other services.

Analyzing Structural Differences of Readers, Organizing the Self-study Training or Publicity Education

Jinling Library has developed study groups for young people who love reading, and invited relevant experts and scholars to hold specific guidance activities. At the same time, the library keeps abreast of the knowledge needs of different groups of the society, and has held a number of computer skill training courses for junior-level cadres and high school students, which are welcomed by the community.

During the period of "Reading Festival" and "Library Services Publication Week" every year, Jinling Library organizes various seminars, reading consultations, reading results exhibitions, "Reading Champion" awards and other activities, expanding the social education functions of public libraries.

Paying Attention to Tracking Current Social Topics, Making a Difference in Coordinating with the Central Work

With economic and social development in a new historical period, the requirements of public law and the construction of legal concepts have become increasingly prominent. Correct application of the law to safeguard people's rights has gradually become a prominent social topic. Jinling Library and the Nanjing Bureau of Justice jointly held the "18 Law Consulting Square" to carry out legal consultations, helping the general public solve practical problems faced in their lives through professional advices. This has become an important way in popularizing the law for Nanjing citizens and has had a large impact on the community. Meanwhile the library often holds "international affairs seminars", and invites experts to give speeches, providing on-site hot current affairs consulting services to help the public expand their horizons. Thus, going to Jinling Library at weekends to enjoy lectures has become an integral part of the cultural life of citizens.

Jinling Library is the center of information services, document resources sharing, and academic research in Nanjing and the surrounding areas, and is also the center of the city's library and information center. It undertakes many tasks such as coordinating the city's social services, organizing the network services of library and information, providing professional training for library staff, as well as the development research of the city's library and information situation and other tasks. At the same time, the library also works with the cultural authorities of the government and has organized several activities such as the grading assessment work of public libraries. Meanwhile, Jinling Library also works with a number of colleges and universities in Nanjing in schooling and cultivating library and information professionals.

In 2011, Jinling Library located on No. 262, Yangtze River Road was demolished.

2010 – The Modern Library in the New Century

The new Jinling Library building on No. 158 Leshan Road, Jianye District was under construction in 2005 and completed in 2009. The opening ceremony was held on October 18th, 2010. The library building covers 38, 641 m^2, with a total construction area of 25, 165 m^2, equipped with 1, 400 reading seats, lecture hall, multi-function room, exhibition hall, auditorium, training room, restaurant, tea room, parking lot and other ancillary facilities. Jinling Library has more than 2 million books, and among them, nearly 5, 000 volumes are state-level rare books. A variety of ancient literature has been listed in the national and provincial rare book list, and the treasured Republican celebrity monographs and rubbings have become the most precious treasure of the library. In 2010, the Ministry of Culture awarded the title of "The First Level Sub-provincial City Library" to Jinling Library. Jinling Library was also awarded one of the third batch of "National Ancient Books Protection Unit" by the State Council.

The new library, with its unique architectural appearance, beautiful reading environment, advanced facilities and people-oriented service concept, provides the public with various services including book lending, reference, information retrieval, conference and exhibition, training seminar and a lot of reading exchange activities.

The Design Ideas of the New Jinling Library Architecture

The first aim of the new building design is to create the conditions to enhance library service capabilities. The library construction shape has changed with the social, cultural, scientific and technological development. A century ago, modern libraries began to emerge in our country, and have developed from the ancient book collection building toward the public library opening to the public. Since the 1980s, with the expansion of the cultural exchanges with foreign countries and rapid development of the economy, libraries have stepped towards a new stage of modernization with multiple functions and whole openshelves. The library building often shows cultural identity with its unique shape, with the shape of building more and more focused on harmony and stability, and the indoor space environment more and more simplified.

Library facilities conditions must be able to meet the requirements of size and scale

From the mid-1990s, due to the serious shortage of library area, Jinling Library's stacks capacity reached its limit. Therefore, thc Municipal Finance even gave up the plan of 20% fund increase in purchasing books annually; meanwhile, library services had too many problems to deal with. During the annual summer and winter holidays, the reading room were overcrowded, and readers had to line up to study in the study rooms. The building area became an important constraint factor in the development of Jinling Library. The new

Jinling Library uses a large area of open access space, which reflects the people-oriented service aim of the modern public library. It has become an important facility combining many functions such as learning and reading, exchanging information, entertaining, and so forth.

The modern technology conditions of the library must be able to be fully applied in the business and service

The new Jinling Library construction is based on modern technology, and it builds a platform for the digitization and network of the future information and literature service. During the process of construction, a variety of advanced technology and equipment was introduced, such as computer network systems, high-capacity storage systems, satellite transmission systems, conference simultaneous translation systems, conferencing systems, intelligent integrated wiring systems and so forth, providing an advanced equipment base for the library work. Meanwhile, the automation, network, and digitization that are matched with the construction of the new library are mostly carried out simultaneously. The digital platform gradually built up in the new library has become an important condition for achieving a high starting point of literature information resource sharing in the Internet age. The computer information management system leads to the preliminary modernization of business management systems, digital library systems, Web systems, office automation systems, VOD systems, multimedia review systems, information service systems, conferencing systems, public broadcasting systems and security monitoring systems.

The library function layout must be able to support extension service

With the development of economy and society, besides the traditional functions such as collection and lending of books, the public library service areas and service functions have been increasingly expanded. The construction of the new Jinling Library has improved the social services of the public library and the building area was doubled in size, thus creating a lot of space and facilities for cultural exchanges, such as the modern lecture hall, multi-function hall, social education and training center, exhibition hall, conference room and corresponding facilities, which has provided good conditions to carry out a variety of cultural and educational activities.

The library makes full use of the lecture hall, exhibition hall and other facilities to organize various lectures, seminars, exhibitions, electronic reading, film screening, music appreciation and so on, offering a variety of academic education and non-academic education and training, and also provides knowledge, information and cultural services in many ways, to enhance the citizens' initiative to learn and read and to create a learning atmosphere in the city.

The choice of the library address must pay attention to the urban cultural environment

In terms of the present library buildings in our country, the emphasis is technology research, and the culture of the library is easily neglected, as well as the development of cultural exchanges and service functions. Nowadays, the society is filled with complexity and intense competition, and too much desire has made people restless and anxious, therefore people want to have an ideal cultural environment to relax themselves. The library is an ideal place for the demands of relaxing.

The new Jinling Library has abundant management experience and development concepts, and it also has special facilities, books, and an audio-visual room to serve people with disabilities. The library holds seminars every week. The seminars are comprehensive and cover a wide range of knowledge. Most lecturers are celebrities in different fields, attracting a lot of citizens and spreading the Chinese culture.

In the process of library construction, to show the humanistic concern, the location of the library must be the most important consideration. The geographical position is an important factor that affects the readers. The readers might not want to go to the library if it is located in a remote area. Therefore, the library should be built in a heartland or community center with dense population, convenient transportation, and without air pollution so as to better serve the readers.

In terms of presenting the city culture, Crucial points should be concentrated on. Nowadays what we need in the construction of public library are not landmarks, but cultural buildings that are in harmony with the urban environment. The integration of architecture and urban culture demands that the library should not only focus on the individual architectural form. The presentation of libraries' architectural forms should be combined with the urban planning as well as environmental art, and it should also adapt to the changes and development of the city and find a new idea. This requires that the designers have a comprehensive idea and view the city as an organic whole, and explore the intrinsic factors from the culture of the city. Such innovative architectural forms (including shape, space, material, etc.) will show more rationality, rather than splicing subjective geometric shapes.

Using both Chinese and Western cultural tradition for reference to present the characteristics of the local culture is the key to the presentation of the library's architectural form. The presentation of the library's architectural form pays great attention to comprehensive urban factors and shows the local culture, and only by doing so can we promote the innovation and development of the library's architectural form.

The interior spatial environment of the library architecture is a socialized behavior setting, and the shape of library should be designed to satisfy people's needs and be fully user-friendly. With the progress of society, people have a higher demand for the interior environment of libraries. People not only demand varied and elaborate decorations, but also pay attention to the comfort of the spatial environmenl.

The library building is a crowded public place, therefore, in the aspect of space organization and in terms of architectural design, we should fully consider the browsing habits and basic behavior patterns of readers. We should not only consider the sensory relationship such as visual, auditory and tactile senses between the users and the public spatial environment, but also consider the relationship between the users and the equipment. Therefore, it can reflect user-friendly design, and cannot set partition walls or enclosed spaces at will, and create an orderly, vibrant interior spatial environment. The library should adhere to the people-oriented principle and pursue innovation in service. With a new library-running condition and environment, the library can provide more considerate services for the public, and truly become a "library with temperature".

The Architectural Style of the New Jinling Library

The new Jinling Library is one of the landmarks in the Hexi area of Nanjing. The new library plan of "carving the stone into the jade" divides the architecture into four parts: the base (curved grass-slope with soil and green grass); the main part suspended above the grass-slope (jade); 360-seat lecture hall on the grass-slope (river stone); and the large reflection pool around the grass-slope. The overall construction used the column grid structure which is 9 m × 9 m, and the height of the standard reading space is 3.5 – 5 m.

The architectural style of the new Jinling Library mainly manifests in four aspects.

The use of the traditional culture elements of round heaven and square earth

Throughout the nature, all circular objects have an active and unstable characteristic, just like the sun and the moon, whilst all square objects have a static and stable characteristic, just like the earth. Chinese traditional culture contains simple dialectics, which is the thinking mode of the sages to understand the world. The phrase "round heaven and square earth" is a concrete manifestation of this doctrine. Many architectural designs directly use the architectural images of squares and circles to express this traditional concept, and the architectural design of the new Jinling Library also fully expresses this concept. The designers abandoned the tedious idea of simple geometry and pursued the elegance and grace presented by movement and curves. They used simple colors and simple shapes of "circles" and "squares" to form the unique style of the new Jinling Library.

In terms of outline, the lecture hall is round shape and the main building is square; the lobby is circular on the top and square on the bottom; the main building's open-air rooftop is circular, and the space above the lobby is square. There are many other examples, which represent the cultural environment of the "round heaven and square earth" concept of the library building. It is reflected in the design and layout of the service concept, which is to make the reading space in different storeys into a reading hall that combines the collection and reading functions, opening the atrium floor by floor to show an open, cordial and pleasant indoor environment. The library uses a pyramid shape and the reading room with large flow of people is set on the lower level, the research-based reading room is set on the higher level. The reading room, lecture hall and training center are in a dynamic-static separation.

The introduction of Nanjing regional concept "carving stone into jade"

More than fourteen hundred years ago, the river stone and Nanjing were linked together. The river stone is a blend of jade with stone. It is compact, hard, smooth, colorful and graceful, and has become a regional symbol of Nanjing.

Implied meaning: The river stone with regional characteristics is used as the entry point, and the jade, which is the crystal of national culture, is used as a symbol to imply the power of knowledge— "carving stone into jade".

Shape: The library consists of the the main part suspended above the grass-slope (the jade part in the symbol), the 360-seat lecture hall on the grass-slope (river stone part in the symbol) and the carefully carved round and smooth jade floating above the grass-slope (the reading space of the main part of the construction).

Atmosphere: The integration of the green grass-slope and the reflection pool around the grass-slope highlights the main image of jade, meanwhile integrating with the surrounding environment.

The integration of implied meaning, shape and atmosphere forms the first level with a arc-shaped green grass-slope on the top surface. Both the arc-shaped green grass-slope and the wedge-shaped opening in the southeast point towards the Olympic Sports Center, and they form a spatial guidance. Meanwhile, the green grass-slope has become the second level , and echoes with the reflection pool which surrounds the building on three sides.

Combining the implied meaning of "Reading makes a successful man" with "Water constantly dripping wears away a stone"

In *Helin Yulu—A Coin Tainting an Officer's Reputation*① written by Luo Dajing in the Song

① A book written by Luo Dajing in the Song Dynasty, records the Song poetic proses and literati anecdotes.

Dynasty, there was a saying: "If one saves a copper coin a day, he will save a thousand copper coins in a thousand days. Constant sawing with a rope will cut off the wood, and water constantly dripping wears away a stone." That is to say, keeping sawing with a rope, the wood will be sawed off; keeping dripping, the water will wear away the stone. It is a metaphor which means that though the force is small, as long as one focuses on the target with persistence, the tough things will surely be done. The application on the library design means that the power of knowledge can ultimately make a person successful.

Highlighting the environmental protection benefits in the design

The main entrance is located on the south side of the building, and the main entrance plaza extends into the building in a fan-shape. A wedge-shaped opening is set in the southeast corner of the grass-slope, and an external communication area and the secondary entrance of the main building are set. The floor with a large area is located under the cover of turf, therefore many independent separate partition functions are distributed in a centralized fashion on the bottom floor, so that the dynamic area and static area can be distinguished without disturbing each other.

The public exhibition area is located in the north of the wedge-shaped space, including the lecture hall, the auditorium, the exhibition hall, the multi-function hall and so forth. These rooms have separate entrances and they are in separate areas. In terms of usage, these functions are relatively separated from the main library, therefore they are very flexible in operation. To the south of the wedge-shaped opening in the southeast corner, there are the newspapers and periodicals reading room with a high flow of readers and the east borrowing and reading room which has a view of an open area. The separate entrance-exit of the training area is located in the northeast corner of the building. On the west side of the main entrance, the visually impaired people's reading area, the children's reading area and the children's activity area are set in order to provide easy access for users. In the centre there is a two-storey lobby, and the literature resources retrieval area is set around its edge.

The second and third floors of the building serve as the main reading space, and the fourth floor serves as the closed shelves and library offices. A leisure space is set on the eastern side of the second floor, and it is connected with the viewing platform on the roof of the green house. The third and fourth floors are the jade part of the conception of the architectural feature. The external part is square and the inner part is round, which coincides with the conception of "round heaven and square earth". In terms of structure, the periphery overhangs reach 12 meters, and it looks as if they are suspended above the grass-slope, showing an awe-inspiring scene to those who enter.

In terms of the surface, the concept of the double-skin wall is introduced. There is an air layer between the two walls, and the air inlet and air outlet are set in the upper and lower sides of the air layer. In summer, by opening the air inlet and outlet, we can take advantage of the chimney effect, achieve the goal of cross-ventilation and lower the temperature of the inner wall, therefore achieving the effect of ventilation and energy saving. In winter, by closing the air inlet and outlet, there will be no cross-ventilation in the walls. Under the sunlight, the air is heated like a greenhouse, and the temperature is increased in the walls and heat loss in reduced. Between the double-skin walls, the maintenance and cleaning channel is set and the electric sunshade device can also be equipped. Compared with a single-skin wall, the double-skin walls can save 40% ~50% of energy in heating and 35% ~60% energy in cooling. More importantly, the double-skin wall has presented the conception of "jade" and "river stone" in the appearance of the library.

By using dould-skin wall, in terms of the appearance, a pure, crystal and smooth jade texture is formed, and at the same time, the daily operating energy consumption has been largely reduced.

The New Jinling Library Information Functions

Enhancing the informatization and introducing new service initiatives have become the highlights of the new Jinling Library.

Mobile phone library has made the mobile access to library resources become a reality

Readers can use the mobile Internet to access Jinling Library OPAC (library bibliography query system), inquire about book information and make appointments and renewals. At the same time, readers can also use the mobile Short Messaging Service, so that in addition to inquiring about borrowed book information and renewing books, they can also receive expiring and overdue reminders for borrowed books, appointment notifications, information about various lectures and activities notices and so on. The Mobile Library has set up a special column discussing the excellent resources of Jinling Library, providing new book recommendations, first looks at new periodicals, various lectures and activity notices, as well as highlighting excellent films and lectures from the cultural sharing project. Readers can stay at home and enjoy the rich and diverse digitized resources such as articles about culture, leisure and life, video resources of the cultural sharing project and the "Jinling Library Platform" video on demand and so on, which is very convenient. Without the constraint of time and space, readers can enjoy the fun of reading.

Technical ability of personalized service shows significant improvement

Through strengthening the website service function, Jinling Library strives to expand the multi-function online information service including online searching, online information publishing, online reading, online borrowing, on-demand resources, online reading activities and other forms. The online information service combines an integration of public services and personalized services, broadcast, self-help and interdependent services. Therefore, it can break through the limitation of time and space, and enables the public cultural services to benefit more communities, institutions and families. Readers can inquire about the information they need anytime and anywhere, and they can also enjoy various forms of real-time online consulting services such as knowledge navigation, subject retrieval, reading guidance, consultation explanation, document

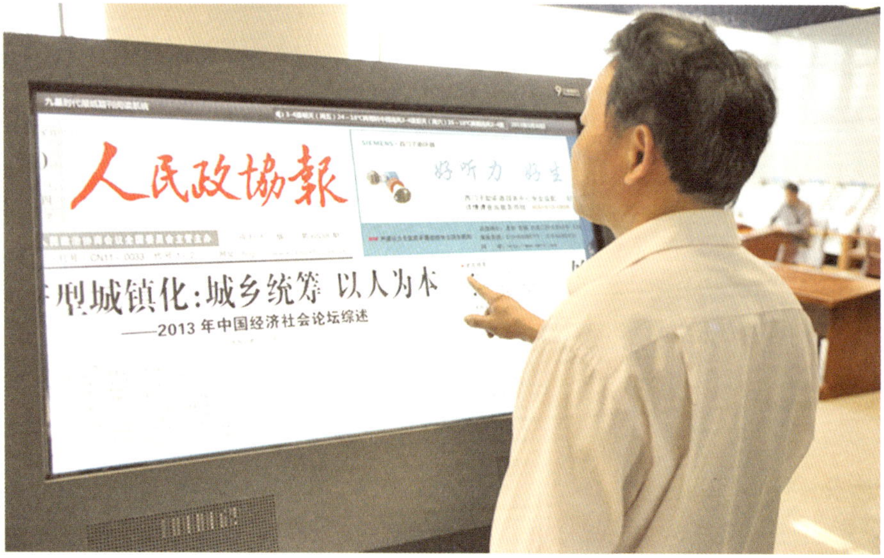

delivery and so on. At the same time, readers can also enjoy the massive amounts of digital resources, download free e-books, watch war documentaries, scientific and detective film and front-line science education films online, access the China National Knowledge Interact, the "vision of knowledge" educational video resource, the National Cultural Information Resources Sharing Project, the Nanjing local literature and Chinese legal information database for free. By improving the capabilities of one-stop cross-database retrieval, Jinling Library is able to transfer the knowledge and information to the readers faster, more comprehensively and timely.

Developing the community library rover, making reading more convenient for people

In order to enable those citizens who live far away from the library to enjoy the same services, Jinling Library extablisheds, community branch libraries and automobile service points, and also set's up a "Jinling literature accompanying the metro trip" service point at the Xinjiekou metro station. It therefore forms an operation model integrating the point-line-surface, and provides appointments, free interlibrary loans and other convenient services.

Such convenient services have not only solved the difficulties of borrowing books from a long distance, but also enabled office workers to be edified by spiritual treasures of literature while commuting. The library also organizes excellent traditional cultural and educational activities and reading promotion activities at the community and grassroot points. It holds the "Family Reading Forum", the "Jasmine Fragrance Reading Club", the "Excellent Traditional Culture Lectures in the Community", the "Care for Stay-at-home Children, Spring Action for Family Education", the "Traditional Culture and Education in the Prison" projects and other interactive community platforms, and vividly conveys the "happy reading" concept to the public, promoting the harmonious development of the people and society.

"Serving as the study space of the citizens and a knowledge academy, inheriting the culture and collecting both ancient and modern literature" is the target of the new Jinling Library service function, by which that the library begins to take shape, with its elegant and comfortable environment, a variety of resources and modern technological supports. Jinling Library constantly improves the capabilities of its informationalized services, and the service function of the new library has played an important role in promoting the construction of a learning city.

金陵圖書館

Development

吃喝之中求健康

04

Chapter 4

The Construction of the City Library Service Network and Library Service Alliance

The construction of Nanjing public library service network and library service alliance is based on the current situation of Nanjing public librarianship at all levels. In particular, it is based on a service pattern which is summarized by different levels of libraries after carrying out the central & branch library service, and the pattern is a fit for the local area.

Library Service Alliance's Proposal of "Nanjing" Pattern

The initial proposal of the concept of the "Nanjing pattern" originated from the free interlibrary loan card service in four levels of libraries in the city, district, street (town), and community (village), which started in late 2011. It aimed to maximize the use of existing resources and equipment, and on the strength of the overall goal of "two layers and four levels", through the joint efforts of city, district, street (town) and community (village) libraries, to update the computer business management system and the method of network connection.

"Two layers and four levels": the first layer (two levels) is to achieve the regional circulation between the municipal and district libraries; the second layer (two levels) is to achieve the free interlibrary loan system among district, town and village (street, community) libraries. The aim of the first layer is that through the establishment of a regional distribution platform the city library and the district public libraries can be interconnected in the system and network, and achieve the integration and sharing of reader resources and bibliographic data resources. It will allow readers to use the card of any member library in the platform to borrow books in any member library. The aim of the second layer is that with the public libraries of all districts as a main body, the street and community libraries in the district would be integrated. This will allow for cooperation with the qualified street and community libraries, the establishment of branch libraries of district libraries, and the expansion of the service radius of the libraries. The municipal library, as a standard setter, coordinates the operation and process of the Library Service Alliance in the city. At the same time, the municipal library directly deploys branch libraries or service points in the areas where the number of libraries is quite small, so as to increase library coverage in the city.

Library Service Alliance's Top Design of "Nanjing" Pattern

With the user-friendly concept and the Nanjing local conditions as a foundation, the library focuses on three levels: "equal library service alliance models", "fully respecting the concerns of the library at all levels" and "giving priority to encourage the district libraries to develop branch libraries", and the library uses the three levels as core principles in designing "Nanjing pattern".

Equal library service alliance model. The design of the Nanjing pattern is a library alliance pattern that takes Jinling Library (Nanjing municipal library) as the central library, and the district libraries as the backbone libraries, with no primary and secondary libraries. The Nanjing pattern has broken the fragmented and

segmentary situation in library management, and regulates and manages the Nanjing public library services as a whole. From the perspective of each library, in essence, it is still based on its own actual business, such as literature resource construction, service model development and so forth. But from the perspective of the readers, the resources are the sum of all library resources within the alliance. With a reader's card of any member library, readers can borrow books in any member library. What each library needs to do is only to admit the readers of other member libraries within the alliance.

Fully respecting the concerns of the library at all levels. Studies have shown that in most cases, the construction of a central & branch library system is more successful in small cities than big ones. In contrast, in large and medium size cities with a long history and a good cultural foundation, there are very few successful cases. Therefore, the foundation of the Nanjing pattern is full of respect and equal treatment. As the main administrative body of the public libraries is the government at all levels, and the library expenditure comes from financial fund at all levels, there are only business relations among libraries at all levels, but not affiliations. Therefore, at the beginning of the design of the Nanjing pattern, the principle of full respect and equal treatment to each library has been obeyed. The libraries will not change their own development strategy and service model after they join the alliance, and the use of book-purchasing funds and the construction of library literature collections are still managed by the libraries on their own.

Giving priority to encouraging the district libraries to develop branch libraries. The municipal library, as the standard setter of the service alliance, plays the role of mentor and role model for the backbone libraries in terms of development. Since 2006, Jinling Library has established dozens of branch libraries in the neighbourhoods and communities, and the amount of the borrowed books and library card registrations in branch libraries has increased year by year. With the proposal of the Nanjing pattern, the branch construction strategy of Jinling Library has been adjusted, mainly to focus on encouraging the development of branch libraries of the district library, and Jinling Library serves as a "filler" for supplementation. Jinling Library promotes the model and experience of developing community branch libraries and district libraries, and encourages the qualified district libraries to expand their service fields and establish branches. On-site guidance and technical support will be given if necessary. The district libraries also show a positive response, and gain a lot in the construction of branch libraries.

The central & branch library system was proposed with the mission of constructing the public library service system. The practice pattern of Nanjing is not labeled "central & branch library system construction", but is planned and designed under the formulation of "the free interlibrary loan card for the whole city's public libraries", and its ethos is "development of library service alliance within the region". The central & branch library system should not be restricted to a fixed pattern, and it should be divided by the level and size of the city, the level of economic development and so on. With different models, on the one hand, we can encourage the public libraries to construct the central & branch library system according to the local circumstances, and on the other hand, in practice, we can gradually strengthen integration, break down barriers, and step toward the goal of a complete integration.

In its truest sense, the central & branch library system in the public libraries is a "direct managment" type in terms of system, which is the development direction of the future construction of central & branch library system. In terms of the management system reform of public libraries, it will take the city as the center, and integrate the resources of public libraries at all levels in the city. It will also conduct a dual management system across the district libraries and those under the level of district: setting up a library management center in the central library, and giving a certain degree of industry management authority to it. Under the premise of keeping the existing urban areas management structure of "dividing revenue and expenditure between the central and local libraries", the core framework of taking the central library as the general library and the district libraries as the branch libraries will be transformed. It will shift from a loose style of librarianship management to an institutionalization led by the government and vertically managed by the librarianship. It is a public libraries' central & branch library system with "the free interlibrary loan card" as the main operational model.

Library Service Alliance's Specific Operations of the Nanjing Pattern

In recent years, under the background of the construction of a general and equal public library service system, there are a variety of development models in the central & branch library construction among the public libraries in the country. However, few of them are the central & branch library system in the true sense, but rather should be called "regional service alliances". Nonetheless, these explorations have prompted the public library service system development to varying degrees. The specific operations of the Nanjing pattern are as follows.

(1) Promoting the integration of network construction. The implementation of the Nanjing pattern has a unique advantage in network construction. This stems from three digital cultural projects: the cultural information sharing project, the digital library promotion project and the public electronic reading room construction, which were carried out in Nanjing at a earlier time with a positive effect. Early in 2008, Nanjing finished the shared project VPN network covering all the streets and towns of the city. By the end of 2013, the sharing project VPN network had covered all the communities (more than 1,200) in the city. The full coverage of the sharing project's VPN network has provided hardware and network foundations for the construction of branch libraries at all levels. In theory, as long as the conditions permit, all sharing project base service points can become branch libraries.

(2) Sharing the digital resources within the alliance. Among the alliance libraries, there is not only the free interlibrary loan system, but also the development and sharing of digital resources. The sharing project VPN network is not only the interconnection and networking between branch centers and the basic-level service points, but also the interconnection and

networking between the municipal branch centers (municipal libraries) and district branch centers at all levels (district libraries). The network among the public libraries of all levels in Nanjing can be seen as a single whole, which is a local area network that breaks geographical constraints. Therefore, the use of digital resources is no longer confined to one library. Based on the VPN network, through technical means, one library can share the purchased resources or the self-built featured resources with other member libraries.

(3) Complementing each other by a variety of methods. It is also important to provide convenient services for more people, especially for special groups and vulnerable groups through a variety of services means and methods. Jinling Library has opened an "automobile library" to make up for the service range through the mobile service. Since it was opened in 2008, the "automobile library" has provided mobile services at a fixed time and location every week regardless of the weather, and has been well received by the general public. In addition, in the non-service hours the automobile also takes on tasks such as the allocation of books and book appointments in each branch library, to ensure that the annual renewal rate of each branch library reaches over 60%. In consideration of the reading demands of special groups or institutions, Jinling Library also set up service points at nursing homes, detention centers, military camps and other places, and used non-circulate borrowing and exchanged books on a regular basis to serve the readers. In addition, the library also encourages the district libraries to set up service projects such as automobile libraries and 24-hour self-service libraries to improve the system construction of the library service alliance.

(4) Promoting activities to the alliance. In addition to literature provision, the basic services of public libraries also include public lectures, reading promotion and other reader

activities. The Nanjing pattern is not only a sharing of literature and digital resources within the alliance, but also a platform for public activities. The Jinling Library Platform, which is a brand lecture series of Jinling Library that received the Stars Award of the Ministry of Culture, has also been held in the, district libraries, and even street and community branch libraries, delivering wonderful and vivid lectures for Nanjing citizens.

In summary, the so-called "central & branch library system" is essentially just an idea and a guide, but not a unique and exclusive construction model. The Nanjing pattern is much more than a mere form of central & branch library service, and it is more of an idea that takes the municipal library as the center. Based on equal treatment and full respect for the concerns of the district library, through the formation of the central library-backbone libraries

第四届南京都市圈市长峰会

第四届南京都市圈市长峰会
The 4th Mayor Summit Of Nanjing Metropolitan Region
共建·共享·同城化

05

Chapter 5

Integration of City Library Service in the Nanjing Metropolitan Region

The "Nanjing Metropolitan Region" comes from a research report on Chinese metropolitan areas by the State Development Planning Commission. The report stated: Nanjing, together with several cities in Anhui Province, Yangzhou City and Zhenjiang City, can jointly construct a large metropolitan area in the middle and lower reaches of the Yangtze River. The report said the metropolitan region with Nanjing as the center has a relatively large and complete industrial system. It is in close proximity to Shanghai, and also has close economic ties with Anhui Province. Therefore, this area has the conditions to become a metropolis in terms of population, geographical location and economic aggregate, etc.

The Proposal of the Nanjing Metropolitan Region Concept

The Nanjing Metropolitan Region is a trans-provincial urban agglomeration across Jiangsu Province and Anhui Province. Besides as some cities in Jiangsu, it also incorporated some cities in Anhui, as cities in east Anhui have a great degree of relevance with Nanjing in terms of geographical relations, culture, dialect and economic ties.

The Nanjing Metropolitan Region takes Nanjing as its center, across Jiangsu Province and Anhui Province, covering an area of 43, 236 square kilometers and a population of about 26 million people. Nanjing Metropolitan Region member cities are as follows: all the administrative districts of six cities—Nanjing, Maanshan, Chuzhou, Zhenjiang, Yangzhou, Wuhu, as well as Xuyi County and Jinhu County under the jurisdiction of Huaian City.

Nanjing Metropolitan Region links the east and west, north and south. In history, it is a convergence zone of Wu-Chu culture and Southern and Northern culture, as well as the place where modern civilization developed. It incorporates history, pre-modern and modern distinctive cultures in one, and also incorporates Wu-Chu culture, Southern and Northern culture, Eastern and Western civilization. The Nanjing Metropolitan Region has inclusive, dynamic and innovative multicultural features. It has an abundant industrial basis, obvious scientific and educational advantages, and a rich cultural background, making it one of the important industrial, manufacturing, educational and cultural bases in the Yangtze River Delta Region.

Since the cooperative mechanism was established in 2002, Nanjing Metropolitan Region has carried out a great amount of fruitful work in terms of economic cooperation, cultural exchanges and social development. This was particularly evident in 2013 when the Urban League of the Nanjing Metropolitan Region was established, and actively explored the trans-regional cooperation. This gradually formed an effective coordination mechanism to further promote the regional cooperation on a deeper and wider level. The National Development and Reform Commission demanded that according to the goal of "co-construction, co-sharing and urban integration", we must attach great importance to accelerating the integration of the Nanjing metropolitan region, promoting joint development in the eastern and central regions, promoting the regional development of the Yangtze River economic zone, promoting development of the trans-provincial cooperation, and striving to make the Nanjing Metropolitan Region another new highlight of regional development in China.

According to the principles in *Jointly Work Out the Regional Planning Cooperation Agreement of Nanjing Metropolitan Region* and *Outline of Propelling the Work of Nanjing Metropolitan Region for the Next Two Years*, and combining the characteristics of public librarianship development and social services, Jinling Library has invited the core area public libraries like Maanshan library, Huaian library and Zhenjiang library, Yangzhou library which are within the Nanjing Metropolitan Region to Nanjing to negotiate and exchange ideas. They discussed the drafting of three documents: *Service Rules of Interlibrary Loan in City Libraries in Nanjing Metropolitan Region*, *Agreement on the Establishment of Resource Sharing Cooperation Platform* and *Questionnaire of Technical Specification for Professional Work in City Libraries in Nanjing Metropolitan Region*. These libraries had a mutual exchange of social demands of information resources, information management systems, technical specifications for management and services as well as situations of collection information resources.

The Integrated Cooperation of Jinling Library and Anhui Maanshan Library

The integration cooperation of Jinling Library and Maanshan Library is an innovation that conducts trans-provincial and trans-administrative regional cultural communication and services using digital services as a tool. The cooperation of the first attempt is as follows: Jinling Library will accept the readers from v Library who wish to use resources in Nanjing as the identified readers of Jinling Library, and vice versa for Maanshan Library; Sharing network resources for research-readers of both libraries to learn and utilise; Establishing the unified catalog inquiry system of both Nanjing public libraries and Maanshan public libraries, so that the collected bibliographic data resources can be shared. While fully maximizing the effect of using the digital resources of the two libraries, they also provide a powerful information resource support for economic construction and social development of the two cities. The integrated cooperation of Jinling Library and Maanshan Library plays an important role in promoting public cultural development of both cities, benefiting the citizens of both cities in terms of convenient reading. It also enhances the social influence of both libraries, achieving regional cooperation to promote cultural integrated development in both Maanshan and Nanjing, and accelerating the construction of the Nanjing Metropolitan Region.

Creating a "Library Service Platform of the Nanjing Metropolitan Region"

Within the framework of intellectual property protection, libraries in the Nanjing Metropolitan Region will selectively open part of the library characteristic collection of network resources for the research-readers of each library to learn and use. The "Library Service

Platform of the Nanjing Metropolitan Region" web page includes: introduction of resources of member libraries of the Nanjing Metropolitan Region, bibliographic retrieval systems, the retrieval and service platform of digital resources, the remote access system, the collaborative reference system and dynamic reports. It aims to research and develop functions that support to put the bibliographic information resources of libraries in the core area of the metropolitan region to the collaborative bibliographic inquiry and retrieval system of each library in core area of the metropolitan region; to establish a unified catalog inquiry system of public libraries in the Nanjing Metropolitan Region, so that the collected bibliographic data resources can be shared; to add the web page of the "Library Service Platform of Nanjing Metropolitan Region" on each library's home page, publicize the joint service rules of the metropolitan region, and provide links to the home pages of member libraries; to formulate relevant joint service rules, and mutually accept readers from one member library who have the desire to use another member library as the identified readers.

Cooperation with Other Public Libraries in the Metropolitan Region in Resource Sharing

It aims at sharing, optimization and integration of resources in each library so as to achieve the cooperation purpose of promoting local cultural development, benefiting the citizens in terms of convenient reading, accelerating the integration of trans-city library services, enhancing the social influence of each library and achieving benefits across society. While accelerating its development, Jinling Library closely combines its development with the promotion of urban integration of public services in the Nanjing Metropolitan Region. It also discusses with city libraries at the core area of the Metropolitan Region to make specifications for professional work in terms of reader service. According to the demands, Jinling Library gives priorities to supplement local resources, implements complementary information resources, develops cooperation and forms an effective connection in mutuall identification of readers, digital resource sharing, union catalog inquiry and other technical areas, so that all the library's readers with library cards can easily use the digital resources of other member libraries.

On the basis of the integration of resources, Jinling Library has improved the themes, resource groups and structures of each sub-database, enriched and extended the information resource content, optimized the indexing system, increased the depth and breadth of information, and built a public exchange platform of metadata. On the basis of fully revealing the cultural collection of information resources, Jinling Library laid a foundation for the progressive realization of cooperative understanding, co-construction, and co-sharing of information resources of each library in Metropolitan Region and carrying out online service provision.

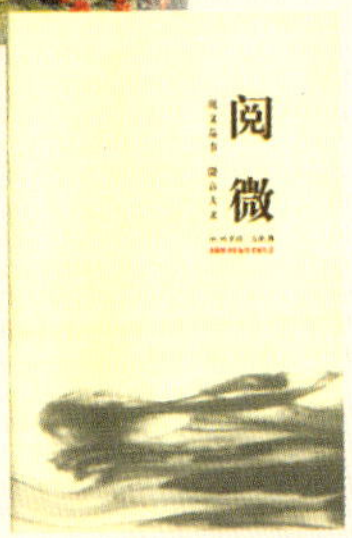
阅
微

金图讲坛
国学的现状与未来
主讲：孟宪实

06

Chapter 6

The Persistent Service Brand

"Jinling Library Platform"

On January 21, 1981, the *Nanjing Daily* published a piece of news: The Municipal Library and Foreign Literature Committee of Provincial Writers Association have decided to jointly organize foreign literature lectures once a month from this year, and the content is about the evaluation of the foreign classics and contemporary works and genres, popularizing knowledge of foreign literature. At 2:00 pm today, we will firstly invite Yang Yi, a writer and translator of *Wuthering Heights* to give a lecture at the Municipal Library, and the topic is: A Discussion of *Wuthering Heights*". Since then, the extension service of Jinling Library, which is the public knowledge lecture for the general public has begun.

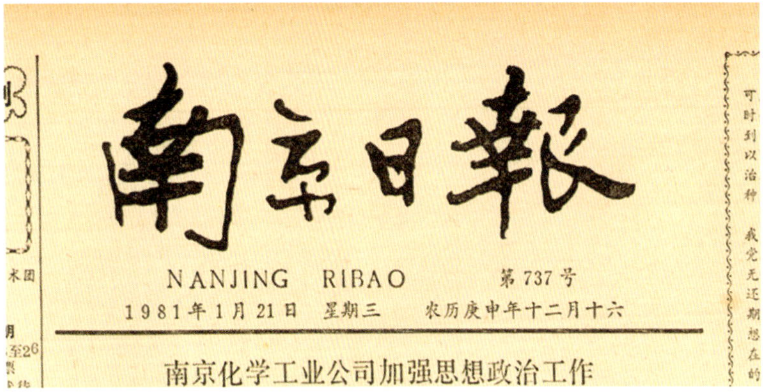

南京日報

NANJING RIBAO 第737号

1981年1月21日 星期三 农历庚申年十二月十六

南京化学工业公司加强思想政治工作

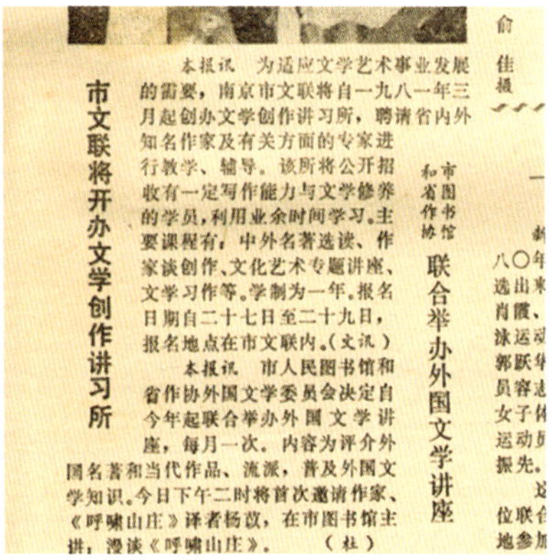

市文联将开办文学创作讲习所

本报讯 为适应文学艺术事业发展的需要，南京市文联将自一九八一年三月起创办文学创作讲习所，聘请省内外知名作家及有关方面的专家进行教学、辅导。该所将公开招收有一定写作能力与文学修养的学员，利用业余时间学习。主要课程有：中外名著选读、作家谈创作、文化艺术专题讲座、文学习作等。学制为一年。报名日期自二十七日至二十九日，报名地点在市文联内。（文讯）

市图书馆和省作协联合举办外国文学讲座

本报讯 市人民图书馆和省作协外国文学委员会决定自今年起联合举办外国文学讲座，每月一次。内容为评介外国名著和当代作品、流派，普及外国文学知识。今日下午二时将首次邀请作家、《呼啸山庄》译者杨苡，在市图书馆主讲，漫谈《呼啸山庄》。（杜）

Jinling Library Platform has been recognized as one of the earliest established public cultural platforms for the general public in Nanjing and even within the library community inside and outside the province. It started in the early 1980s, and continues today. Jinling Library Platform has always been focusing on the central task and serving the overall interests. It adheres to the service principle, firmly grasping the pulse of the times and the needs of the public, handpicking topics and inviting celebrities, and held thousands of lectures for the general public, which organically combine thoughtful, contemporary, and popular features.

From the early 1980s to the mid-1990s, the practice of reform and opening up gradually spread across the country, and the overall economic strength of the country was rising. Meanwhile, as all kinds of barriers that were entrenched in all areas of society gradually collapse, and exchanges of individuals were gradually smooth, ideological restraints were also rapidly removed. People were no longer content with working behind closed doors with tunnel vision, and they showed an unprecedented positive trend to pursue science and technology, cultural knowledge and other types of information. Jinling Library realized that there was a huge gap between the strong thirst for knowledge of the public and the publicizing of social culture. Therefore, to meet social demands and perform the social education function of a library, Jinling Library took the lead in carrying out all kinds of public lectures for the general public, which met the people's demands for knowledge. Since 1981 when Jinling Library Platform's first lecture was formally held, according to the demands of the public, Jinling Library has regularly organized various lectures and seminars every month thereafter.

After 1996, Jinling Library strengthened its belief of carry out public lectures, and realized that it is an effective way to educate the citizens and readers to keep clear developing thoughts in the face of complicated situations abroad and domestic situation of deepening reform. Since then, the "Jinling Library Platform" has formed four series step-by-step, namely "International Affairs", "Literary Appreciation", "Public Hotspot" and "Science Popularization". So the "Jinling Library Platform" has become stable and mature. It takes focusing on the central task and serving the overall interests as its duty, and insists on the service aim of being close to the public, close to reality and close to life. Handpicking topics, inviting celebrities and providing enthusiastic service, the library annually offers a variety of public lectures which are fun, interesting and instructive for the people, reaching more than 100 lectures in total. With its friendly and open brand image, the platform is in academia's good graces, long-time foundation of people and timely topic-design. Jinling Library Platform is well received by people from all walks of life.

In 2007, the Ministry of Culture held a meeting on sharing public library extension service experience in Tianjin, requiring that libraries at all levels should make full use of the library collections, facilities and other conditions, make full use of modern information networking technology and pay more attention to the development of library through improving library service network. The libraries should also organize lectures, exhibitions, training, and online services, etc., and actively expand the social education function, enhance the service radius, expand service coverage, enrich service content and ways to provide diverse and personalized services for the public, therefore extending the service breadth and depth of the library and improving the ability of public cultural services. Based on this background and public demands, the lectures of Jinling Library gradually began to expand the service objectives, enhance its own position, and committed itself to continuously improve the knowledge level and cultural qualities of Nanjing citizens. At the same time, it concernsed about the overall quality and decision managing ability of leaders at all levels, and integrated the excellent lecture resources of Jinling Library. Therefore, the division of Jinling Library Platform was more detailed and in a more specific level, with a wider range of items, initially forming different series of lectures like "Celebrity Lectures", "Political Affairs", "Economic Observation", "Nanjing Culture", "Urban Planning", "Literary Comments", "Art Appreciation", "Health Care", "Legal Education", "Traditional Culture", "Famous Teacher Mentoring", "History Comments", "Children's Books", "Cultural Archaeology", "Science Popularization", "Continuing Education" and so on. The lectures were not only held in the main lecture hall of the library, but also in counties, neighborhoods and communities, schools, barracks, prisons and other places through "Jinling Library Platform lecture tour" activities. The coverage of lecture content was expanded, and in terms of level positioning, it concerned both the popularity and improvement to better meet the personalized demands of diversity, difference, and selectivity of different people. Up to today, the Jinling Library Platform has insisted that it must focus on the needs of readers, pay close attention to current trends, highlight humane care, combine popularization, improvement and inspiration, and therefore it has become an important window to create a study and research atmosphere in Nanjing as well as to promote the development of a learning city.

For example, on January 21, 2012, Jinling Library invited Ms. Lüqiu Luwei, a famous reporter in Hong Kong Phoenix TV to be a guest in Jinling Library lecture hall, and she gave a talk on *The New International Situation and China's Development in 2012* in the form of an interview. Ms. Lüqiu Luwei talked to the host with ease and fluency. Under the framework of the theme mentioned above, she explained her thoughts and ideas to the audience from four perspectives: the responsibility of the government's public diplomacy, the social significance of focusing on people's livelihood, how social public figures use their influence and the city culture of Nanjing. During the lecture, the organizer arranged many Q & A sessions, so that the audience could interact with Ms. Lüqiu Luwei on the spot, and exchangea ideas with her on topics of their interest, and have close contact with the well-known media worker. The audience thought that this lecture was lively in terms of form, and it was interactive with much information, especially the broad vision, rich experience and unique insights of Ms. Lüqiu Luwei. It was of great importance in inspiration and reference in terms of promoting the human spirit in a new era, enhancing the cultural quality of citizens and improving the cultural fabric of the city.

For example, on June 12, 2012, Jinling Library Platform invited Professor Meng Xianshi, keynote speaker on the CCTV program "Lecture Room", vice-president of the School of Chinese Classics of Renmin University of China, to give a lecture on the "Current Situation and Future of Chinese Classics". In order to coordinate with the special topic of Chinese Classics, Jinling Library also opened special shelves on Chinese classics in the book lending department, recommending excellent Chinese classics and books to the readers.

Professor Meng explained the charm of Chinese classics from several aspects such as the concept of Chinese classics, the fate of Chinese classics in the modern era, the current situation and changes to Chinese classics in China today, and the contribution made by Chinese classics to the world. He pointed out that Chinese classics are not only the academic summary of Chinese culture, but also the cultural identity of the Chinese nation, therefore, to learn Chinese classics is the only way to truly become Chinese. For the current situation of Chinese classics, Professor Meng believed that in the overall culture of today's China, Chinese classics have a marginalized and fragmented status, as the result of China's long-term facing towards Western culture, and also the result of the overall cultural design since the commencement of modern times, and the serious consequences of the decline of Chinese classics can be loss of cultural self-confidence and decline of social morality. Meanwhile, Professor Meng also mentioned that in recent years, there has been a boom and spread in Chinese classics, the Chinese classics craze is on the rise, and the whole Chinese nation is starting to focus on the connection to traditional culture. More and more people have begun to read classics and learn from the classics. The great boom of cultural scholar Yu Dan and her works is an obvious example. Therefore, in order to achieve a cultural renaissance of the Chinese nation, we should not only see the development trend of world culture, but also recognize the advantages of traditional Chinese culture. Tradition and modernization can be on a par with each other, and they are by no means in a mutually exclusive relationship.

During the two-hour lecture, Professor Meng spoke without a text, and widely quoted many passages of Chinese classics, since he was very familiar with this subject. With his insightful views and brilliant analysis, he was admired by the audience for his profound erudition. The audience said that they were as excited and addicted as watching a TV play when listening to his lecture, this Chinese classics feast, which was prepared by the library, nourished both their body and mind, bringing spiritual fulfilment. They felt the broad and profound culture through Chinese classics and learned to reflect the realistic society and their life, therefore deepening their understanding of life.

As Professor Meng said, Chinese classics are a feature and symbol of Chinese culture and are Chinese people's cultural gene-code. Jinling Library always attaches great importance to education of Chinese classics, and this special lecture on Chinese classics is an important part of Jinling Library carrying out the fine traditional culture education. Over the years, through many forms like lectures, training, and pushing documentary resources, Jinling Library insists on developing a public, varied and multi-leveled traditional culture education. And in the future, it will, as always, make a positive contribution to carrying forward fine traditional culture, improving the quality of the nation and building a harmonious society.

For another example, on the afternoon of October 23, 2012, Jinling Library invited Zi Zhongjun, distinguished lecturer of "National Library of Ministerial Cadres Lecture", a senior scholar who was over the age of 80, to give a lecture named "Liberating the Cultural Constraints and Promoting the National Revival". Teacher Zi had worked as an interpreter for Chairman Mao Zedong and Premier Zhou Enlai. Her wide range of knowledge and insightful views attracted more than 300 cadres and readers from government agencies, universities, and jointly-built units.

At the beginning of the lecture, Teacher Zi sorted out the understanding of culture first. She believed that culture can be divided into several levels. The first is that humanity developed from barbarism to civilization, from ancient to modern, and they have a common direction, which is a big culture and mankind's common goal. The second is that our moral principles, or the value system is similar, and our criterion of good and evil is unadorned, without many differences. The third is that different countries and nations have their own language, art, lifestyle and custom, which are colorful and influence each other.

Then, Teacher Zi made a thorough analysis and description on several matters such as "the system leading the culture", "culture backward", "cultural invasion" and so forth, comprehensively explaining her understanding of culture. Teacher Zi thought that some Chinese slang, such as "Out of the mouth comes evil", "clear away the snow only in front of one's door" stems from long-term feudalism. Now many people worry about the safety of culture, and they think that too much Western culture is a form of cultural invasion, but Teacher Zi thought it is just a cultural infusion which can benefit the people.

Finally, Teacher Zi concluded that if we wan to realize China's cultural renaissance, we must pursue the the pre-Qin spirit to realize a contention of a hundred schools of thought. We should absorb the essence of foreign culture to improve our culture. The thought cannot be bought by money, nor can it be promoted by money. We need a new civic education, rather than blindly carry forward the traditional culture.

Later in the lecture, Teacher Zi deliberately left half an hour for questions from the audience. The audience was very active and the content of the questions was very sharp. Teacher Zi interacted with the audience on "college curriculum reform" and other issues. The lecture ended in a warm atmosphere, and the audience said that they benefited from the lecture and they were longing for more.

So far the Jinling Library Platform has been operating for 30 years. The higher authorities and all sectors of society have shown great favor for Jinling Library Platform. *China Culture*

Daily has made a special report named *The Fragrance of Flowers inside the Wall Spreading Around— Impression of Jinling Library Platform.* In the third and fourth appraisement of excellent service outcomes of the whole province's public libraries organized by the Jiangsu Provincial Department of Culture, "Jinling Library Platform" was successively awarded the grand prize and first prize, and won the "Stars Award" issued by the Ministry of Culture in 2010. With the further development of the information society and knowledge-based economy, the Jinling Library Platform will continue to uphold the existing concept of organizing lectures, focusing on the distinctive characteristics of organizing lectures and creating effective initiatives for organizing lectures, and therefore broaden the future development of Jinling Library Platform.

Yue Wei

"Reading books is like touring in the mountains, and all you see can be enjoyed. Viewing various rocks and ravines, and we can experience the circuitous journey. Washed up by the mist and clouds in the twilight, we also open our mind. Therefore, in my cabin, I read the sublime words all day." The above is a poem written by Ji Xiaolan, a celebrity in the Qing Dynasty for his Yuewei Cottage.

The original meaning of "Yue" is to see, watch, experience, summarize and collect. "Wei" means sublime words with deep meaning and there is exquisite essence in the sublime words, and it also means that the ups and downs in life are actually as tiny as dirt. This is Ji Xiaolan's inspiration, and also the original intention of Jinling Library establishing *Yue Wei*, which is a publication on reading guidance and book reviews.

"Reading and appreciating books causes sublime words to have deep meaning" is the essence of *Yue Wei*, which tries to promote public reading and a scholarly society, to incline to a general reading concept and to promote reading the classics. Through reading, we can acquire knowledge, enrich our lives, and cleanse the mind and inspire life. In this era when there are a large amount of books waiting for us to read, to express what we've read and what confused us when reading is a self-summary, a participation in creation, and also the fun of sharing.

Since October 2010 when *Yue Wei* was founded, it has won the attention and love of the readers. The column of Feature Articles and Writing solicits contributions from general readers, which provides readers with a general arena of creation; the column of Reading and Appreciation publishes a variety of classic articles to discover wonderful pieces of literature that have been ignored before; the column of Book Recommendation recommends books which are related to the theme of every issue of the publication and guides readers to make full use of the library's collected resources.

In recent years, newspapers and magzines for reading promotion that are compiled and printed by libraries at all levels have increasingly become an important carrier to develop the national reading promotion work. Today, culture is increasingly becoming an important source of national cohesion and creativity, and enriching spiritual and cultural life is increasingly becoming the fervent hope of the people. Basing on its own advantage of collection resources, Jinling Library fully plays its social function role, which is culture and education, to meet the people's reading demands, and actively carries out various national reading activities. From each "tiny aspect", we can not only complete our past by reading, but also arrange for today and point to the future. From publications to broader reading, the library is close to the public, and serves the public in detail. It guides the public to read more books, read good books and have courage to create, and it also further promotes national reading promotion work and cultivates the reading habits of the whole society.

Yue Wei, as a public publication of Jinling Library for reading guidance, is bimonthly, 32 mo (184mm × 130mm), 48 pages. Every issue focuses on a cultural theme. The publication has become a fixture in more and more people's reading and lives, and is widely circulated among friends. The news travels by word and the power has brought *Yue Wei* into more people's hands.

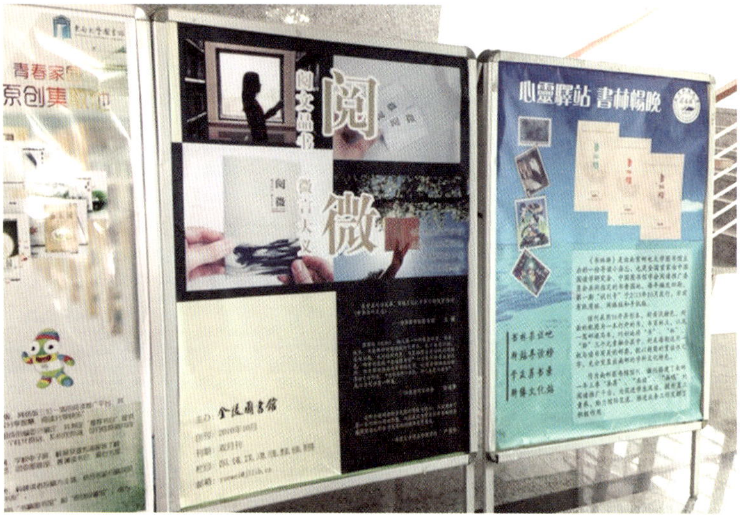

"18 Legal Consultation Square"

On December 18th, 1994, Jinling Library and Nanjing Lawyers Association jointly founded the "18 Legal Consultation Square", which has been held in Jinling Library at a fixed time and fixed location on the 18th of each month regardless of the weather. Jinling Library makes full use of the rich collection of law and regulation resources, using computer retrieval methods to help the public to gain access to various types of legal documents and information, providing literature clues and legal basis. Nanjing Lawyers Association is responsible for delegating law firms to undertake the work of on-site legal consultation and assistance.

"18" means "demand for law" (the characters are homophones in Chinese language), and its purpose are: justice and culture will work together to spread legal culture, and utilization of the rich collection of laws and regulations resources of the library will be improved; focus on vulnerable groups in society and safeguard their legitimate rights and interests; explain laws to the general public face to face, help to resolve confusion, and guide people to overcome difficulties through legal channels when they encounter problems in life and business, and restrain emotions, which cause social problems, so as to maintain social stability; create a legal environment and lay social and civic foundations for ruling the city by law. The public activities carried out in the form of legal services have become a new window of the whole city's spiritual and civilization development, and have promoted new developments in ruling the city by law.

Since the 18 Legal Consultation Square opened, the number of citizens seeking legal consultion has been rising, and meanwhile the consultation content has shown two trends. One is that the consultation content is much more concentrated, mainly related to real estate, marriage and family, economic disputes, labor disputes, compensation for personal and property damages, neighborhood disputes and other contents, which indicates that while the law-consciousness of citizens vhas been enhanced, they also pay more attention to protecting their own interests and are more concerned about whether their rights have been infringed. The other is the problems raised by the citizens have begun to involve specialized and high-level content, and administrative litigation, medical malpractice, environmental

protection, intellectual property, financial securities, maritime trade, commercial arbitration and other issues are consulted sometimes. According to the survey samples, consultations on, marriage and family issues, economic disputes issues, labor disputes, compensation for personal and property damages and other issues, account for more than 80 percent of the total consultations. The development of the "18 Legal Consultation Square" has fully shown the people-oriented connotation of legal construction, and it has made the legal construction truly reflect public opinions and be close to the people, making the people truly become the beneficiaries of legal construction.

Nanjing Lawyers Association and Jinling Library often work together to discuss and analyze the development of the legal consultation. In line with the two trends, firstly, the "18 Leagel Consulation Square" expands in size, so it not only invites lawyers to serve the public, but also cooperates with courts, procuratorates, notary office, planning departments, labor departments, consumers' associations, labor unions, women federations and other relevant departments, to increase the service principals and meet people's legal demands. It also invites the news media to join and creates a "lawyer hot line" to answer the hot issues consulted by people on newspapers, which has won the praise of the people. Secondly, according to the new trend of some citizens seeking high-level legal knowledge, the library pays great attention to the construction of special storage for laws and regulations literature, and enhances the collection of legal books and information for the citizens to look up. These measures not only meet the demands of the citizens, but also play the role of information transfer within the library, as well as popularizing legal culture, so that the "18 Square" activities can be expanded extensively.

In terms of legal popularization work, there is no ready-made pattern in the library field for us to copy. Jinling Library is bold in development of new practice, explores and makes innovations, and constantly sums up innovative experiences in practice, and then puts forward the constructive ideas of "creating the feature and orient toward the public, and maximizing law publicity and educational role of literature and information resources". The "18 Legal Consultation Square" has become the legal consultant for the public. Meanwhile, Jinling Library also actively seeks for the organic combination of legal consultation services, collected resources, literature and information services and database construction. On the basis of ensuring a centralized and fixed consultation once a month, the library also calls for the themed papers, and holds legal knowledge competitions and special legal lectures and other various forms of consultation, communication and publicity activities. It makes a contribution to creating a favorable legal environment for economic and social development.

For the past twenty years, the "18 Leagal Consultation Square" has been praised as a "spiritual civilization construction window" of Nanjing, a "place for the dissemination of legal culture" in Nanjing, a "monthly landscape" and the "materials that can talk in library".

07

Chapter 7

Literature Exchange and International Communication

Jinling Library has had close connection and cooperation with many foreign cultural institutions or non-governmental organizations for a long time. It successively established publication exchange and academic librarians exchange connections with Japan's Nagoya Tsurumai Central Library, Japan's Fukuoka County Library, the United States Apple Tree Library Foundation, the Japan International Exchange Foundation and other institutions. Through international exchanges of literature, the characteristic literature collection such as Japanese original books and English original books has been gradually formed, which is an important window and channel for Nanjing citizens to understand foreign culture. Also, Jinling Library has a collection of painting presented by Jon Huntsman, former US Ambassador to China. Jinling Library has established a good relationship of cooperation with many countries including the United States, Israel, Mexico and so forth, and jointly held various exhibitions.

In recent years, Jinling Library has been involved in implementing China-Africa cultural exchanges and cooperation during the three-year Beijing Action Plan, promoting the long-term cooperation of 100 cultural institutions of China and 100 cultural institutions of Africa. By using this as a platform to comprehensively increase the human resources development and cooperation of China and Africa in the field of culture and assist African countries in the development of cultural undertakings, led by the Ministry of Culture of China, Jinling Library successively signed a memorandum of understanding on cooperation and exchange with the Nigerian National Library, the Ghana National Library authority, and the Congo (Brazzaville) National Library respectively. They discussed issues such as publication exchange, the establishment of "Window to Chinese Books", standardized training of bibliographical description, computerized management of libraries, and technical training regarding the protection and restoration of precious documents. In addition, the library also respectively presented English books recently published in China, which included Chinese literary classics, works of well-known Chinese writers, and books on introducing Nanjing as well as children's literature. It can allow Africans to know more about China, and to promote cultural exchange through the power of knowledge.

Apple Tree Library

The Apple Tree Library was co-founded by Jinling Library and the US Apple Tree Library Foundation in 2008, which is the first non-profit English library for children in Nanjing, specially collecting the original English books and multimedia materials donated by the US Apple Tree Library Foundation. The service aims at those individuals living in Nanjing City and around who love English, such as preschoolers, primary and secondary school students and their parents, educators and other readers who need the the library's collection of information. The library provides services such as lending English books, reading, counseling and guidance, and the aim is to enrich children's culture, cultivate reading habits and inspire readers's interest in learning English by circulating the textbooks and related activities.

Apple Tree Library Foundation

The Apple Tree Library Foundation is a non-profit organization established by Chinese-American Cathy Hsiao and Charles Ge in California in 2002. The foundation purchases all kinds of original English adolescence literature by raising money, and donates them to the

Children's Library organization in China, to establish distinctive English children's libraries, and meet the demands of adolescent to read English books in China.

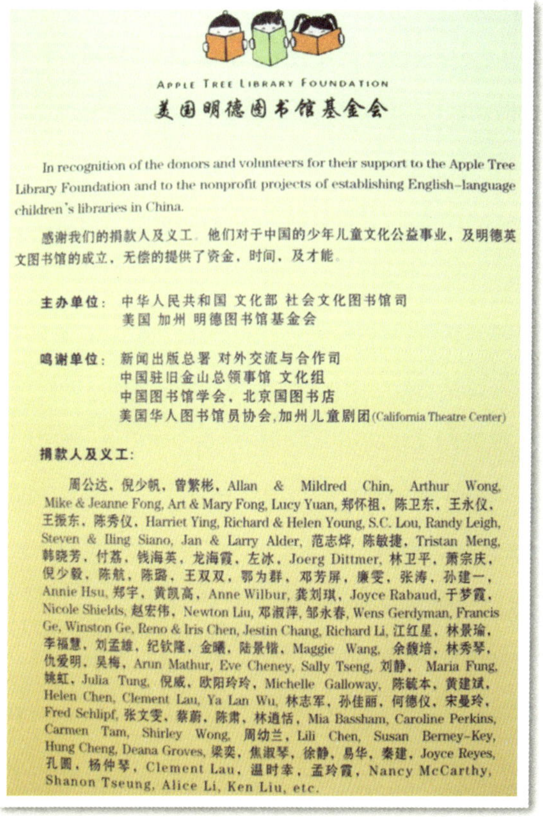
APPLE TREE LIBRARY FOUNDATION

美国明德图书馆基金会

In recognition of the donors and volunteers for their support to the Apple Tree Library Foundation and to the nonprofit projects of establishing English-language children's libraries in China.

感谢我们的捐款人及义工。他们对于中国的少年儿童文化公益事业，及明德英文图书馆的成立，无偿的提供了资金，时间，及才能。

主办单位：中华人民共和国 文化部 社会文化图书馆司
美国 加州 明德图书馆基金会

鸣谢单位：新闻出版总署 对外交流与合作司
中国驻旧金山总领事馆 文化组
中国图书馆学会，北京国图书店
美国华人图书馆员协会，加州儿童剧团(California Theatre Center)

捐款人及义工：

周公达，倪少帆，曾繁彬，Allan & Mildred Chin, Arthur Wong, Mike & Jeanne Fong, Art & Mary Fong, Lucy Yuan, 郑怀祖，陈卫东，王永仪，王振东，陈秀仪，Harriet Ying, Richard & Helen Young, S.C. Lou, Randy Leigh, Steven & Iling Siano, Jan & Larry Alder, 范志烨，陈敏捷，Tristan Meng, 韩晓芳，付荔，钱海英，龙海霞，左冰，Joerg Dittmer, 林卫平，萧宗庆，倪少毅，陈航，陈璐，王双双，鄂为群，邓芳屏，廉雯，张涛，孙建一，Annie Hsu, 郑宇，黄凯高，Anne Wilbur, 龚刘琪，Joyce Rabaud, 于梦霞，Nicole Shields, 赵宏伟，Newton Liu, 邓淑萍，邹永春，Wens Gerdyman, Francis Ge, Winston Ge, Reno & Iris Chen, Jestin Chang, Richard Li, 江红星，林景瑜，李福慧，刘孟雄，纪钦隆，金曦，陆景锴，Maggie Wang, 余馥培，林秀琴，仇爱明，吴梅，Arun Mathur, Eve Cheney, Sally Tseng, 刘静，Maria Fung, 姚虹，Julia Tung, 倪威，欧阳玲玲，Michelle Galloway, 陈毓本，黄建斌，Helen Chen, Clement Lau, Ya Lan Wu, 林志军，孙佳丽，何德仪，宋曼玲，Fred Schlipf, 张文雯，蔡蔚，陈肃，林逍恬，Mia Bassham, Caroline Perkins, Carmen Tam, Shirley Wong, 周幼兰，Lili Chen, Susan Berney-Key, Hung Cheng, Deana Groves, 梁奕，焦淑琴，徐静，易华，秦建，Joyce Reyes, 孔圆，杨仲琴，Clement Lau，温时幸，孟玲霞，Nancy McCarthy, Shanon Tseung, Alice Li, Ken Liu, etc.

Meanwhile, the US Apple Tree Library Foundation also recruits volunteers perennially, and recommends ethnic Chinese students who are in the US to go to the Apple Tree libraries in China, and voluntarily carry out reading mentoring activities. Through various forms such as reading story books, singing, playing games and talking in Chinese and English with the local children, they guide children to read in "pleasure reading", and cultivate the children's interest in reading, which leaves a very good impression on young readers and their parents and also forms a memorable learning experience.

The children library which the Apple Tree Library Foundation is committed to building must meet the following requirements:

It is a reading place where children are allowed to freely ask questions, think imaginatively, and enjoy using the library collection, so that every young reader can experience the joy and satisfaction of reading;

Library management advocates to be reader-oriented, and promotes coordination and interaction between individuals;

Librarians should focus on attracting children to use the library, such as telling kids how the library classifies the books and how to find their favorite books; they should also focus on encouraging children to use books and helping children choose books.

Currently, the US Apple Tree Library Foundation has donated more than 20,000 original English children's books to Jinling Library, and has also established nearly 20 Apple Tree Libraries in Xiamen Children's Library, Guilin Children's Library, Jingzhou Children's Library,

Hangzhou Children's Library, Hunan Taojiang Lanxiu Library, Shanghai Minli Middle School Library, Hefei Children's Library, No. 1 Middle School of Fujian Province, Dalian Children's Library, Xianyang Library, and the Capital Library of China.

The original English books donated by the foundation include literature, sports, science, history and other disciplines, as well as a considerable collection of infant books. The English difficulty levels of those books are equivalent to preschool up to the highest grade in elementary school in the US, which is suitable for primary and secondary school students in our city to read. The library has developed a space of dozens of square meters in the premise for the children's library, and has transferred and employed some specialized personnel who have experience and qualification of children's education to set up a children's department to make sure that the children's English library will carry out its work smoothly.

The Apple Tree Library Foundation and Jinling Library have reached a consensus on several aspects such as children's reading philosophy, resource development and organization and implementation of reading guidance activities.

First, the Apple Tree Library Foundation and Jinling Library have positioned the role of "Nanjing Apple Tree Library" as: Developing creative thinking, broaden horizons, and inspire wisdom; Stimulating enthusiasm for reading and enriching the learning experience; Deepening understanding of multi-culturalism, and cultivating cross-cultural world citizens.

Second, Jinling Library and the Apple Tree Library Foundation believe that with Chinese society being increasingly open, China interacts with the countries all over the world more frequently, so all the people urgently need to break the language barrier, and English proficiency is a right master key to this Tower of Babel. There is no doubt that English is an international language, and as the future driving force of social development and progress, the children's ability to use English determines the speed and pace of the final progress of China's future internationalization. Therefore, Chinese children need to learn English, which is not only a fact that is hard to deny, but also an extremely urgent task.

Third, the establishment of public children's English library under the cooperation of China and the US is beneficial for English to be promoted widely in China and for Chinese to quickly improve their English level; and it is beneficial to improve the ability of children in China to obtain and use a variety of expertise in the future; and it is beneficial to foster international talents with a global perspective and humanistic emotions. Beginning promotion of English learning among Chinese children, the improvement of the overall English capability of Chinese children is the forward-looking undertaking concerning the future of Chinese children, and is the great undertaking that benefits people with knowledge, which can quickly and efficiently have a wide and far-reaching influence.

In July 2008, Nanjing Apple Tree Library opened on schedule. On the opening day, hundreds of young readers in their summer vacation were attracted to visit and read books in the library, and on that day the amount of children's library cards issued reached several hundreds. Nearly a thousand people crowded into the newly opened children's reading room to have a glimpse of the original English books.

After the opening of Apple Tree Library, the operation of the project proceeded into the phase of daily opening and activity organization. During this period, it faced relocation to the new library, so the activities can be specifically divided into two phases.

The first phase was from the opening of Apple Tree Library to 2010. During this phase, due to the space restrictions in the old library buildings and activity space, its activities were mainly organised through the forms of characteristic resource shows, invitations, directed publicity and so on, to promote the newly opened Apple Tree Library, thus expanding the impact of the library.

The Original English Children Book Fair hosted by the Apple Tree Library was popular among children and parents. Among all the original English children's books on display, the most eye-catching books were those infant-children books, and the biggest highlight was the perfect combination of pictures and texts, with a lot of colorful, lively and interesting pictures with simple text, allowing the children to enjoy their reading. The book fair also showcased new style books: irregular books, three-dimensional books, audiobooks, etc. It attracted hundreds of readers to read, and the atmosphere was very warm. The staff also showed the relevant circumstances of the Apple Tree Library and recommended some award-winning original books to readers on the spot.

The Apple Tree Library also invites teachers to take their students to visit and use the library, and borrow books for classroom use. The Apple Tree Library also encourages normal colleges to use the library collections in English teacher training courses, to make the library and its collected resources become their platform for deepening their understanding of

English language, literature and culture. Adults, especially the parents of children, are also one of the target objects of the Apple Tree Library, because the parents are important models for children to imitate and their attitudes and actual behavior of English reading will have a direct impact on their children. The Apple Tree Library also

welcomes adults, especially the parents of children to visit and use the library, and experience the fun of English reading together with their children.

At the same time, the library also recognized that Apple Tree Library was a newly established department of two years, and had a lower popularity with the public, therefore, only by increasing the exposure rate and improving public awareness of Apple Tree Library, could more people know about it and come. Thus, the staff used various means to increase the popularity of Apple Tree Library.

Firstly, to strengthen self-promotion through networking. The children's department established the network discussion section in 2009, timely updated the list of activities and replied to readers' comments. Therefore, in addition to the website of the library, the children's department has a new promoting position on the Internet. And the establishment of Jinling Library children's network group has made the communication between the children's department and parents more direct. As the information can be timely disseminatied, the parents' demands and questions can also receive a timely response.

Secondly, to enhance publicity through the media. Through active contact and communication, the children's department has established cooperative relations with well-known local media. Through extensive publicity of the mass media, the popularity of Apple Tree Library has risen considerably. Not only did the number of readers continue to grow, but people's participation in the activities organized by the library has also improved significantly. Applicants who want to participate in the activities arrived in an endless stream, and because of the large number of participants, some activities had to increase the number of participants after the registration deadline. Moreover, during and after the activities, the continuous follow-up and in-depth reports by the mass media have also given some children's activities an excellent reputation in the city.

The second phase of development of Apple Tree Library is from 2010 till now. Since Jinling Library moved to the new address, the available space of Apple Tree Library has increased substantially, and thus its conditions for holding activities and supporting hardware facilities have also improved accordingly. Therefore, in this phase, on the basis of continuously maintaining and expanding the main fruits of the old library, Apple Tree Library mainly focused on various reading mentoring activities for teenagers.

Firstly, it promoted characteristic collections by organizing reading guidance on English books, such as "Little Book Club" and English readings.

In order to enhance children's enthusiasm to learn English, and show the results of English learning, the children's department of Jinling Library occasionally holds activities like "Little Book Club" and English readings. In these activities volunteers and staff work together to develop related topics, and conduct targeted reading guidance and borrowing recommendations. Such activities focus on children's participation and development of children's imagination. Through reading guidance, reading shows, reading in games and other forms, the library stimulates children's interest in English language and culture, and builds a good language environment for English studying. In the combination of reading on their own and the guidance of teachers, children can experience the charm of English through authentic English books, and these activities are welcomed and supported by children and parents.

Secondly, the children's department launched a series of English learning activities, and through English learning it improves the children's interest in English, deepens the English book's identity and promotes reading through learning. Through reading, it improves children's English level, and forms a positive interaction cycle, which has been welcomed by parents and young readers. For example, in the series of activities on English learning carried out in the summer of 2009and2010, such as watching English movies, inviting foreign teachers to teach on-site, organizing the "Star of Hope" English contest, conducting special lectures on English reading and learning, organizing "Learning by Watching" magic English video and so on, the library teaches through lively activities, and connects teaching with learning, which makes kids interested in learning English while having fun in the games and improving their English. Especially in the activity of "Learning by Watching" magic English series, with *Disney' English* videos, young readers can learn English while watching in games, and unconsciously their English proficiency improves.

Finally, through innovation, the children's reading activities that have the characteristics of Apple Tree Library were introduced, creating a series of service brands.

Firstly, members of Chinese American Librarians Association (CALA) were invited to the Apple Tree Library to voluntarily give lectures to introduce the children's services of the public libraries in the US. They explained the importance of free reading, presented skills of reading guidance suitable for children, and brought new concepts to the local libraries. They work together to promote the training from the perspective of Chinese public libraries servicing readers.

In addition to donating the English original children's books, the foundation also organizes American children's performance groups to perform in China, and carries out regular English cultural exchanges. The book donations and personnel exchanges can complement each other, and promote a positive interaction between libraries and readers. Such projects constitute an integral part of the construction of Apple Tree Library.

Secondly, a series of parent-child activities were launched, so that more parents are involved in their children's reading life to understand the developmental level of their children's reading ability and thinking ability, and their children's characteristics. These activities enhance parent-child communication and stimulate children's interest in reading, so that children can get more specific and personalized guidance and enjoy the fun of reading. The children's department of Jinling Library positively promotes various forms of parent-child activities, which is welcomed by the majority of young readers and their parents. Activities such as, the continuously on-going parent-child craft activities, parent-child little theater and other parent-child series have attracted dozens of families to participate. The parent-child craft activities are carried out under the promotion of the Apple Tree Library Foundation. Family members who participate in the activities use paper clay to make vivid small animals, or use embossing machine to make a variety of exquisite graphics, and some families even make beautiful Christmas greeting cards by themselves and send these cards to kids in the

US as Christmas gifts. Through these cultural exchange activities, the mutual understanding of children with different cultural backgrounds in both countries has been enhanced. The parent-child little theatre activity is in a form of theatre performance which children become easily accustomed to, and its purpose is to recommend high quality collections of original English books to a large number of children and their parents. In the activity, parents and children will read together, through various forms like adapting screenplays, acting in plays and talent shows. It also provides a stage for children to fully show themselves and enhance their self-confidence, responsibility, achievement and team spirit. The activity also encourages parents to positively participate and grow up together with their children in parent-child companionship and reading. When one of the little theatre performances is held, there will be a dozen of families participating in it, and hundreds of parents and children are attracted to watch it. In an atmosphere of laughter, the children's interest in English reading is stimulated, and will be increased day by day.

In short, the meaning of children's English reading is firstly entertainment, but also the experience of art, the feeling of foreign culture, and its educational function is suggestive rather than mandatory. So Nanjing Apple Tree Library carefully selects English books which children love to read, want to read and are able to read, and makes the greatest effort to create a free and relaxing reading environment for them to read purely, without evaluation, competition, report or test. Therefore, children enjoy a pleasant and comfortable reading environment, and a pure English reading experience infuses their childhood.

With the increasing open of society, the world exposed to the children is continuously growing and is full of possibilities. The colorful outside world has also provided a broad space for the development of children. Proficient English can make children redoubled the efforts, and show their talents in this big world. Today, it is of no doubt that English has become the world's most commonly used language. Chinese children need to learn English, which is not only a fact that is hard to deny, but also an extremely urgent task. With the internationalization and globalization of China's development, to have a good command of English is an essential condition to be admitted to university, study abroad, and find a good job. The promotion and improvement of English is beneficial to promote children's ability to gain and use a variety of expertise in the future.

In Apple Tree Library, the outstanding children's books have rich content and are beautifully produced, which is conducive to inspiring children's thinking and broadening their horizons, stimulating innovation and helping them realize their dreams. At the same time, it promotes children's understanding of a multicultural society.

Adults are also welcome to visit and use the Apple Tree Library and enjoy the fun of English reading. Apple Tree Library also carries out resource sharing and circulates English children's books to communities, schools, kindergartens, rural areas and other public organizations to benefit more children.

The foundation and the library make joint efforts to create a cozy library space and mechanism, and provide a parent-child reading environment. They use English as a tool to fill the gap of learning for disadvantaged children, and enable them to receive an improved education, feel the tide of globalization, and find hopes and dreams in the future. Apple Tree Library creates a parent-child reading place, and provides an international platform for free,

narrowing the gap between the rich and the poor and narrowing the learning gap between urban and rural areas with the knowledge of English. On the basis of children receiving an initial English education, the library provides extracurricular English reading materials to stimulate their interest in learning and enrich their reading experiences. It is helpful for children to obtain substantial progress in English, and therefore it will play an invaluable role in improving their own standard of living, and even in the progress and development of the whole society.

"Nanjing Window of Communication between China and Japan"

"Nanjing Window of Communication between China and Japan", co-founded by the Nanjing Foreign Affairs Office, the Japan-China Exchange Center of the Japan Foundation and Jinling Library, was opened formally at Jinling Library on December 1st, 2008. It was designed to promote mutual understanding and friendly exchanges between Chinese and Japanese people, especially between the teenagers of both countries, and make more Chinese young people understand modern Japanese culture. Nanjing became the third city to set the "Window of Communication between China and Japan" after Chengdu and Changchun, and it is the first city to set this window in east China. Since its establishment, Japanese friends, college teachers and students and Japanese lovers have participated in the activities of "Nanjing Window of Communication between China and Japan" enthusiastically.

The interior design of "Nanjing Window of Communication between China and Japan" is completely accomplished by the Japanese new generation architect Mr. Takatsuki. Entering the "Nanjing Window of Communication between China and Japan", you can see the original Japanese comic books and magazines on the bookshelves. On the screen Japanese films are being put on, and you can pick up the headphones and listen to the dynamic Japanese music. The unique design, fresh and natural colors, and clean and comfortable environment are all crafted with soft material. The coexistence of comfort and a sense of transparency provide a relaxing atmosphere for cultural exchanges for readers who came to the library. "Nanjing Window of Communication between China and Japan" has opened a window of friendship for understanding the Japanese teenagers in its unique way.

Services of Nanjing Window of Communication between China and Japan include:

Lending service: every month there is updated Japanese pop music and a variety of fashion information, such as the original Japanese books, magazines, textbooks, novels, comic books, music, films and television programs, multimedia equipment, to bring a new visual and auditory feeling to young people.

Exchange activities: we occasionally invite Japanese friends and Japanese students who are in Nanjing as volunteers, creating an "authentic" Japanese atmosphere. Through face-to-face communication with Japanese friends, we hold a variety of Japanese cultural exchange activities.

Currently, the "Nanjing Window of Communication between China and Japan" provides social practice environment and conditions for the audience, and it has already become a "Japanese teaching practice base" for teachers and students majoring in Japanese in many colleges and universities in Nanjing. Many colleges and universities select and send students to take part in the activities of "Nanjing Window of Communication between China and Japan" according to their own teaching plans and personnel training needs. They aim at training students to enhance their ability to use Japanese, cultivating Japanese talents for society and making contributions to Sino-Japanese exchanges. The colleges and universities fully cherish and make good use of this rare platform of information and communication, making collections of Japanese information and resources exert greater social benefits.

金陵圖書

Resources

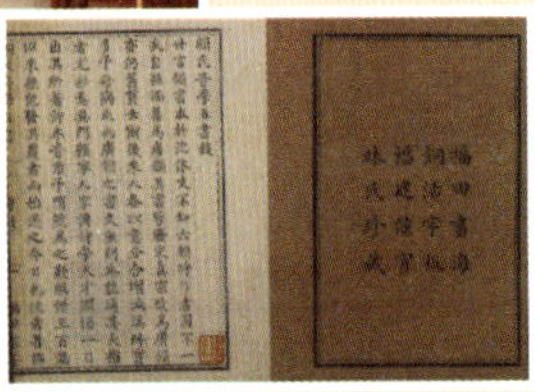
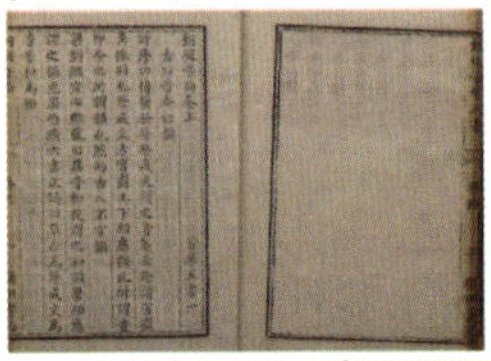

08

Chapter 8

The Special Collection of Ancient Literature

Nanjing is an important city with a long history of human civilization and rich ancient books and records. Since the establishment of Jinling Library, it has preserved more than 50, 300 thread-bound ancient books over the years through various ways like accepting transfers, and donations from other units and collecton. In April 2010, the Ministry of Culture organized experts to come to Jinling Library, and they had a field visit on the situation of the third national key ancient book protection units. After experts' on-site verification, there were 2, 798 rubbings dating from the Han Dynasty to the Qing Dynasty, and there were also 1, 878 ancient books matching the guidelines stipulated by *The Booklist of Chinese Ancient Rare Books* and therefore fell under the category of rare books. In total, the two parts came to 4, 676 items, which was under the range of national registration category of precious ancient literature. Jinling Library was officially identified as the third batch of national key ancient book protection units by the State Council in 2010.

In the collection of precious ancient literature, there are block-printed editions, manuscripts, two/multi-color chromatograph editions, movable type editions, illustrated editions, blue-print editions, red-print editions and other literature that have higher value of cultural relics and are relatively scarce. For example, there are three rare books selected into the first batch of the Catalog of National Rare Books in China. In the special exhibition of National Rare Books held by the National Library, the *Five Books of Phonology*, which was categorised as national secondary ancient literature, was selected for display.

In addition to thread-bound ancient books, another characteristic of the collection of ancient literature is that the inscription rubbings are also significantly precious.

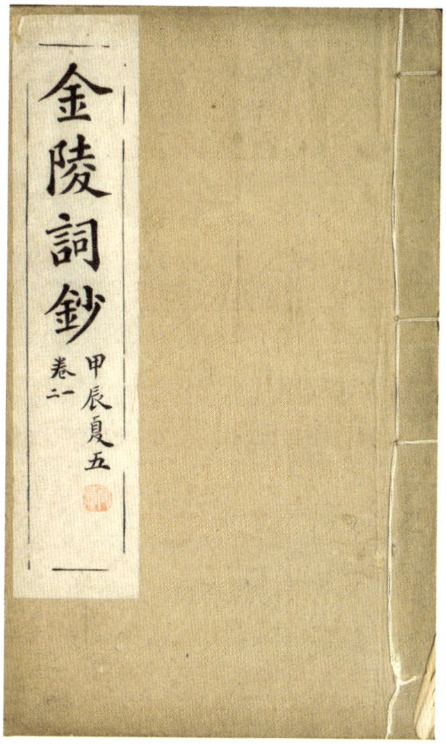

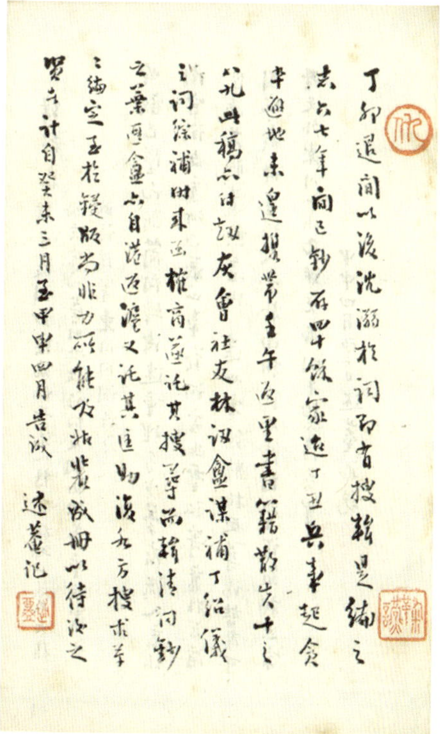

In terms of the resource development of collected ancient literature, Nanjing local literature is the main focus of the collection work. Over the years, the library has actively collected Nanjing local thread-bound ancient books in various ways. The Juyan Study collection of books is all thread-bound, ancient ci-poetry books, especially featured with poems and ci-poetry written by poets before the Qing Dynasty, which are very precious. The Juyan Study collection also has some manuscripts, such as six volumes of *Continuation of Ci-poetry of Jinling*. In 1999, Jinling Library cooperated with Mr. Qiu Liangju, the descendant of Qiu Cai, who was the Gongseng (Second-degree Scholar) in the late Qing Dynasty, to publish the manuscript of *Continuation of Ci-poetry of Jinling*, which were given to more than 30 libraries in the country, so that the precious literature could be disseminated in the world.

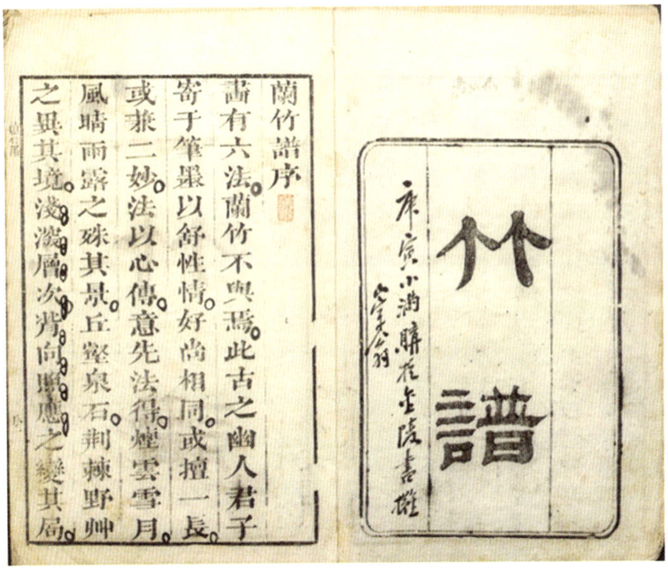
竹譜

蘭竹譜序
畫有六法。蘭竹不與焉。此古之幽人君子
寄于筆墨以舒性情。好尚相同。或擅一長。
或兼二妙。法以心傳。意先法得。煙雲雪月。
風晴雨露之殊。其景丘壑泉石。荊棘野艸
之異其境。淺深層次。背向睨應之變其局。

Jinling Library attaches great importance to the protection and restoration of collected ancient literature. All ancient literature is reserved in custom-made camphor wood bookcases and is protected by nanmu splints. The ancient literature stack already has met the *Basic Requirements of Library's Special Collection Stack of Ancient Books* produced by the National Library. Basically, it has met the relevant requirements in terms of building requirements, temperature and humidity control, automatic gas extinguishment, air purification and ventilation, fire control and security monitoring, pest proof, and harnessing requirement. The library also pays attention to the development and utilization of ancient literature resources, and has successively created the *Catalog of Siku Quanshu* (also called *Complete Library in the Four Branches of Literature*) (3, 577 records), *The Continuation of the Catalog of Siku Quanshu* (recording 5, 213 types of books), *The Ancient Narrative Fiction Catalog* (recording 428 kinds), *General List of Series of Books during Republic of China* (recording 1, 126 types of books), *the First Edition of Collection of Series* " (recording 100 volumes), *Beijing Library Collection of Rare Chronicle* (collecting more than 1, 200 kinds), *Periodicals*

Catalog of Chinese Buddhist Temple Records (collecting 197 kinds) and the *Catalog of Collected Inscription Rubbings* (collecting 2, 798 kinds), and other thematic bibliographic databases, so as to facilitate the use of readers, which has been highly praised by many people.

The Precious Ancient Literature in the Library

Tan Gong, two volumes, punctuated and annotated by Xie Fangde in Song dynasty and Yang Shen in Ming dynasty, the edition printed by Min Qiji in red and black in 1616. Two copies. Eighteen words in eight lines of half page, and the comments on the header. The frame height was 20. 1 cm, and width was 14. 6 cm. The preface was wriiten by Min Qiji.

According to *The General Catalogue of Siku Quanshu*, Min Qiji of Wucheng started printing books in edition of red and black, in 1616. Min Qiji mentioned that he got the book emendated by Xie Gaoquan but didn't talk about the original author. There were many annotates and comments. The comments seem to be from Sun Kuang in Ming dynasty but not from the people in Song dynasty.

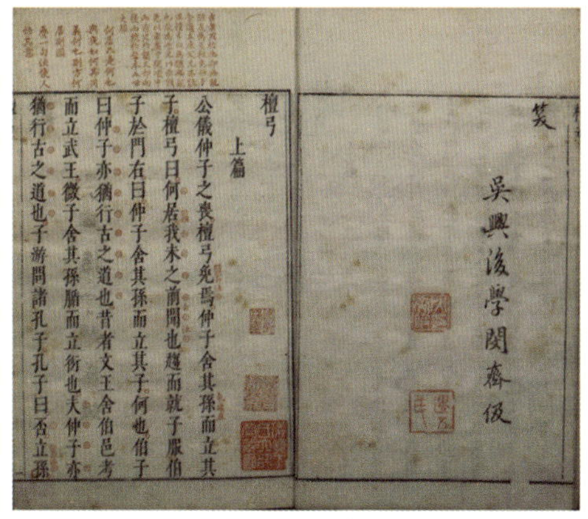

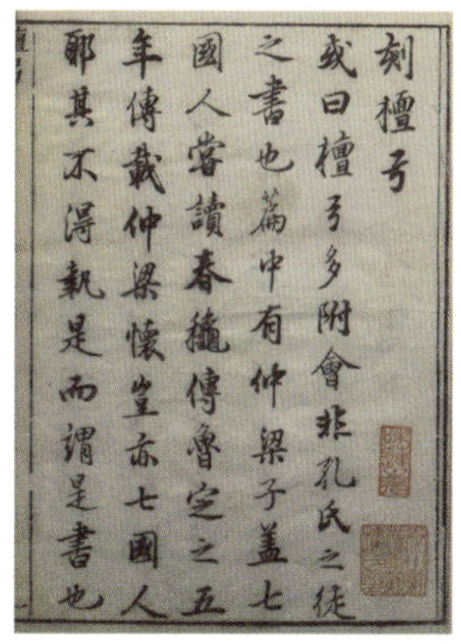

Kaogong Ji, punctuated and annotated by Guo Zhengyu in Ming dynasty, an edition printed by Min Qiji in red and black in 1616. Two copies. Eighteen words in eight lines of half page, and the comments on the header. The title "Kaogong Ji" was engraved in the center of the type area. The frame height was 20. 1 cm, and width was 14. 5 cm. The preface was written by Guo Zhengyu.

According to *The General Catalogue of Siku Quanshu*, the annotates and comments were focused on the art of composition, syntax and word.

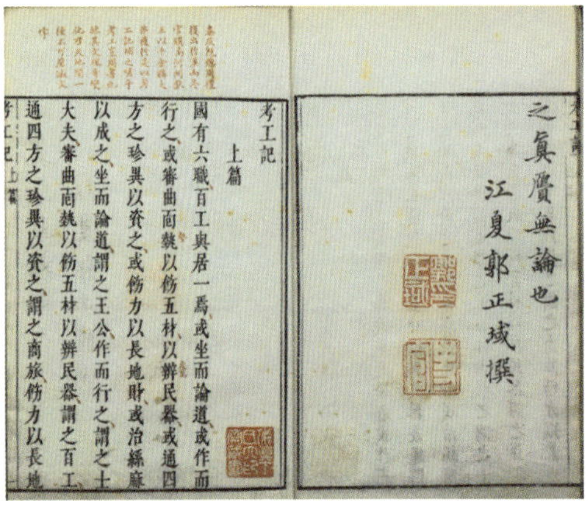

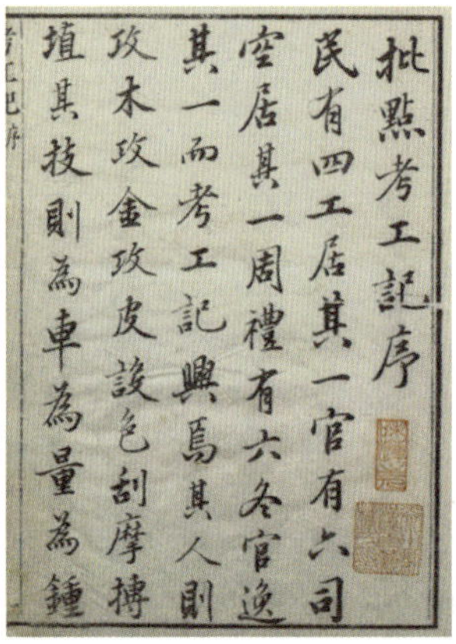

Five Books of Phonology, 13 volumes, written by Gu Yanwu in Qing dynasty, edition of bronze movable type copy of Futian Shuhai by Lin Chunqi in Qing dynasty. Six copies. Nineteen words in eight lines of half page. "Tongban Yinlun" or "Tongban Shibenyin" was engraved on the top of the type area, the number of volume on the center and four Chinese characters "fu tian shu hai" on the bottom. The frame height was 17. 1 cm, and width was 11. 1 cm.

The book included 3 volumes of *Yinlun* and 10 volumes of *Shibenyin*. There was a colophon of "the edition of bronze movable type copy of Futian Shuhai collected by Lin' s family in Fujian". The preface explained the process of printing by bronze movable type and the book was the only literature about China producing bronze movable type.

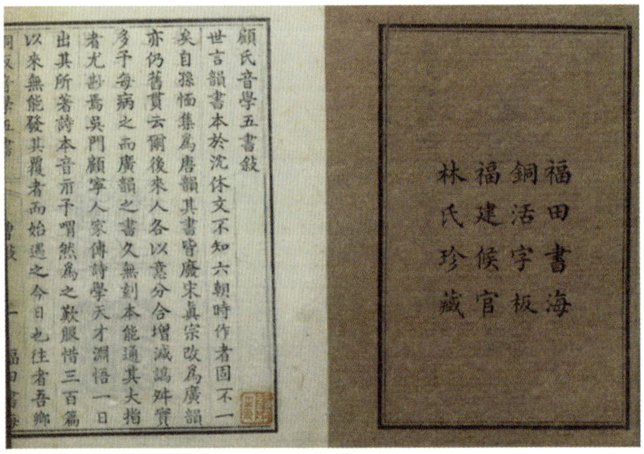

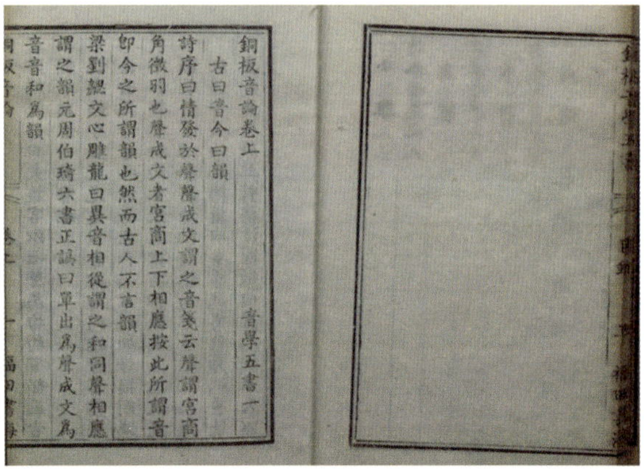

Jinyuan Ji, Six volumes, written by Qiu Yuan in Yuan dynasty, an edition of "juzhenben" printed by movable type of Wuyingdian in Qianlong period of Qing dynasty. Two copies. Twenty-one words in nine lines of half page. The frame height was 19. 6 cm and width was

12. 6 cm.

According to *Yuemantang Riji*, Qiu Yuan was a famous painter and calligrapher, and surprisingly, he also wrote brilliant poems.

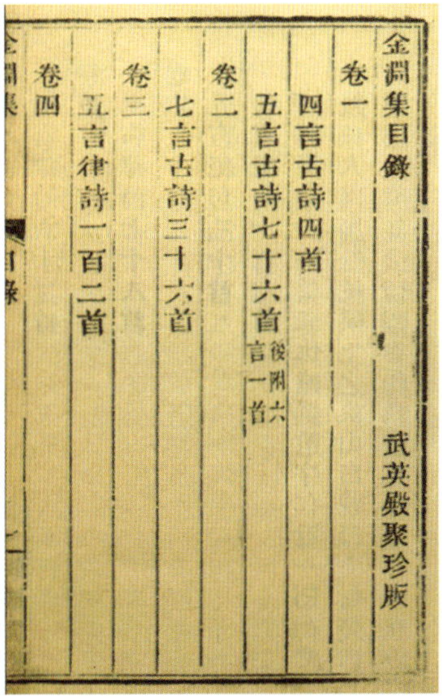
金闔集目錄 武英殿聚珍版
卷一
四言古詩四首
五言古詩七十六首 後附六言一首
卷二
七言古詩三十六首
卷三
五言律詩一百二首
卷四

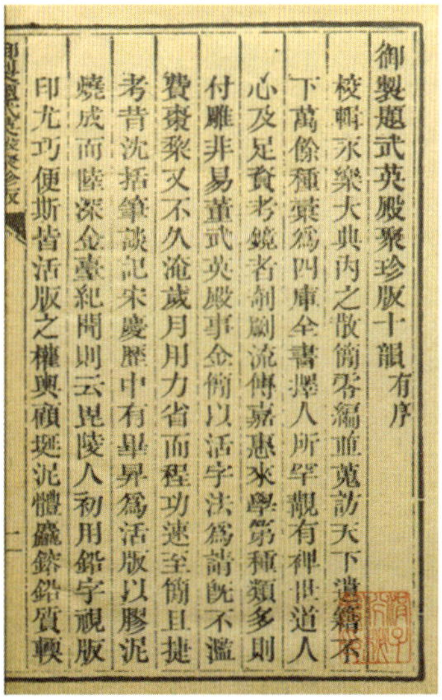
御製題武英殿聚珍版十韻有序
校輯永樂大典內之散簡零編並蒐訪天下遺籍不
下萬餘種彙為四庫全書擇人所罕覯有裨世道人
心及足資考鏡者剞劂流傳嘉惠來學第種類多則
付雕非易董武英殿事金簡以活字法為請既不濫
費棗梨又不久淹歲月用力省而程功速至簡且捷
考昔沈括筆談記宋慶歷中有畢昇為活版以膠泥
燒成而陸深金臺紀聞則云毘陵人初用鉛字視版
印尤巧便斯皆活版之權輿顧埏泥體麤鎔鉛質輭

Liushu Tong, 10 volumes, written by Min Qiji in Qing dynasty, compiled by Bi Hongshu in Qing dynasty, block-printed edition in 1795. Five copies. Twelve words in eight lines of half page. The title was engraved on the top of the type area and the category on the center. The frame height was 21. 7 cm and width was 14. 9 cm.

According to *The General Catalogue of Siku Quanshu*, the book was complated in 1661 when Min Qiji was 82 years old. He learned the style from *Jinshi Yunfu* and the class and order from *Hongwu Zhengyun*.

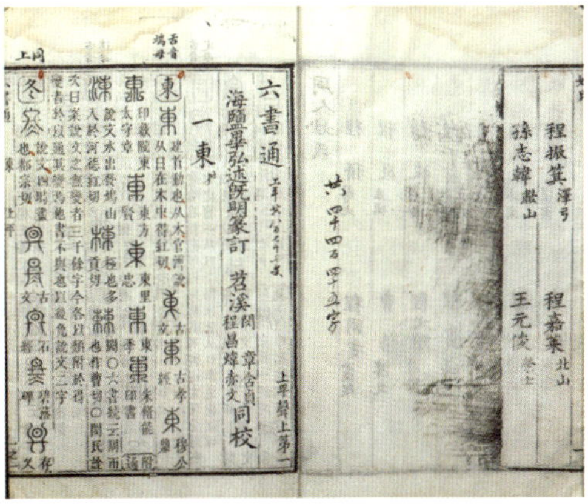

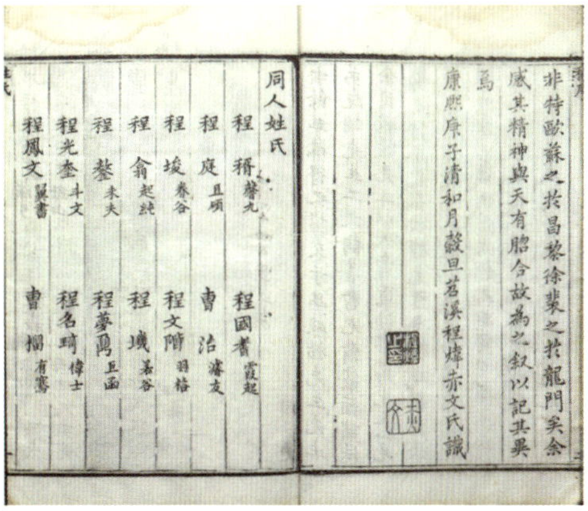

Biographies of Eminent Monks, 13 volumes, written by Shi Huijiao in Liang dynasty, the edition of Jingshan Collection in 1585. Three copies. Twenty words in ten lines of half page. The frame height was 22. 5 cm and width was 15 cm.

According to *Shanben Shushi Cangshuzhi*, the stories of monks were mostly written by scholars while officers in the Six Dynasties started their belief in Buddhism and therefore they wrote stories of monks, which were valuable materials.

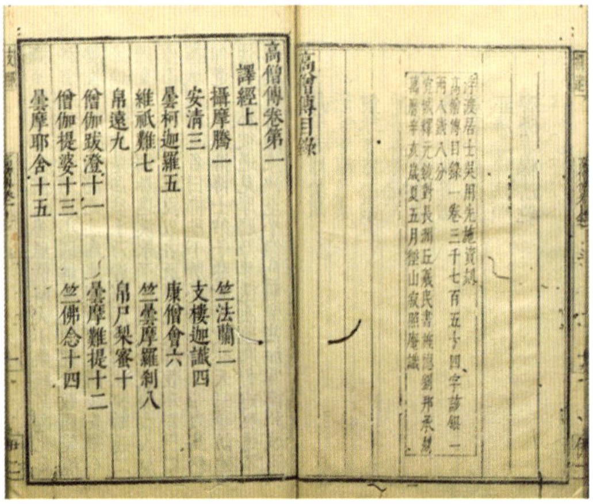

高僧傳目錄

高僧傳卷第一

譯經上

攝摩騰一　竺法蘭二

安清三　支樓迦讖四

曇柯迦羅五　康僧會六

維祇難七　竺曇摩羅刹八

帛遠九　帛尸梨蜜十

僧伽跋澄十一　曇摩難提十二

僧伽提婆十三　竺佛念十四

曇摩耶舍十五

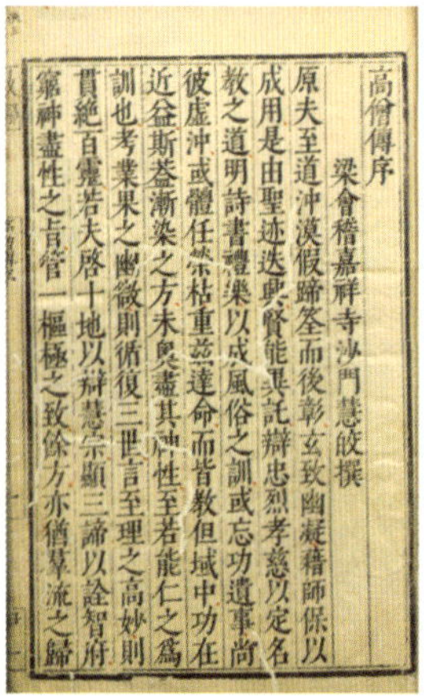

高僧傳序

梁會稽嘉祥寺沙門慧皎撰

原夫至道沖漠假蹄筌而後彰玄致幽凝藉師保以成用是由聖迹迭興賢能異託辯忠烈孝慈以定名教之道明詩書禮樂以成風俗之訓或忘功遺事尚彼虛沖或體任榮枯重蕊達命而皆敎但域中功在近益斯蓋漸染之方未臭盡其性至若能仁之爲訓也考業果之幽微則循復三世言至理之高妙則貫絕百靈若大啓十地以辯慧宗顯三諦以詮智府窮神盡性之旨管一樞極之致條方亦猶百流之歸

Gao Jidi's Works, 18 volumes, written by Gao Qi (Gao Qi's courtesy name is Gao Jidi) in Ming dynasty, block-printed edition of Xu's family in Zhusuyuan in 1695. Four copies. Twenty words in ten lines of half page. "*Gao Jidi's Works*" was engraved on the top of the body of the text without any signatures. The frame height was 19. 7 cm and width was 14 cm.

According to *The General Catalogue of Siku Quanshu*, Gao Qi was a talent and the top poet in Ming dynasty. He was good at modeling the styles of the previous poets and was capable of various skills of poems. However, his life was so short that he could not have enough time to creat his own style. Therefore, his works can show the style of previous poets but not his own style, which is not the fault of Gao Qi but the envy of the God.

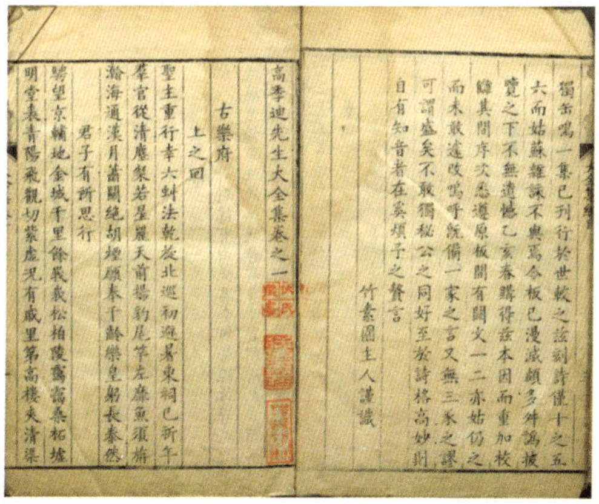

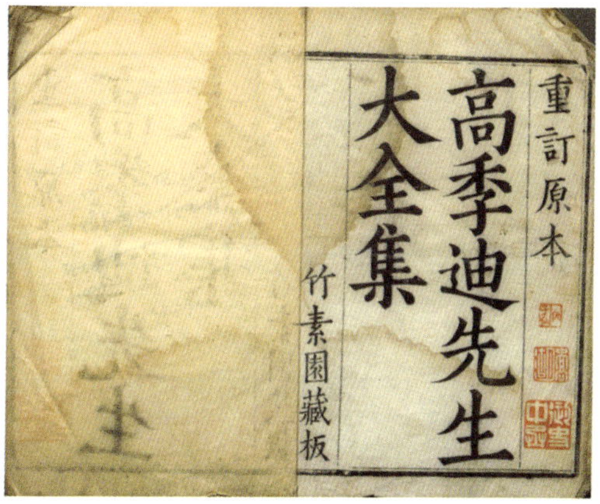

Qinding Shujing Tushuo, 50 volumes, written and compiled by Sun Jia'nai and Zhang Baixi by the order of Empress Dowager Ci Xi, the lithographed edition of the imperial storehouse in 1905. Twenty-four words in ten lines of half page. The title of "Qinding Shujing Tushuo" was engraved on the type page. The frame height was 24 cm and the width was 16. 2 cm.

The book is based on the pictures and the text just takes up a small propotion. There are 570 pictures in the book, painted by painters from Jiangnan invited by the Imperial University of Peking. The work is exquisite and still contains the style of northern Song dynasty.

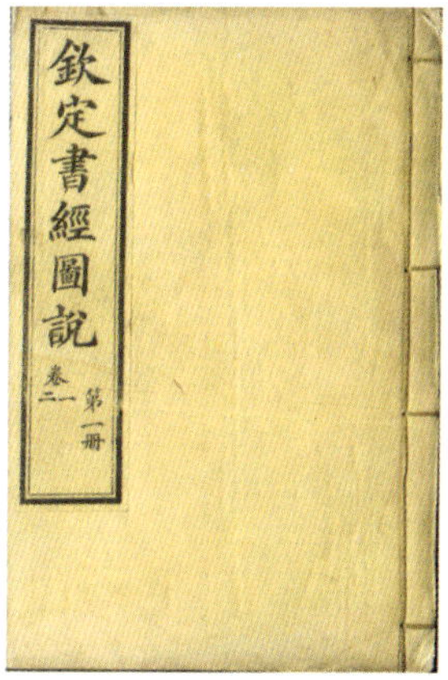

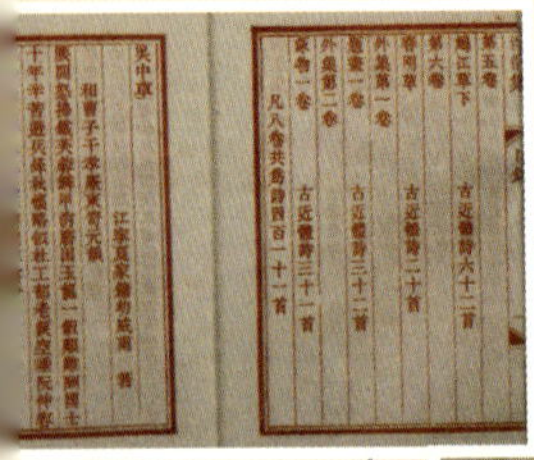

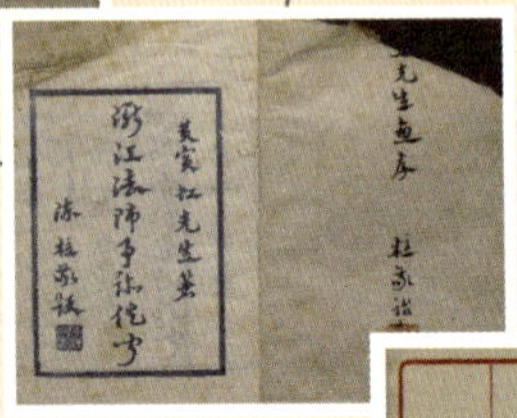

浮漚集

趙椿年敬署

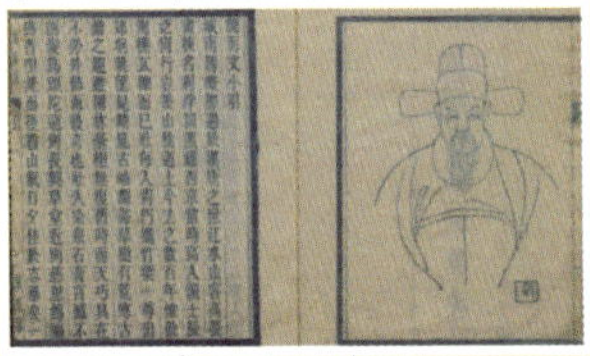

09

Chapter 9

Precious Collection of Literature from the Republic of China

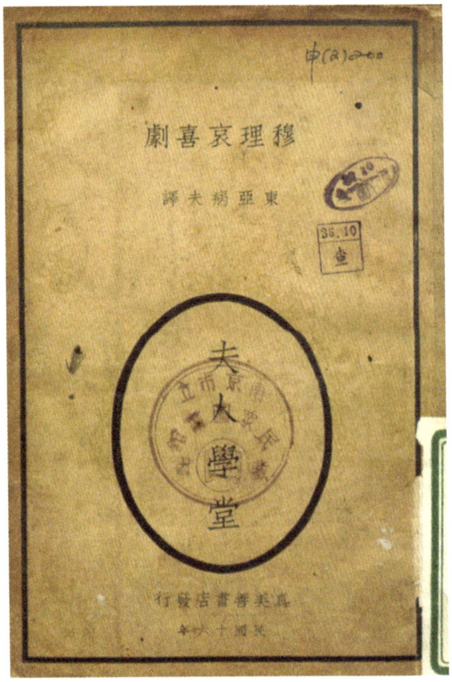

The period of the Republic of China, which lasted from the Revolution of 1911 to September 1949, was a special historical period in China's history stretching from the beginning of modern times to contemporary society. Due to the widespread dissemination of new culture, new ideas, and new technology in China, a large number of books and documents emerged. These books and documents reflected the political, economic and cultural landscape of China in modern times, which has important significance on the research of social processes during the Republican time that witnessed the significant change.

Jinling Library has nearly 50,000 copies of literature of the Republic of China, including thread-bound block-printed editions, printed publications (including paperback and hardcover ordinary books), handwritten copies, manuscripts, rubbings, one-volume editions of periodicals and newspapers, etc.

Since the period of the Republic of China was the transitional period from manual papermaking to mechanical papermaking and printing, the limitations of paper production technology and bookbinding technology resulted in poor quality books with a short preservation. Therefore, the collections of literature in the Republic of China have been severely damaged, with some pages suffering from turning damage.

However, there are many unique and regional literature among the collection of the Republic of China in Jinling Library such as the first issues of periodicals in the Republic of China, books and periodicals of the Republic of China with the signature of celebrities, thread – bound red and blue prints of the Republic of China, block-printed editions of Li Guangming Zhuang, collection of the Nanjing Special Municipal Library and Nanjing Municipal Civilian's Library. The local literature is also called as "a complete history of a place", and it contains all the historical records of nature, regions and society. The content of the literature has regional characteristics, which is an important part of the historical literature system and plays an irreplaceable role for the omni-directional research of local history.

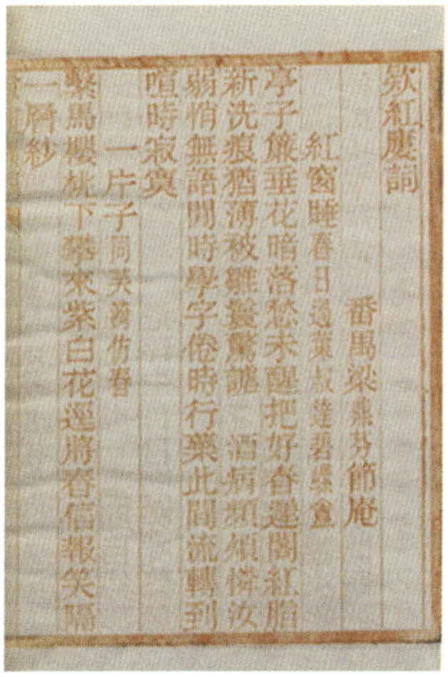

The works reflecting the level of scientific research during the Republic of China, have mostly become the inherited basis of today's scientific research, and as the real record of history and the main carrier of the ideology and culture during this special social transitional period, its value is self-evident. For example, Yunyao Jiza Quzi, *Ci Bie*, compiled by Zhu Xiaozang, *Jiangcun Yishu* printed in red in 1931. Yunyao Jiza Quzi, including 30 works of Dunhuang quzi in Tang dynasty, was collected in Dunhuang Stone storehouse, and then stolen by Stein and Pelliot to be stored in London Museum and Paris Museum. Dong Kang copied 18 works by hands from London and Liu Fu copied 14 works by hands from Paris, and the total was 30 after deleting the same. Zhu Xiaozang made the red printing edition of

Jiangcun Yishu on the basis of the 30 works, which is the most valuable literature of studying the Dunhuang.

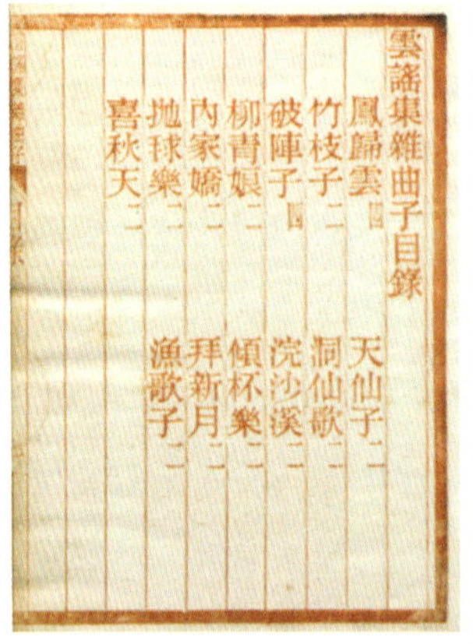
雲謠集雜曲子目錄
鳳歸雲 二 天仙子 二
竹枝子 二 洞仙歌 二
破陣子 四 浣沙溪 二
柳青娘 二 傾杯樂 二
內家嬌 二 拜新月 二
拋球樂 二 漁歌子 二
喜秋天 二

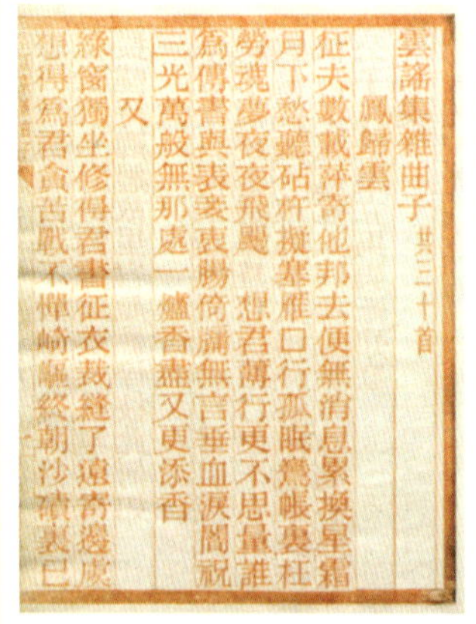
雲謠集雜曲子 共三十首
鳳歸雲
征夫數載萍寄他邦去便無消息累換星霜
月下愁聽砧杵擬塞雁口行孤眠鸞帳裏枉
勞魂夢夜夜飛颺 想君薄行更不思量誰
爲傳書與表妾衷腸倚牖無言垂血淚闇祝
三光萬般無那處一爐香盡又更添香
又
綠窗獨坐修得君書征衣裁縫了遠寄邊庭
想得爲君貪苦戰不憚崎嶇終朝沙磧裏已

Red and Blue printing editions of the Republic of China

Anecdotes of Jian Jiang, one volume, written by Huang Binhong, Chen Zhu emendated and wrote the title of the book, blue pinted edition. One copy. Seventeen words of ten lines of half page. The title of "Anecdotes of Jian Jiang" was engraved on the type area. The frame height was 13. 2 cm and the width was 10 cm.

Jian Jiang, whose original name is Jiang Tao, courtesy name is Liuqi, another name is Jiang Fang and courtesy name is Oumeng, got his religious name, Hong Ren (Wu Zhi) after he became a monk. The book contains nine chapters to record the stories of Jian Jiang including the introduction, clan, antecedents, travels, paintings, teachers and friends, collections, poems and conclusion.

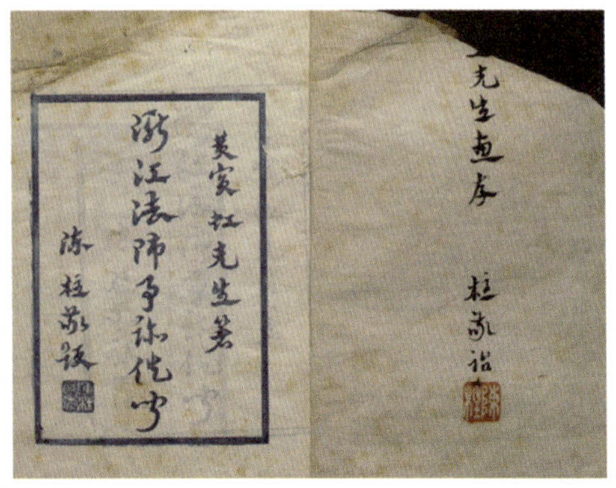
黃賓虹先生著
漸江法師事跡佚聞
陳柱敬題

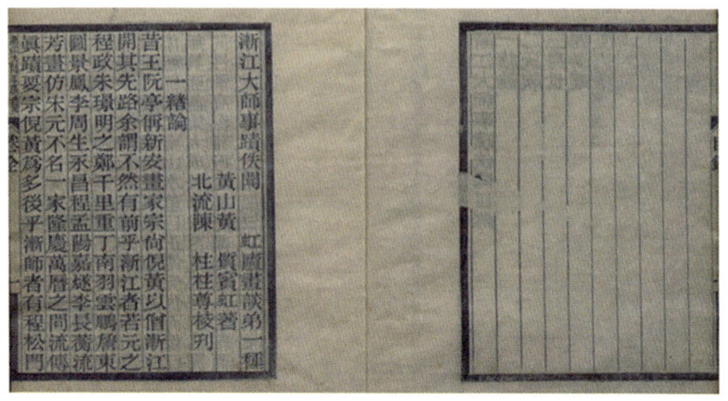
漸江大師事蹟佚聞
黃山黃賓虹著
北流陳柱尊校刊
緒論

Shanju Yong, one volume, written by Wang Zheng in Ming dynasty, blue printed edition of Yinhongyi of Lu Qian in 1945. One copy. Seventeen words of ten lines of half page. The title of "Shanju Yong" was engraved on the type area. The frame height is 15. 7 cm and the width is 10. 4 cm.

The book includes 3 sets of northern poem. The author once bought a land in the south of Xi'an city at a low price, and built a house for reading. The land was located between the Du and Wei, with beautiful scenes and the book chanted the joy of reading in the house by the special poems (Sanqu).

Poems of Ping Lu, written by Weng Tonghe (his another name is Ping Lu), emendated by Shao Songnian and Miao Quansun, the red printed edition of Tao Zilin in Wuchang. Twenty-one words of ten lines of half page. The frame height was 18. 5 cm and the width was 18. 8 cm.

Weng Tonghe did not have his own collection of poems before his death. In the Republic of China, his descendant Weng Yongsun and his students collected his scripts of poems and published 8 volumes of *Poems of Ping Lu*, 4 volumes of *Collection of Ping Lu* and one volume of *Addendum*. Poems of *Ping Lu* includes over 1, 100 poems. Miao Quansun and Shao Songnian wrote the preface and complimented his poems.

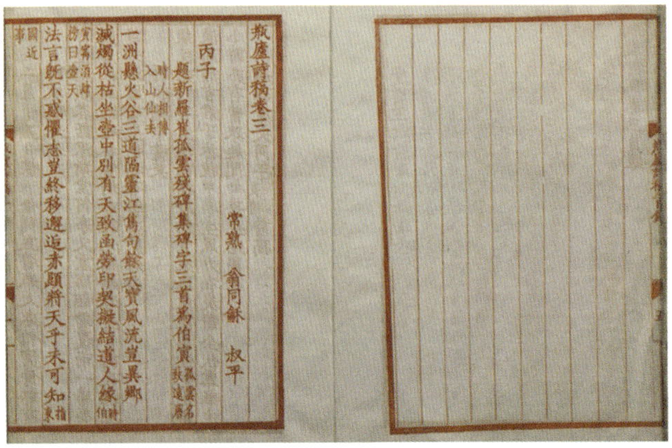
瓶廬詩稿卷三
丙子
題新羅崔孤雲殘碑集碑字三首為伯寅

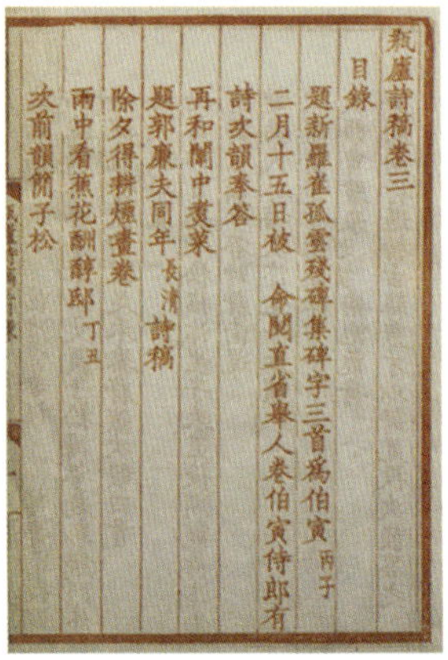
瓶廬詩稿卷三
目錄
題新羅崔孤雲殘碑集碑字三首為伯寅

Fu'ou Ji, written by Xia Jiayong in Jiangning in Qing dynasty, red printed edition. Twenty-one words of nine lines of half page. The title was engraved on the type area. The frame height was 17. 5 cm and the width was 11. 7cm.

Dai Hongci wrote the preface for the book in 1909. The book is the block – printed edition in 1922.

浮漚集
趙椿年敬署

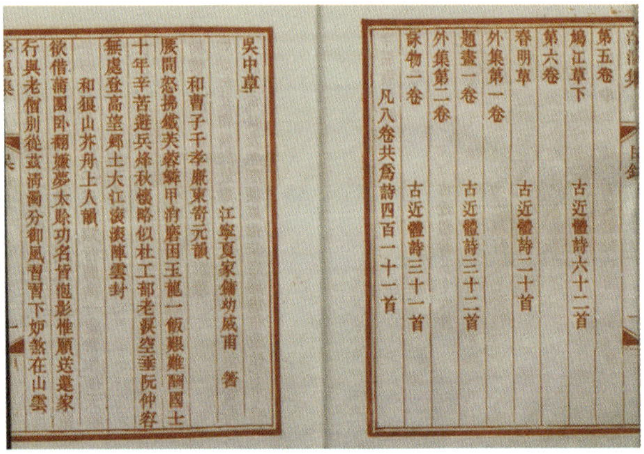
吳中草
江寧夏家鏞幼威甫 著
和曹子千孝廉東寄元韻
凡八卷共爲詩四百一十一首

Collection of Tang Jingchuan, 18 volumes, written by Tang Shunzhi in Ming dynasty, red printed edition of Sijinzhai in 1895. Twenty-five words of fourteen lines of half page. The title was engraved on the type area. The frame height was 18 cm and the width was 13. 2 cm.

According to *Ming History*, Tang Shunzhi is fond of learning knowledge and the deep theory.

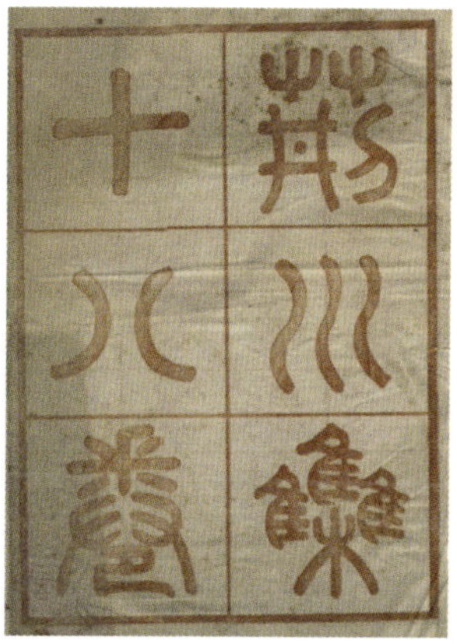

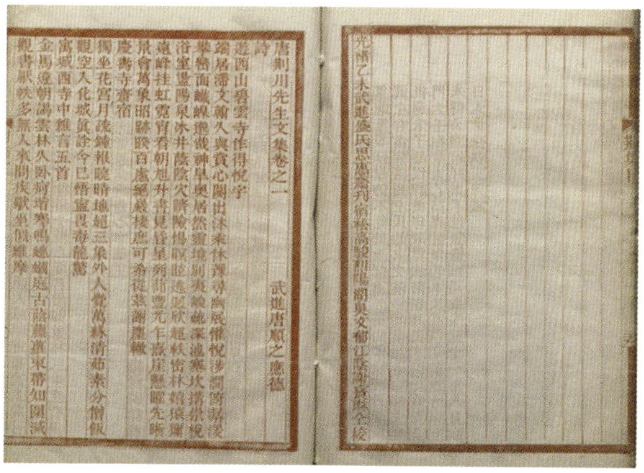

Shixixuan Yigao, five volumes, written by Xu Shuzheng in Xiao County in Qing dynasty. The red printed edition of Xu's family in 1931. Two copies. Twenty-one words of eleven lines of half page. The frame height was 17. 8 cm and the width was 12. 3 cm. The title was engraved on the title page.

According to *Yishi Leigao*, Xu Shuzheng was a general with literary grace, and his essays and poems were brilliant works.

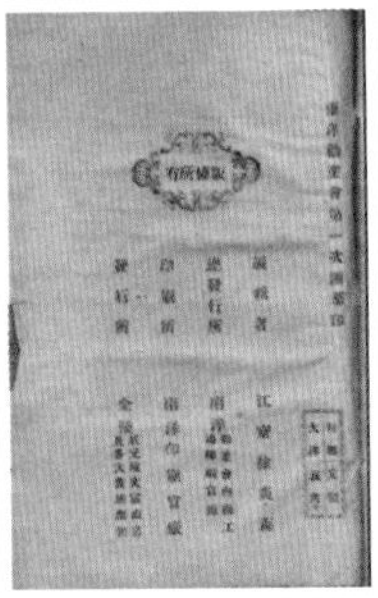

金陵雜誌

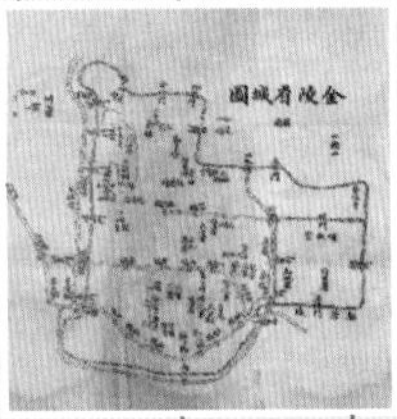
金陵省城圖

10

Chapter 10

Important Township Literature

Jinling Magazine

On June 5, 1910, the Nanyang Commodity Exposition was opened in Nanjing. However, *Jinling Magazine* published by the organizers at that time remains only a rather small number now, therefore it has become a precious document recording this activity.

The Inadequate Research on *Journal of Jinling*

Journal of Jinling collected by Jinling Library is precious. Few libraries have collections of this book. Through bibliographic inquiry of some major libraries at home and abroad, actually just a few libraries have the collection of *Journal of Jinling*, which is rare.

Journal of Jinling is the Significant Historical Material

Journal of Jinling edited by Xu Yansen and collected by Jinling Library, is the edition of the beginning of 1910 in Nanyang Commodity Exposition and printing factory, the lead printed edition. The book was published by the organizers when the Nanyang Commodity Exposition was opened, in order to make comprehensive introduction of Nanjing to guests at home and abroad. In addition to the preface, the main body includes the map of Jinling, the records of streets, the records of walls, the records of bridges, the records of government offices, the records of schools, the records of guild hall, the records of ancestral temples, the records of gardens, the records of scenic spots, the records of rivers, the records of mountains, the records of temples, the records of agencies, the records of charitable enterprises, the records of trains, the records of photo studios, the records of hotels, the records of Chinese and western restaurants, the records of tea cafes, the records of customs, the records of society. The Nanyang Commodity Exposition greatly enhanced the popularity and reputation of Nanjing at home and abroad. The book was republished in March 1918 and January 1922 with the records of ancient relics and poems as the appendix. In 2013, Nanjing Publishing House published *Journal of Jinling and Journal of Jinling Sequel.*

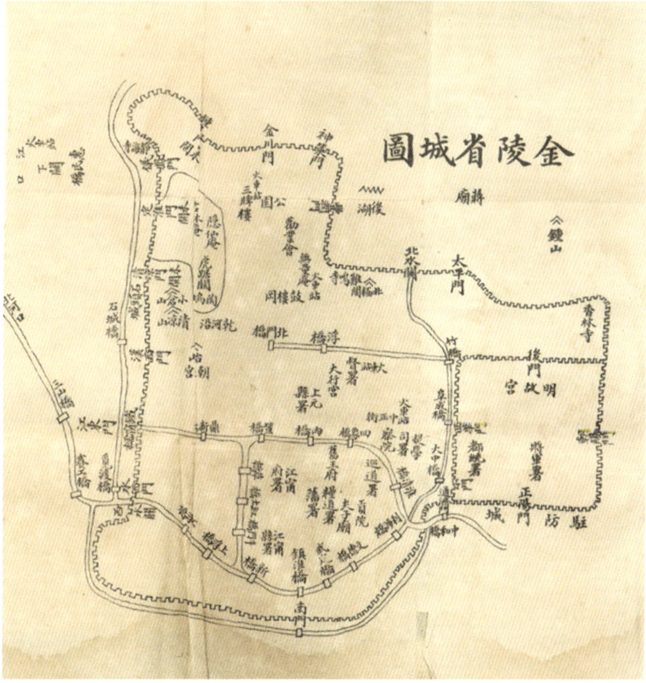

For hundred years, the content of *Journal of Jinling* has been cited frequently and its literary significance, the research values of colloquial terms and dialects can't be underestimated. Some local customs which are still popular in the daily life don't have the relevant records. However, there are rich materials on these customs in *Journal of Jinling*.

Journal of Jinling also plays a significant role in introducing the western printing technologies. According to the relevant research meterials, because of various reasons, the research on the Nanyang Commodity Exposition didn't get much attention. From the editions of *Journal of Jinling*, it can be found that with the introduction of western printing technologies, the traditional wooden block printing evolved into lead printing and color printing. The growing journalism and newspaper industry enhanced the influence of Nanyang Commodity Exposition at home and abroad. *Journal of Jinling* involves many pictures and the modern photography plays a huge role. There are many photos of Fuzimiao, Beijige, Wuchaomen and Kuixingge in the book. The research thoughts and academic spirit, which are shown in *Journal of Jinling*, can still be learnt by modern people.

The lead printed edition of *Journal of Jinling* is unique and has huge historical values, and the current number makes it more precious.

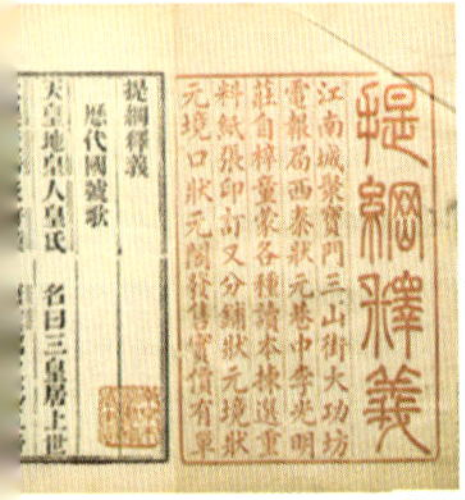
提綱釋義

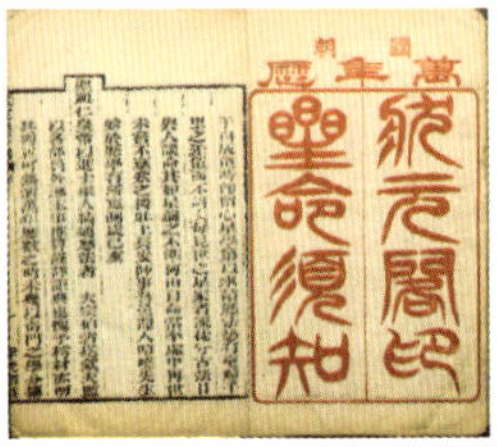

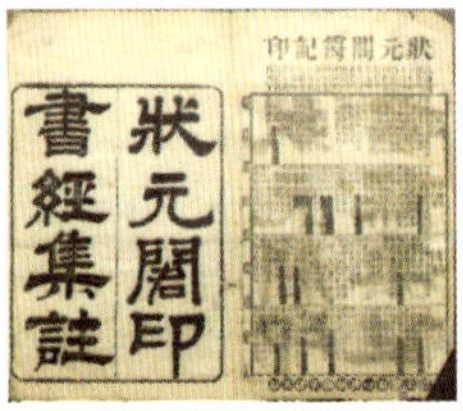
狀元閣印
書經集註

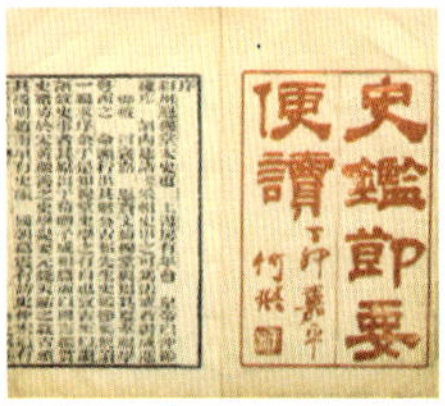
史鑑節要便讀

11

Chapter 11

Li Guangming Workshop Block-printed Edition

In the beginning of Ming dynasty, Nanjing became prosperous because Zhu Yuanzhang chose Nanjing for the capital. Many scholars gathered in Nanjing and bookshops and publishing houses rose, and Tang's Fuchuntang and Wenlin Shanfang were very famous at that time. In the late Ming dynasty, there were few bookshops and publishing houses in Nanjing, and Li Guangming Workshop became the top.

According to *General History of Chinese Printing*, Li Guangming, whose courtesy name is Li Chunfeng, was also known as Xiaoxing Qiaoren. His house is called as Helouju. The books he printed have some introductions. The name " Li Guangming Workshop" was engraved on the type area. According to the catalog of *Shujing* he printed, Li Guangming Workshop printed 167 kinds of books including 41 kinds of Confucian classics, 6 kinds of historical records, 3 kinds of philosophical writings and 52 kinds of miscellaneous works, 24 kinds of enlightenment books, 4 kinds of Guifan, 24 kinds of medicine books and 13 kinds of Shanshu. There are two fonts in the book including Song typeface and the regular script.

Li Guangming Workshop is a publishing house in Zhuangyuanjing of Nanjing. The Zhuangyuanjing is said to be the location of house of Qin Hui. Li Guangming once did woodblock printing at the camp of Zeng Guofan, and when the Qing army marched into Nanjing, Li Guangming managed the printing papers of exams and then he opened a publishing house to print some popular books. At that time, the books printed were thread-bound books. All of people in Nanjing who received old-style private education were familiar with the books printed in Li Guangming Workshop. Zhonghua Book Cimpany Library held a primary education exhibition and the 55 kinds of textbooks for children on the exhibition included 27 kinds of book published in Li Guangming Workshop. The textbooks for children published in Li Guangming Workshop played an important role in the late Qing dynasty. Moreover, Li Guangming Workshop printed and sold some large books like historical records. Some of the imperial family members entrusted some manuscripts and papers to Li Guangming Workshop to print so that Li Guangming Workshop was very famous at that time.

The earliest books printed in Li Guangming Workshop was in the Tongzhi period (1862 – 1875) of Qing dynasty, and the latest was *Jinling Baiyong* in 1924. Li Guangming Workshop also printed books for the famous people, for example, Li Shuchang in Qing dynasty wrote *Zhuozun Garden Conggao* (six volumes) and Li printed for him.

In *History of Private Printing of Jiangnan in Ming and Qing Dynasty* written by Ye Shusheng and Yu Minhui, there are over 100 words and five lines of description of Li Guangming Workshop printing books. In *Jiangsu Printing*, only 12 kinds of books which were printed in Li Guangming Workshop were mentioned and there were nothing about Li Guangming Workshop except the 12 books.

In 1997, Huang Yongnian, a professor in ancient books agency of Shaanxi Normal University, once wrote "An Introduction to Textbooks for Children A Century Ago" (published in the fourth issue of 1997 of *Philosophy and Social Sciences Edition of Journal of Shaanxi Normal University*). He said that he got 6 volumes and 2 copies of *Xiangshan Poems* printed by Li Guangming Workshop in the Guangxu period of Qing dynasty, with a book-selling advertisement with the stamp of Zhuangyuange at the end of the book. The advertisement said 109 kinds of books, including Mengxun, Guixun (3 kinds), historical classics (4 kinds), Confucians classics (31 kinds), literary (5 kinds), Zaxue (8 kinds) and Liangfang (5 kinds).

The Notes on Three-Character Classic printed by Li Guangming Workshop, has a catalog which said that it recorded 167 kinds of books. It includes 41 kinds of Confucian classics, 6 kinds of historical records, 3 kinds of philosophical writings, 52 kinds of miscellaneous works, 24 kinds of books for enlightenment, 4 kinds of Guifan, 24 kinds of Zaxue and 13 kinds of Shanshu.

There are no exact figures for how many books Li Guangming Workshop has engraved, but apparently, the variety is abundant and the number is large.

In the Tongguang period of the Qing dynasty, Li Guangming Workshop printed the most books for enlightenment and Confucian classics in Jiangsu and Zhejiang. After the Taiping Heavenly Kingdom movement, many things were waiting to be done. In Jiangsu and Zhejiang, especially in Nanjing and Hangzhou, the official publishing houses printed a lot of Confucian classics, historical records, philosophical writings and miscellaneous works that intellectuals need and the private publishing houses printed popular books. Li Guangming Workshop was the typical example.

Li Guangming Workshop printed *The Four Books*, *The Five Classics*, *Three Character Primer*, *Hundred Family Surnames of Chinese*, *Thousand-Character Classic*, *Shijian Jieyao*, *Youxue Qionglin* and *Longwen Bianying*, which are textbooks of private schools at that time. The private schools in the southeast used the books printed by Li Guangming Workshop as the textbooks.

Li Guangming Workshop invited calligraphers to write books for children, and the readers and teachers would love to tell their kids to copy from the book. The book list introduced books Li Guangming Workshop printed but not all of books were contained book lists. The book lists were used to promote when Li Guangming Workshop printed more and more books.

Yanshou Danfang, a medical book printed in 1895, was the only medical book with the printed edition, collected by the library of China Academy of Chinese Medical Sciences, and was a very precious literature of Chinese medicine.

Li Guangming Workshop took its place in the private printing of the late Qing dynasty. The publishing house played its role in education in the period when China changed from the feudal society into the semi-feudal society.

Some large libraries collect some books from Li Guangming Workshop. Jinling Library collect 104 volumes and 56 kinds of books from Li Guangming Workshop, including 7 volumes and 5 kinds of early printed books, which are the important part of collection of Nanjing literature. Although these ancient books didn't have a long history, they are preious as the representatives of local printing books of Nanjing.

Block-printed Editions of Li Guangming Zhuang Collected by the Library

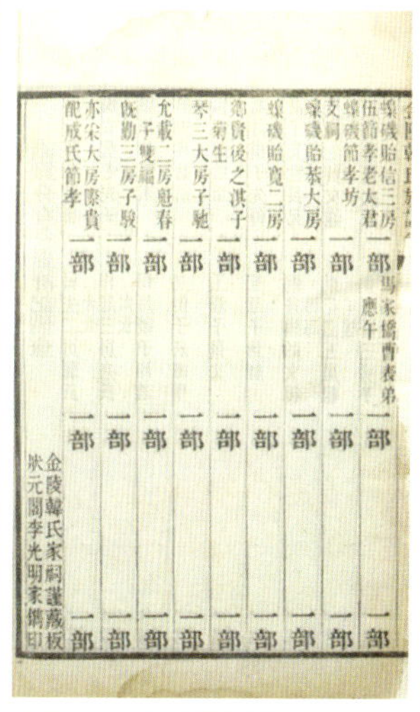

Jinling Han's Genealogy, the block-printed edition of Li Guangming in 1870, written by Han Yin in Qing dynasty. Twenty-five words of ten lines of half page.

Chunqiu Zuozhuan, reviewed by Zhong Xing in Ming dynasty, the printed edition of Li Guangming in 1886. There are two columns. The top column includes the comments and the column on the bottom includes the text and the meaning. The " Li Guangming Jia" was engraved on the bottom of the type area. The frame height is 18. 8 cm and the width is 13. 5 cm.

Tigang Shiyi, the edition of Li Guangming. Fifteen words of six lines of half page. "Tigang" was engraved on the center of the type area and "Li Guangming Workshop" was engraved on the bottom. The frame height is 18. 7 cm and width is 13. 4 cm.

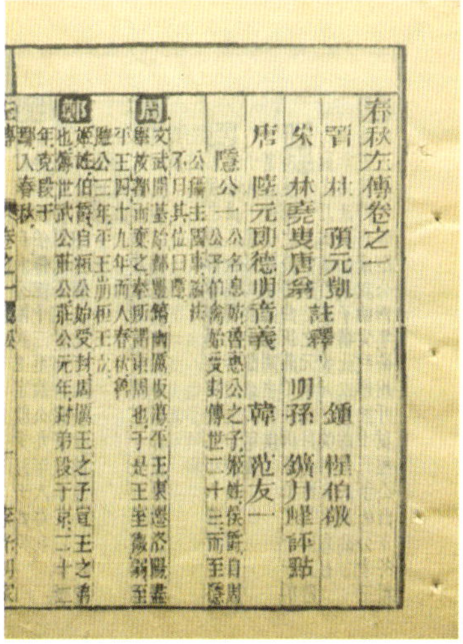
春秋左傳卷之一

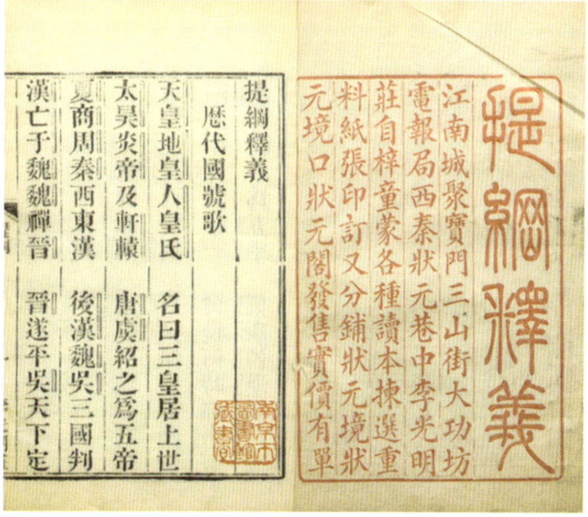
提綱釋義

江南城聚寶門三山街大功坊
電報局西秦狀元巷中李光明
莊自梓童蒙各種讀本揀選重
料紙張印訂又分鋪狀元境
元境口狀元閣發售實價有單

提綱釋義
歷代國號歌
天皇地皇人皇氏 名曰三皇居上世
太昊炎帝及軒轅 唐虞紹之爲五帝
夏商周秦西東漢 後漢魏吳三國判
漢亡于魏魏禪晉 晉遂平吳天下定

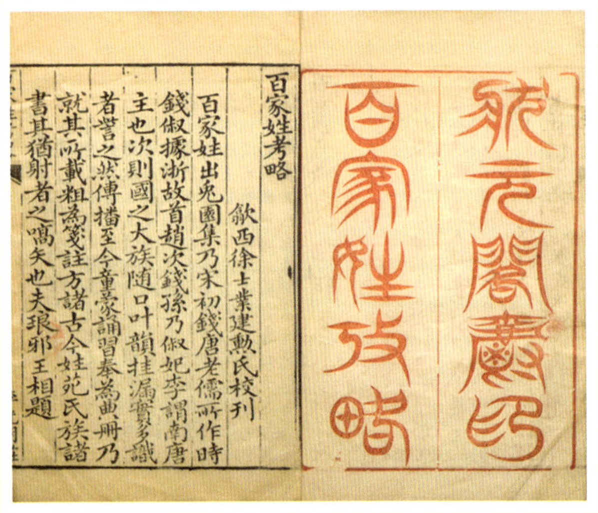

Research on the Hundred Family Surnames of Chinese, compiled by Wang Xiang in Qing dynasty, emendated by Xu Shiye in Qing dynasty. The printed edition of Li Guangming Zhuang. Eight words of seven lines of half page. The title was engraved on the top of the type area and "Li Guangming Workshop" was engraved on the bottom. The frame height is 19. 3 cm and the width is 14. 1 cm.

Records of Ten Thousand Years Made by Imperial Order, the printed edition of Li Guangming Zhuang. The "Records of Ten Thousand Years" was engraved on the top of the type area and the "Li Guangming Workshop" was engraved on the bottom. The frame height is 17 cm and the width is 13. 5 cm. The book recorded the history from 1711 to 1850.

Shijian Jieyao Biandu, compiled by Bao Dongli in Qing dynasty, the printed edition of Li Guangming Workshop. Sixteen words of nine lines of half page. The title was engraved on the top of the type area and "Li Guangming Workshop" was on the bottom. The frame height is 17. 7 cm and the width is 11. 9 cm. Weng Xincun wrote the preface in 1862.

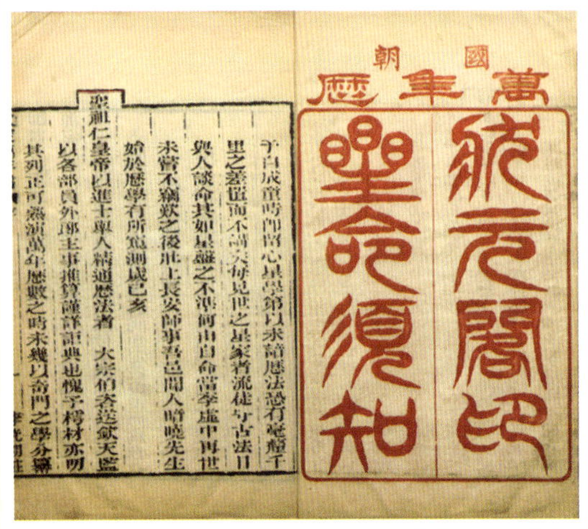

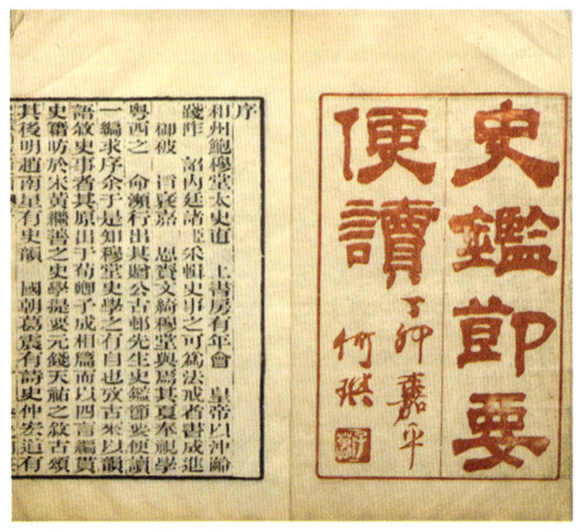

Shujing Zengding Pangxun, written by Cai Shenji, the printed edition of Li Guangming Workshop. Twenty words of seven lines of half page. "Shujing" was engraved on the top of the type area and "Li Guangming Workshop" was on the bottom. The frame height is 18. 8 cm, the width is 13. 8 cm.

Longwen Bianying, compiled by Xiao Liangyou in Ming dynasty, the printed edition of Li Guangming Workshop. The title was engraved on the top of the type area and "Li Guangming Workshop" was engraved on the bottom. The frame height is 15. 2 cm and the width is 12. 4 cm.

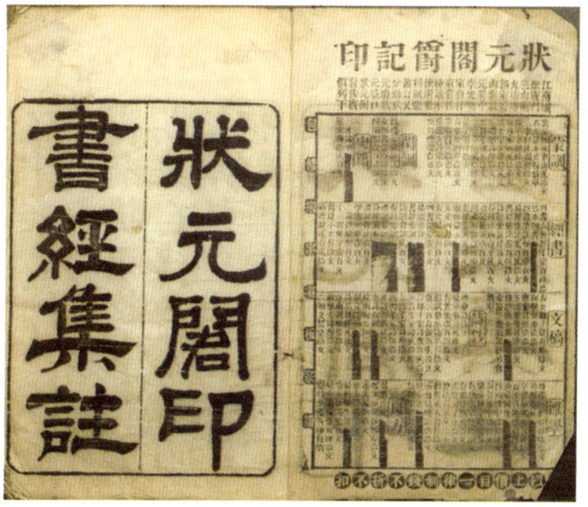

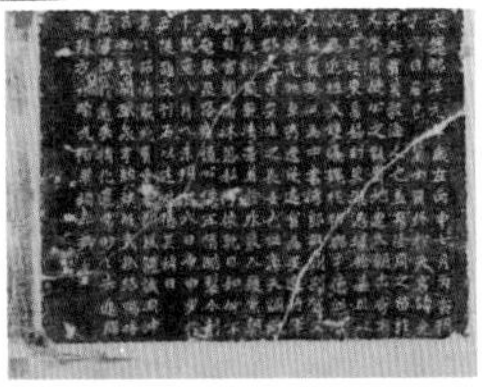

師望鼎

12

Chapter 12

Rubbing Scrolls and Inscription Rubbings

China is an ancient civilization with a long history and splendid culture. Before Ming dynasty, China has been the country with the most inventions in the world, and the rubbing technology is one of them. Rubbings from tablet inscriptions became the important carrier of the Chinese ancient civilization. For a thousand and four hundred years, the rubbings have preserved important documents and colorful calligraphy and painting art.

Rubbings include engraved stones, stone tablets, inscription on the memorial tablet with a tomb, mubie, shique, moya, zaoxiang, taming, pictures, futu, kejing, jiezhi, yifang, jinglan, qiaozhu, tiyong, timing, poems and other things. The art of rubbing has gone through the Qin dynasty, Han dynasty, Wei dynasty, Jin dynasty, the Northern and Southern dynasties, Sui dynasty, Tang dynasty, the Five dynasties, Liao and Song dynasties, Yuan dynasty, Ming dynasty, Qing dynasty, the Republic of China and the new China.

Many original stones of rubbings were lost or destructed because of the war, fire, earthquake, political factors or other reasons. The rubbings before the Republic of China can be regarded as the old rubbings.

The values of the rubbings are shown that they can reflect the history clearly, completely, accurately and authentically. What rubbings record and show is extremely valuable historical material. The collection of rubbings is an important part of protecting and inheriting the Chinese ancient culture. Only if we protect it, study it, learn it and show it, can we inherit and carry forward the Chinese splendid culture and art.

Rubbing Scrolls and Rubbings from Stone Inscriptions Collected by the Library

Rubbing Scrolls

The Red Rubbings of the Statue of the Buddha with the signature of Wu Changshuo

Guizhai in Wei County collected the rubbing.

The rubbing is the original rubbing collected by Chen Jieqi, a master of Wei County of Shandong Province in the Qing dynasty. Wu Changshuo, whose original name was Wu Jun and courtesy name was Wu Changshuo, also known as Foulu and Kutie, was from Zhangwu Village, Xiaofeng County of Zhejiang Province. He was the famous painter, calligrapher, engraver in the late Qing dynasty, the representative of "Four masters of shanghai school of painting in the late Qing dynasty".

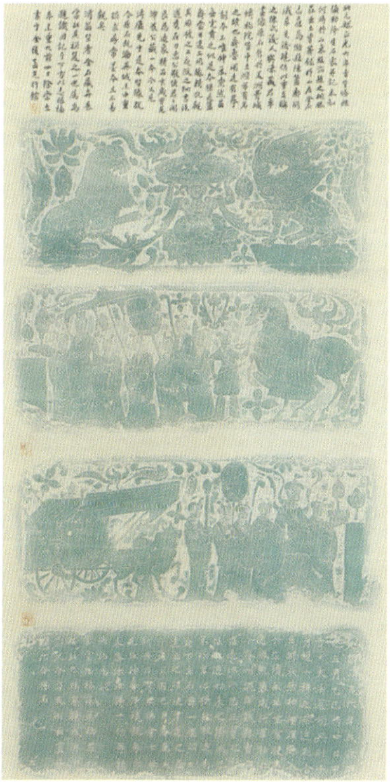

The Green Rubbings with the signature of Xu Chongli

The green rubbing, collected by Chen Jieqi of Wei County, Shandong Provine in the Qing dynasty, was created in 525 and unearthed in Linzi, Shandong Province. It was recorded in *Shanzuo Jinshizhi* written by Bi Ruan and Ruan Yuan, and the orginal stone is collected by Philadelphia Museum. The rubbing has the signature of Xu Chongli of Jinling. Xu Chongli, whose courtesy name is Xu Jianshi and literary name is Chiyuan, was also known as Chisou. He was the Juren (a successful candidate in the imperial examinations at the provincial level) in 1903, and was good at calligraphy and rubbings.

San Family Plate (with the signature of Wu Hufan)

San Family Plate is also called as San Plate. The creator of the plate was Ce people, so the plate was also called as Ce Ren Plate. The plate was a kind of bronze utensil made in the Western Zhou Dynasty with 357 words in the inside of the plate, which was the earliest land lease in China. The chirography was the Caozhuan (a traditional Chinese font), which has the significant value in the Chinese tablet system. It was called the " Four National Treasures" in the late Qing dynasty with Maogong Ding, Dayu Ding and Guojizi White Plate. It is collected by National Palace Musuem in Taibei, China. The plate was passed on from Ruan Yuan to his descendants and then Wu Hufan got the plate, which is valuable.

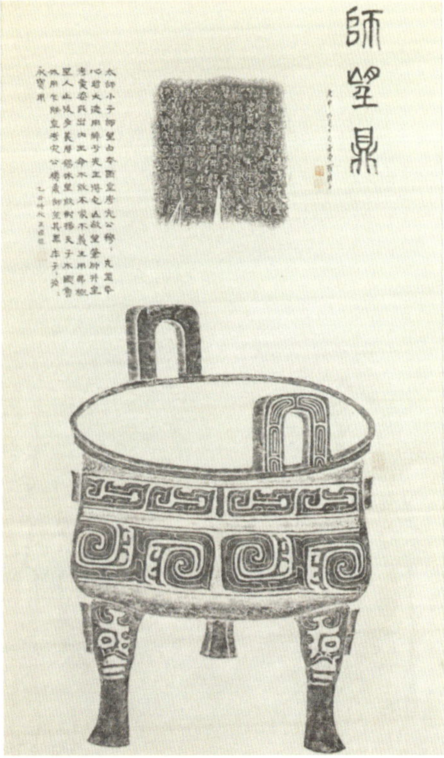

Shi Wang Ding (with the signature of Luo Zhenyu, the rubbings of Shi Wang Ding)

Shiwang Ding was made in the middle of the Western Zhou Dynasty. Shi Wang made it for praising the merits and virtues of the ancestors and self discipline. The inscription is composed of ten lines and 93 words. It was said that the Ding, with the height of 49 cm and the caliber of 43 cm, was found by Zuo Zongtang when he led the army into Xinjiang. The rubbings was made by Luo Zhenyu with two stamps of him. There are also some annotates made by Wang Guowei in 1925.

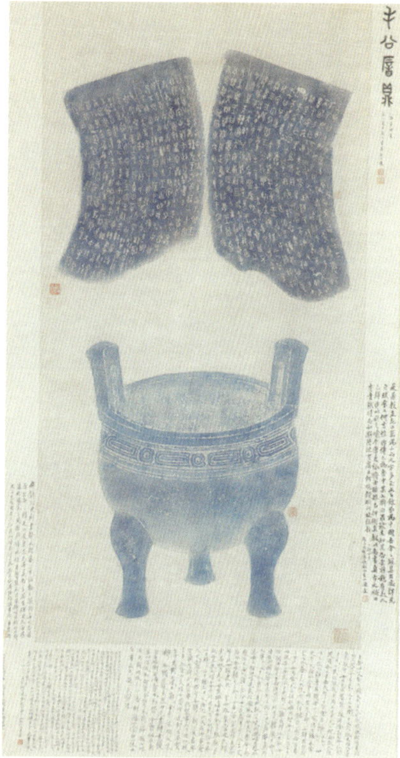

The Blue Rubbings of Maogong Ding with the preface of Luo Zhenyu

Maogong Ding, the bronze made by Maogong in the Western Zhou Dynasty, was unearthed in 1850 in Qishan, Shaanxi Province. The Ding was collected by Chen Jieqi of Wei County and then Duan Fang got the Ding, and it is collected by National Palace Musuem in Taibei, China. The preface of the rubbing was written by Luo Zhenyu and Zou Shouqi wrote the title at the invitation of Shi Yousan.

Rubbings from Stone Inscriptions

Epigraph of Kou Ping

It was made in February 23, 519 and unearthed in Luoyang with other epigraphs of Kou Yan, Kou Zhi and Kou Zun in 1918. The words are regular scripts with 24 lines and 20 words of each line, with 23 words in the last two lines. It was collected by Li in Tengchong, Yunnan Province, and then it was collected by the Wu County Museum of Antiquities in Jiangsu. The stone was ruined in the period of the War of Resistance Against the Japanese Aggression.

Epigraph of Kou Yan

Epigraph of Kou Yan, with the height of 47 cm and the width of 47. 5 cm, was made in February 23, 519. It was unearthed in Luoyang with other epigraphs of Kou Ping, Kou Zhi and Kou Zun in 1918. The words are regular scripts with 20 lines and 21 words of each line. It was collected by Li Genyuan in Tengchong, Yunnan Province, and then it was collected by the Wu County Museum of Antiquities in Jiangsu. The stone was ruined in the period of the War of Resistance Against the Japanese Aggression, but fortunately, the original rubbing remains.

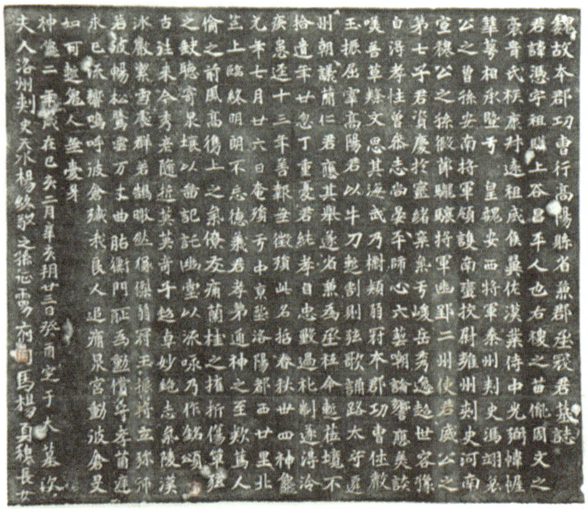

Epigraph of Kou Zhi

It was made in 526. It was unearthed in Luoyang with other epigraphs of Kou Yan, Kou Ping and Kou Zun in 1918. The words are regular scripts with 32 lines and 30 words of each line.

Epigraph of Zhang Jing

It was made in September 13, 527. It was unearthed in Luoyang. The words are regular scripts with 19 lines and 19 words of each line. It was collected by Li Genyuan of Tengchong, Yunnan Province, and then it was collected by the Wu County Museum of Antiquities in Jiangsu. The stone was ruined in the period of the War of Resistance Against the Japanese Aggression.

The Head of Monument of Xiao Dan

The full name of the monument is *The Monument of the Shizhong, Situ and Shixing Zhongwu King in Liang dynasty*, also known as *Monument of Shixing Zhongwu King* or *Monument of Shixing King*. It was located in Xihualin Village, the northeast in Nanjing, and was the existing largest monument made in the Northern and Southern Dynasties. Xu Mian wrote the content and Bei Yiyuan, the famous tablet maker, made the tablet. Fang Xianming carved the character and Gao Yuan copied the character on the stone. The characters were regular scripts with 36 lines and 86 words of each line. The names of officials were engraved on the back of the monument but some were illegible because of the erosion, and the legible names were only one third of the all names. There were five lines and 17 characters on the head of the monument. They were regular scripts with the style of cursive handwriting, which gave a unique feeling to readers. Kang Youwei once praised it.

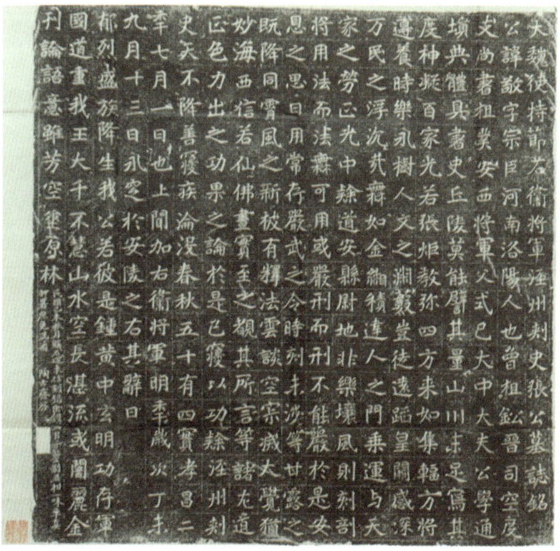

Epigraph of Sima Jinghe and His Wife Meng Jingxun

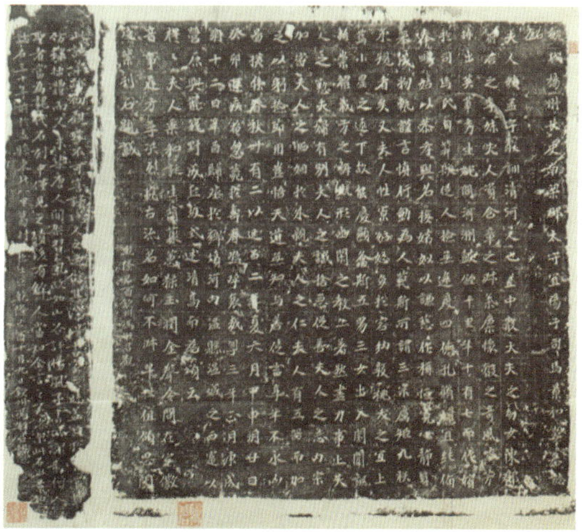

It was also called as Epigraph of Sima Bing and His Wife Meng Jingxun. It was made in January 12, 514. It was unearthed in Balige Village, Meng County, Henan Province with Epigraph of Sima Bing, Epigraph of Sima Sheng, Epigraph of Sima Shao. The four were called as the "Four Epigraphs of Sima", and *Epigraph of Sima Jinghe and His Wife Meng Jingxun* was the best of the four. They were regular scripts with 20 lines and 21 words of each line. The original stone was lost. The epigraph was the typical work of epigraph in Northern Wei Dynasty.

Epigraph of Li Chao

It was made in January, 529 and unearthed in Qiaojia Village, Yanshi County, Henan Province in the Jiaqing period of Qing Dynasty. It is located in Yanshi County of Henan Province. The height is 2. 3 chi (1 chi equals 1/3 meter) and the width is 2. 35 chi. There were 26 lines and 26 words of each line. The calligraphy was brilliant and was praised as the model by Kang Youwei.

Epigraph of Ju Yanyun

It was made in November, 523. A farmer of Shandong Province found it when he dug the wall. It was located in Huang County and is located in Shandong Museum. They were regular scripts with 14 lines and 13 words of each line. It was regarded as the model of square stroke, which was a little overpraised but it indeed was different from those too regular epigraph.

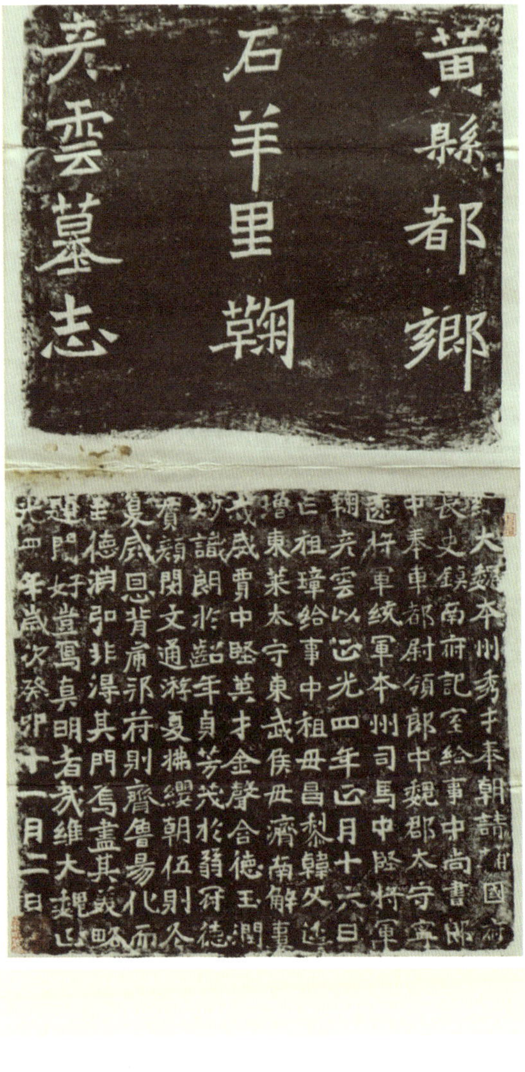

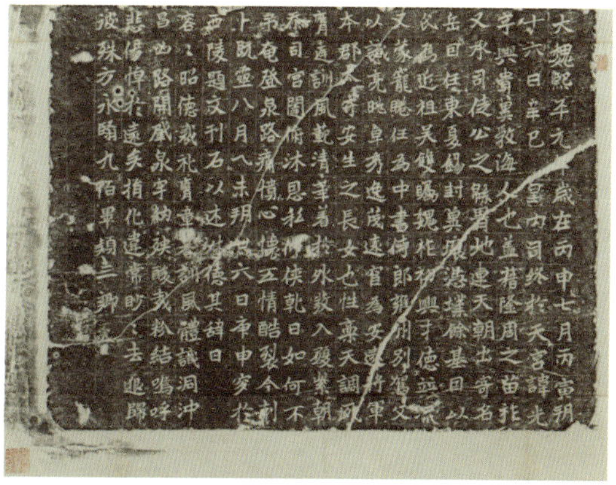

Epigraph of Hui Guang

It was made in August 26, 516. It, with the height of 35. 5 cm and the width of 47 cm, was unearthed in Luoyang in 1926. It was collected by Yu Youren of Sanyuan, Shaanxi Province. There were regular scripts with 18 lines and 15 words of each line. There were no names of authors.

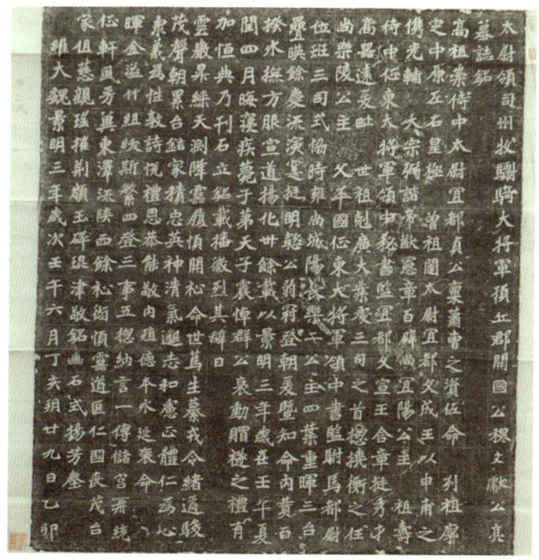

Epigraph of Mu Liang

It was made in June 29, 502. It was unearthed in Luoyang in 1952 with the epigraph of his wife. It was collected by Yu Youren and he donated it to Museum of Forest of Stone Tablets in Xi'an. The shape of the stone was square, with the height of 66 cm and the width of 59 cm. There were 20 lines and 22 words of each line in the regular scripts. The epigraph was the early work in the Northern Wei Dynasty, with the strict calligraphy structure and the dignified style. The style was similar to *Monument of Zhang Menglong* and became more neat and orderly than *Epigraph of Yuan Zhen.*

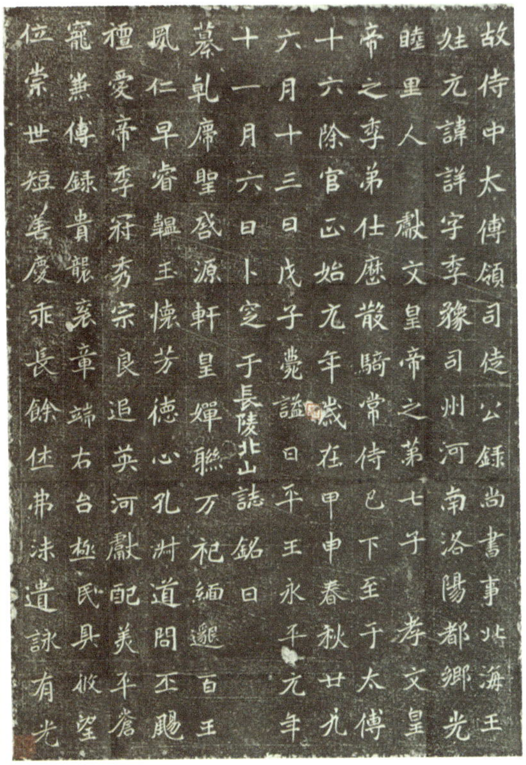

Epigraph of Wang Yuanxiang

It was made in November 6, 508. It was unearthed in Luoyang, Henan Province in 1920. It was collected by Tao Xiang of Wu Jin and is collected by Shanghai Museum. The height was 68.6 cm and the width was 48.5 cm. There were 12 lines and 16 words of each line in the regular scripts. The handwriting was beautiful.

Epigraph of Yuan Yu

It was made in July 29, 501. It was unearthed in Chenzhuang Village, Luoyang, Henan Province and is collected by National Museum of China (some people think that it was unearthed in 2003 and is collected by National Library of China). The length was 55.2 cm, the width was 51.6 cm, and the thickness was 16.4 cm. The handwriting was beautiful and the engraving was refined with the rough style of the Northern Dynasties.

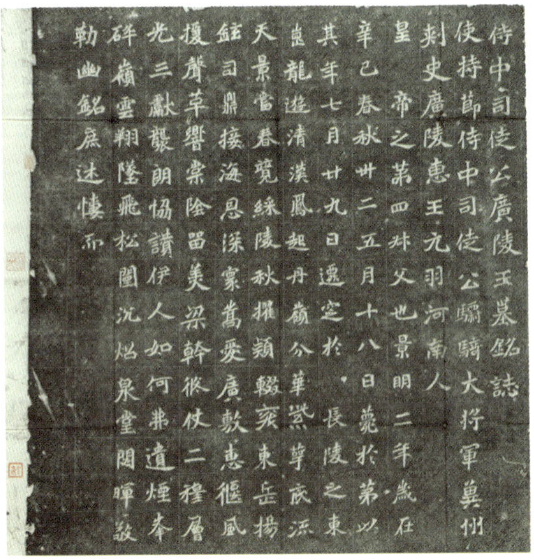

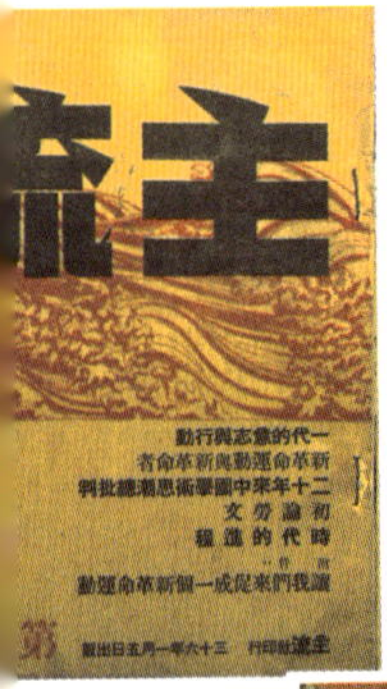
主

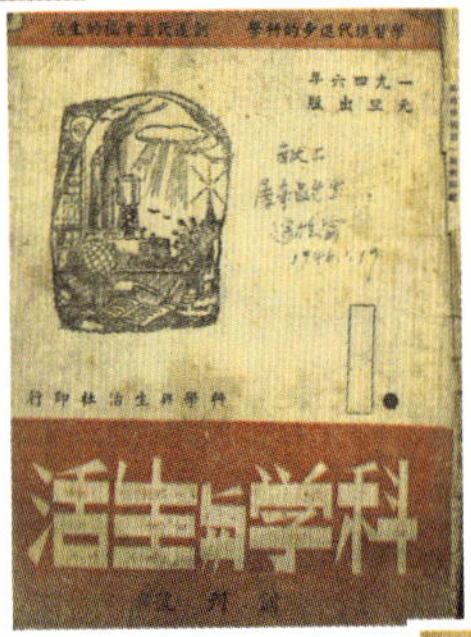
科学与生活
科学与生活社印行
一九四六年
元旦出版
创刊号

第一期
道德浅言
中华民国七年五月五日发行

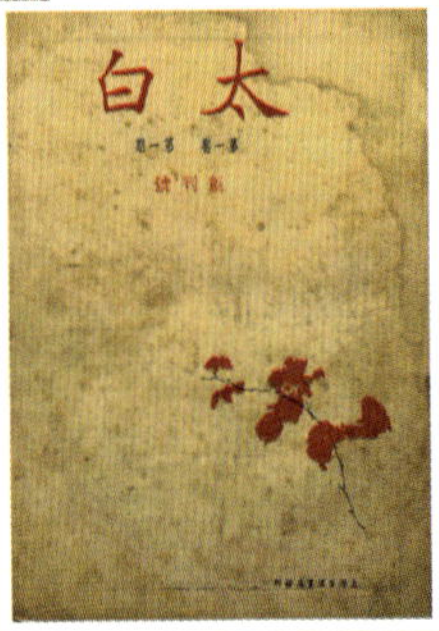
太白
创刊号

13

Chapter 13

First Issues of Journals in the Republic of China

During the period of the Republic of China, due to the ancient and modern culture conflict, the interaction between Chinese and western culture, the intellectuals gradually formed different academic communities and had their requirements to clarify their positions and viewpoints. The periodicals at that time objectively recorded the development and changes of China in the political, economic, ideological, cultural, science and technology, art, education, military and other fields. It is the valuable literature for studying the evolution of ancient and modern culture and the blend of Chinese and western culture, and becomes one kind of hot art collection investment.

The first issue of periodical is especially precious, and has become the object of many collectors. First issue contains rich information, showing the prosperous history of Chinese journal and the social history in particular period, which is the indispensable precious historical material for the research of journal history.

The first issue of the journal, from the principle, content, style, column to printing, with every detail considered, carries the passion and dream of thc founder and embodies the wisdom and efforts of the founder. The first issue of each journal is the essence. At the same time, the literary works, historical pictures and other information contained in the first issues have distinct characteristics of the age, offering the valuable first-hand information for our study of history and restoring the history.

The first issue of the journals in the Republic of China collected by Jinling Library involves many fields. In the military field, *Haijian*, a monthly periodical established in May 10, 1948, and edited by Lu Yanghao, was a maritime journal, with 16 folios and only 44 pages. In the economic field, *Sichuan Economic Quarterly*, established in December 15, 1943 by Sichuan Provincial Bank Economics Research Center led by Shi Fuliang, with the aim at covering the Communist Party. In the political field, *Mainstream*, established in January 1947, published by the Nanjing Mainstream Publishing House, was a liberal political journal and it stopped publishing in December 1948. In the medical field, there were *Acupuncture*, *Chinese Medicine Monthly*, *Zhejiang Medicine Monthly and Journal of Shanghai Medical College.*

These periodicals are still full of progressive ideas and positive historic significances. Lin Yutang's *Cosmic Wind* and *The Analects* reflected the contemporary problems with the style of humor and irony. Chen Wangdao created the new style of "science sketch" in *Taibai. China Medicine Monthly* edited by Dong Demao and Zhou Xuanzhang tried to spread the Oriental culture and study the traditional Chinese medicine.

The first issues of the journal in the Republic of China are not only the business card of the journal, but also a reflection of the history and time. These positive journals, reflecting the political economy, ideology and culture, the development of art education, and many other fields at that time, have important values for the historical research.

The First Issues of Periodicals in the Republic of China

Science and Life

On the January 1, 1946, Jiang Yiwei edited *Science and Life* and served as the deputy head of the periodical office. He and other scietists like Guo Moruo and Yan Xichun proposed the purpose of "learning science with Chinese characteristics, realizaing the democratization and production of science" and a campaing of "New Science Campaign". Because of the war, the periodical had to stop publishing.

Taibai

On September 20, 1934, Chen Wangdao established and edited the semi-monthly periodical, *Taibai*, which created the new style of scientific essay and one new colum. The author of the first article in the first issue was Lu Xun, which can show the influence of the periodical at that time. It stoppend publishing on September 5, 1935, and it published 24 issues.

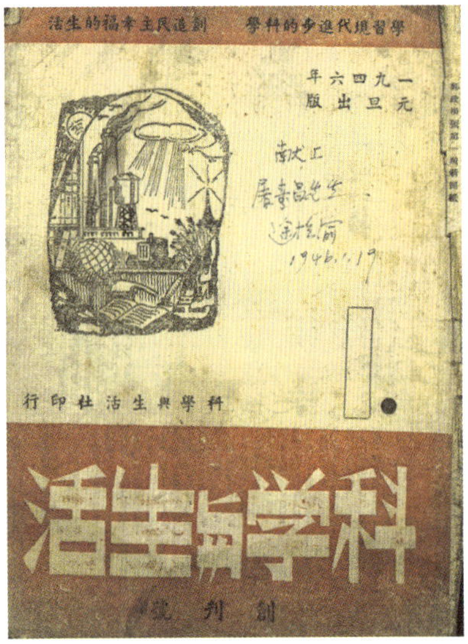

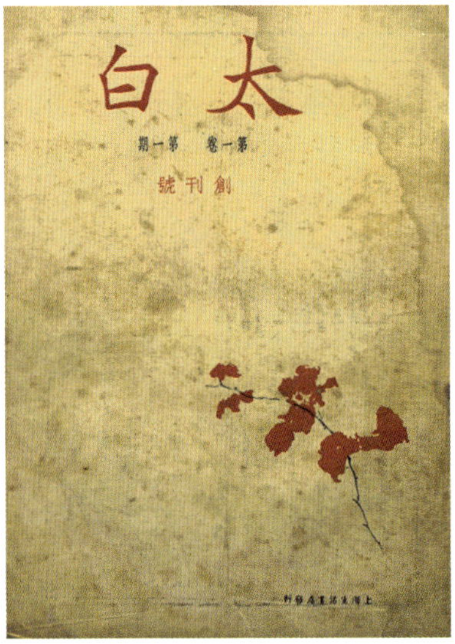

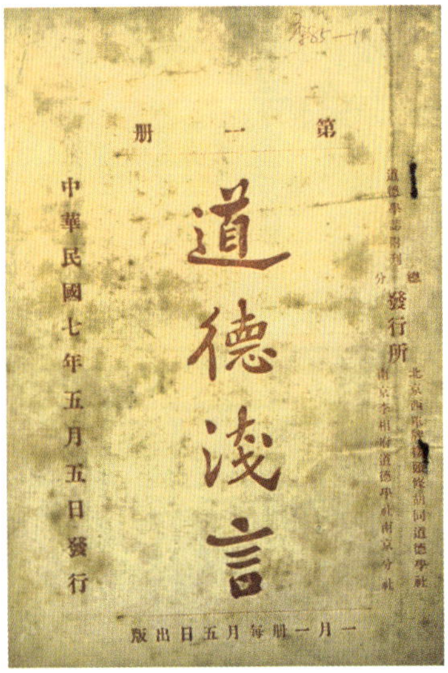

Daode Qianyan

Nanjing Branch of Daode Society was established on January 10, 1918, and Li Chun served as the president and Wang Tingzhen served as the secretary, and published the monthly periodical, *Daode Qianyan*. It stopped publishing in 1919.

The World of Novel

It was a weekly periodical and edited by Ye Jingfeng. It was established on January 5, 1923 in Shanghai, published by Commercial Press. It mostly published the work of the romantic literature school in the early Republican period. It set 25 columns like novels, notes, unofficial history, anecdotes and music. It changed into the quarterly periodical from the first issue of the 17th volume of 1928, which was edited by Hu Huaichen. It stopped publishing until the fourth issue of the 18th volume of December 1929, and it published 264 issues.

Haijian

The monthly periodical was established on May 10, 1948. Lu Yanghao served as the chief editor and Shanghai China Construction Publishing House published the periodical. It was a comprehensice periodical without any columns. Lu Yanghao, Hu Shiyuan, Zhang Naigang, Li Yuncheng, Zhou Yizhi and Huang Zhaozeng wrote essays. It just published one issue.

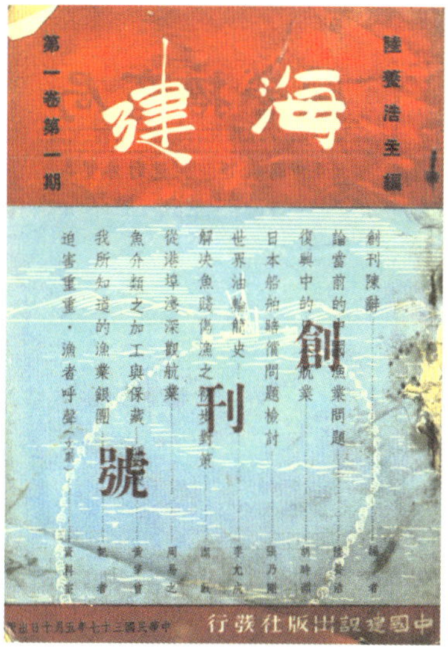

Digest Monthly

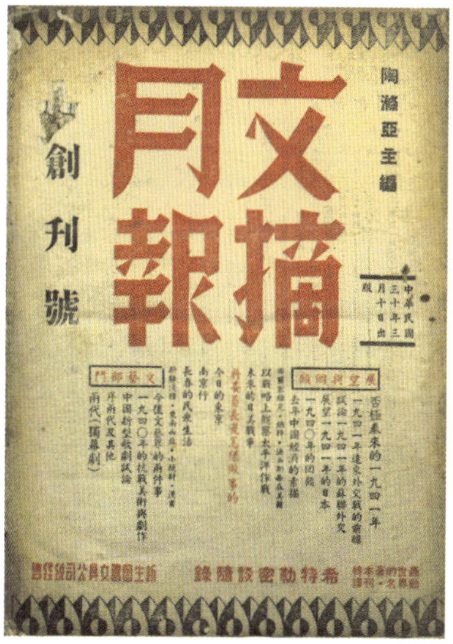

On March 10, 1941, it was established and the chief editor was Tao Diya. Its purpose is to promote publicity for the War of Resistance Against Japanese Aggression. *Digest Monthly* was *Semi-monthly Digest*, and it changed into *Weekly Digest* and *Digest Monthly* in the period of the War of Resistance Against Japanese Aggression.

Mainstream

The monthly periodical was established in January 1947, published by Nanjing Mainstream Publishing House, and was a political periodical with liberalism. It stoppend publishing in December 1948.

Acupuncture

It was established in October 10, 1933 in Wuxi of Jiangsu, and edited by Cheng Tan'an. It was the earliest periodical about acupuncture. The periodical included several columns and were sold in many places including Japan and the Korea.

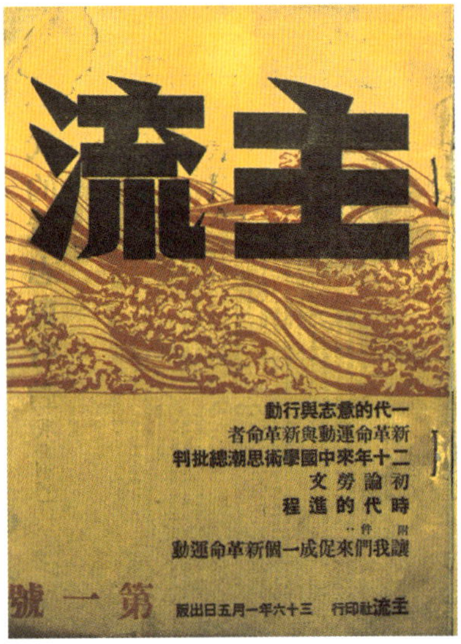

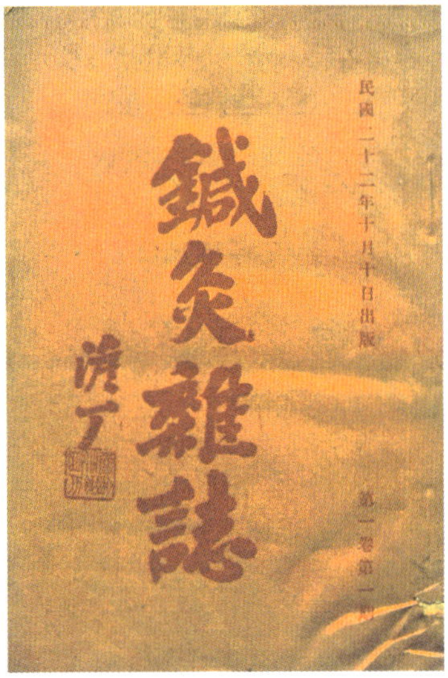

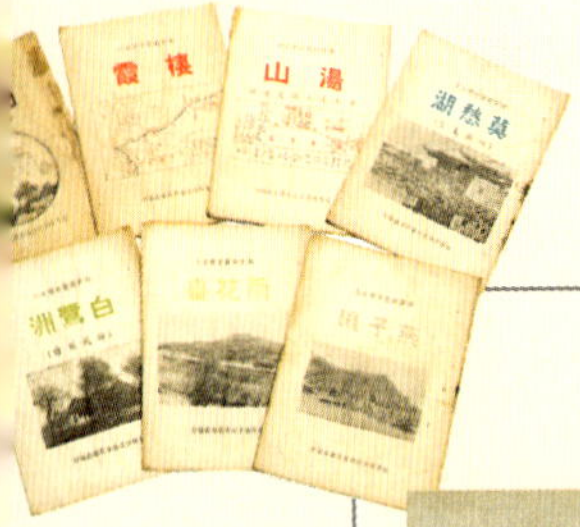

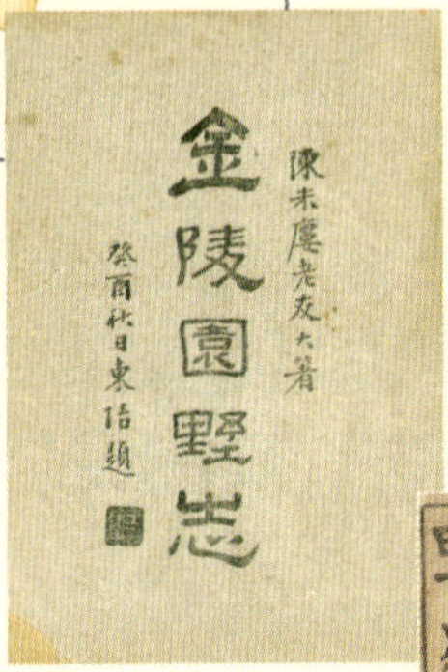
金陵園墅志

白下愚園前後七十景

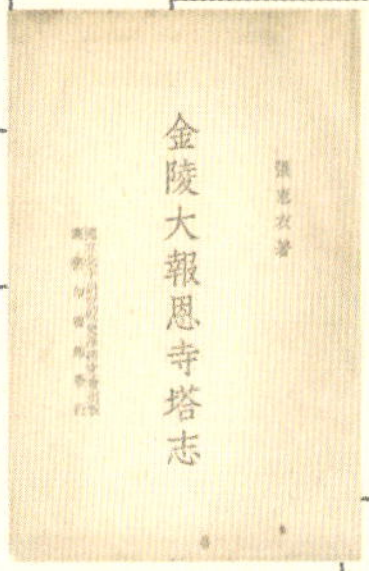
金陵大報恩寺塔志

14

Chapter 14

Nanjing Literature in the Period of Republic of China

The Nanjing literature collected by Jinling Library is under the category of local literature. Local literature is the literature resource that comprehensively reflects the politics, economy, culture, education, history, geography, customs, biographies, natural resources, historical sites and other important content of a place. The collection and preservation of Nanjing literature is an important task of the literature resources construction of Jinling Library. The Library has been focusing on bringing local literature into the construction of the literature resources system. Through continuous development, it has formed a unique collection of local literature covering chorography, historical data, statistics, yearbooks, proceedings, directories, and other types of literature related with Nanjing, of which Nanjing literature in the period of Republic of China is a feature. Today, Nanjing literature has become one of the most important external service windows of Jinling Library.

Nanjing Literature in the Republic of China

The Records of Scenes in Jinling, written by Hu Xianghan, the lead printed edition of 1926.

The Records of Scenes in Jinling focuses on the places of historic interest and scenic beauty, including six classes and ten volumes, like the city and walls, mountains and rivers, temples, ancestral halls, gardens and tombs. The book created a new style writing the places of historic interest and scenic beauty, with the new method of on-the-spot investigation and literature, and preserved a lot of valuable historical materials. The book is very important for studying the history, characters, walls, temples, gardens, tombs and customs of Nanjing in 1920s.

The Records of Jinling Houhu Lake- Wuzhou Park, compiled by Wang Manxi, the lead printed edition of 1933.

Houhu Lake is Xuanwu Lake of Nanjing. There are five lands in the lake, Ling, Zhi, Chang, Xin and Lao, and the lake is therefore called as the Wuzhou Park (Wuzhou means five lands). The book includes sixteen parts and is the important local record about Xuanwu Lake of Nanjing.

Records of Porcelain Tower of Nanjing, written by Zhang Huiyi, the lead printed edition of 1937.

Porcelain Tower of Nanjing is the most magnificent building in the southeast. *Records of Porcelain Tower of Nanjing* contains materials about the tower, including the history and the building of the tower, which is the most comprehensive and detailed reference for studying the Porcelain Tower of Nanjing, one of the seven wonders of the world in the Middle Ages.

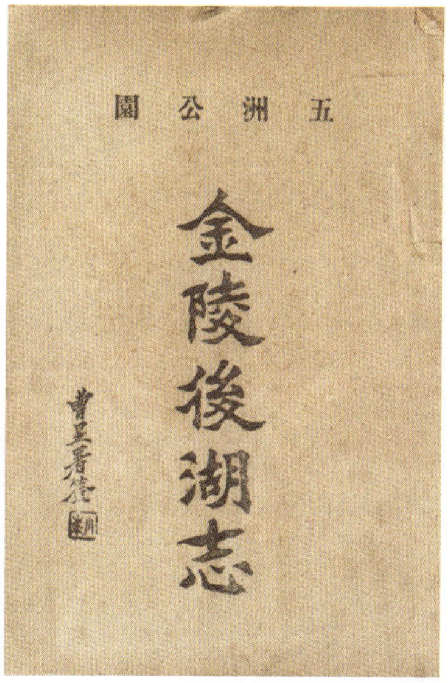

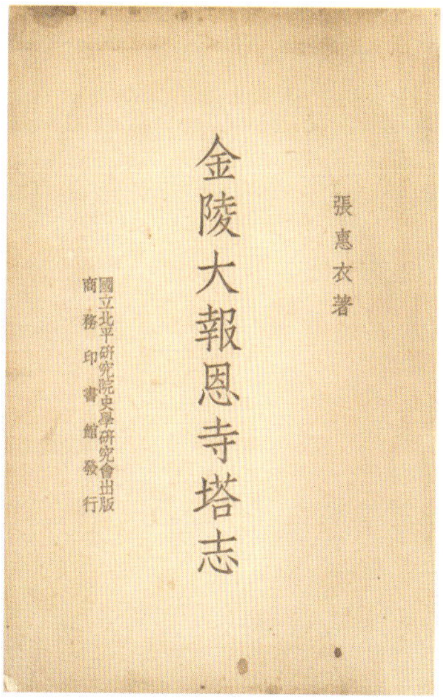

The Records of Gardens and Villa in Jinling, written by Chen Yifu, the lead printed edition of 1933.

Chen Yifu's courtesy name is Chen Daosun. The gardens of Nanjing were the best of the whole country while the destruction of gardens of Nanjing were also the severest, and the gardens had been destructed for ten times since the 1911. Chen compiled the book to record the gardens, and the book was ranked as the top of the records of the gardens of

Nanjing. The book included 3 volumes. The first volume introduced the location, buildings, names, terraced buildings of gardens; the second volume recorded some travel notes of gardens; the third volume was the collection of poems about gardens. Lu Chongqing wrote the preface for the book and it was published in November 1933, which filled a gap in the history of gardens of Nanjing.

Baixia Yuyuanji, compiled by Hu Guangguo (Qing dynasty), the block-printed edition in the Guangxu period (1875 –1908) of Qing Dynasty.

Baixia Yuyuan Tijing Qishiyong, written by Hu Enxie and Hu Guangguo (Qing Dynasty), the lead edition of 1918.

Yuyuan, which was also called as the Garden of Hu's Family, was one of the cultural gardens of Jinling in the late Qing Dynasty. It was located at the southwest corner of Nanjing city, with Mingyang Street on its front and Hualugang on its back. It has 240 meters from its southern end to the northern end and 100 meters from the eastern end to the western end, covering about 40 mu (one mu equals 0.0667 hectares). The biggest feature of the garden is the scene of water and stone. It has 36 scenes with rich cultural atmosphere. Some important officials like Li Hongzhang, Zhang Zhidong, Chen Baozhen, Liu Mingzhuan and Peng Yulin; some famous people like Yu Yue, Xue Shiyu, Mo Youzhi, Zhao Liewen, Wen Baoshen and Huang Siyong visited the garden and wrote some poems for it. The author compiled these works as *Baixia Yuyuanji*, which has significant historical and cultural values.

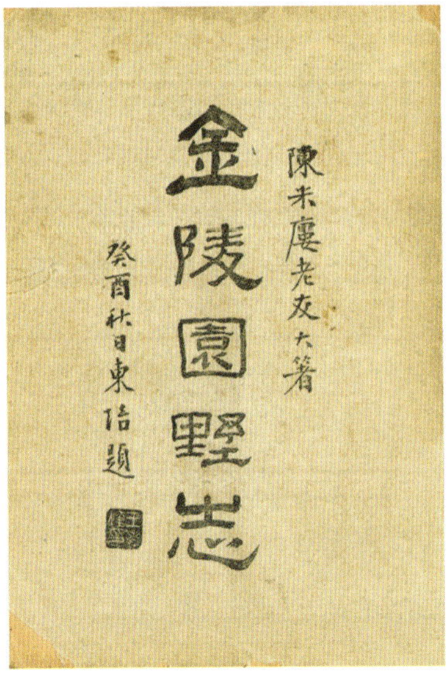

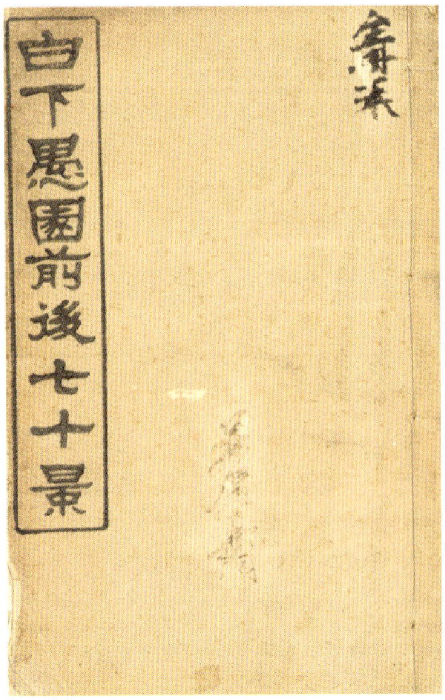

Some Parts of Nanjing Literature in the Republic of China Collected by the Library

Postscript

After over one year's hard work, finally, the draft of this book has been completed.

At the beginning of 2014, when Tianjin University Press proposed the plan on "City Libraries of China in the 21st Century", I immediately felt that this was a very attractive work.

First, I've been advocating to delve into the unique history of Nanjing and history of Jinling Library where I am working in for some time. I think that any research will lose its foundation if it breaks away from the history. Therefore, we really need to write such a book to sort out the understanding and views about the history of Nanjing and Jinling Library over the years, and organically combine them for research, which is a meaningful writing and compiling practice.

Second, a major feature of this manuscript is that the pictures and the accompanying explanations are both excellent, especially the library resources section that was mainly based on the attractive pictures. As far as I know, no books specifically taking the library as a research object have such rich and colorful pictures. For the books which are highly informative and have particular images especially those library resource pictures to be published for the first time, will make the historical narrative more vivid and compelling, so that readers can feel as if they were personally on the scene and enjoy reading. However, publications based mainly on pictures usually have a higher cost, so most presses do not want to make this kind of investment, which may also be the reason why books mainly focusing on pictures are rarely published. Thus, it is valuable that Tianjin University Press has this enterprising plan.

The history of a city library, to some degree, reflects the history of civilization of the city. Therefore, studying the history of the city library will be related to the history of the city. However, among the current studies of city libraries, the studies that combine the library and the development of city civilization are rare, and those studies have not yet received the attention of library and history academia.

The city library is dependent on the city itself. The historical origins, cultural identities, economic characteristics, and development goals of a city will directly influence and decide the sustainable development of the city library. Therefore, to define the function of city libraries, firstly we must figure out the targets and positioning of the city, on the basis of which, summarize the future capabilities, vision and direction of the city library.

This book is highly informative. We'd like to express our sincere appreciation to Mr. Wang Zhan, president of Jiangsu Literary Federation, former vice minister of the Ministry of Education, former deputy governor of Jiangsu Provincial Government, for writing the preface for this book, which has added tremendous cultural and academic value to the book.

We also extend special appreciation to researcher Yan Feng, the vice-president of Jiangsu Province Library Society and former curator of Jinling Library. Without the abundant information he provided and his careful proofreading, this book would not go so smoothly.

Besides, we also would like to thank the leaders and our colleagues for their cooperation. They provided vital support for the book to be published smoothly.

Also, we want to thank Ji Jingchao, Li Zheng and Wang Yiqi, deputy editors of this book. They spent a great deal of time and energy on this book, for instance, they took pictures, collected and scanned a variety of images from the archives, made the index, as well as carefully proofread the draft, which improved the level and quality of this book.

The data and views quoted in this book are related to the research of many scholars and experts, which have been listed in the reference list at the end of each chapter. We would like to express our thanks to all of the scholars and experts.

If this book shows increasing value in research with time going by, then our hard work is worthwhile. Due to our limited ability, there may be many mistakes in this book. Experts and readers are welcome to give suggestions.

Pan Jie

In Nanjing, May 2015